高校英语教师专业发展策略研究

张 飞 著

吉林人民出版社

图书在版编目(CIP)数据

高校英语教师专业发展策略研究 / 张飞著. -- 长春：吉林人民出版社，2024.4
ISBN 978-7-206-20773-0

Ⅰ.①高… Ⅱ.①张… Ⅲ.①高等学校—英语—教师—师资培养—研究 Ⅳ.①H319.3

中国国家版本馆 CIP 数据核字（2023）第 237541 号

高校英语教师专业发展策略研究

GAOXIAO YINGYU JIAOSHI ZHUANYE FAZHAN CELÜE YANJIU

著　　者：张　飞	
责任编辑：衣　兵	
装帧设计：雅硕图文	
出版发行：吉林人民出版社（长春市人民大街7548号　邮政编码：130022）	
咨询电话：0431-85378007	
印　　刷：长春市华远印务有限公司	
开　　本：710 mm×1000 mm　1/16	
印　　张：14.75	字　　数：260千字
标准书号：ISBN 978-7-206-20773-0	
版　　次：2024年4月第1版	版　　次：2024年4月第1次印刷
定　　价：68.00元	

如发现印装质量问题，影响阅读，请与出版社联系调换。

基金项目

本书系吉林省教育科学"十三五"规划重点课题"省属高师院校师范生职业技能培养方法改革研究"(ZD17139)、吉林省教育厅高等教育教学改革研究重点课题"大学与中小学合作模式下教师专业学习共同体构建研究"(JLJY202123753927)和吉林省教育厅科学研究项目"学习型组织视角下U-S教师专业学习共同体运行机制研究"(JKH20230878SK)资助成果。

前　言

在教育领域的不断演进中，英语教师的专业发展成为一个至关重要的议题。本研究深度剖析了这一领域，揭示了其中的复杂性和多样性，力图为教育工作者和决策者提供部分见解和指导。

首先界定了教师专业发展的核心概念，强调了建立专业发展意识的必要性。这不仅关乎教师个体的成长，更与提升教育质量、优化学生学习成果息息相关。在这个基础上，教师的持续学习、教学方法的不断更新成为适应教育快速变革的关键。

在进一步的探讨中，本研究聚焦于高校英语教师在专业发展中的独特角色。他们不仅是知识的传递者，更是激发学生批判性思维和创新精神的引路人。与此同时，教育体制的灵活性和改革对培育能够迎接21世纪挑战的教师具有显著影响。

在教师专业知识的发展策略方面，研究强调了个体知识观的重要性，并提出了教师应将理论与实践相结合的观点。还突出了制度建设的重要性，如教师评估、激励机制等，这些都是维护教师积极性和专业成长的关键因素。

接下来，研究转向了高校英语课程的设计和实施。课程需要反映最新的语言学习趋势，并强调交际能力和跨文化意识的重要性。教学原则的制定应鼓励教师采用以学生为中心的教学方法，促进营造具有积极、互动和反思性的学习环境。

在教师学习共同体的构建上，本研究提出了创新性的见解。通过共同体学习，教师不仅可以分享资源，还可以协作研究，从同行的反馈中学习和成长。高校与中小学教师的合作为教师提供了跨学科和跨文化的专业发展机会，这在传统教育模式中是难以实现的。

此外，行动研究和反思性教学的引入，进一步强化了教师作为研究者的角色。教师可以通过行动研究识别教学中的问题，并探索有效的解决策略，从而不断优化教学实践。反思性教学则鼓励教师从多角度审视自己的教学行为，促进个人专业成长。

最后，本研究强调了教学日志和课堂观察在教师自我评估和反思中的作用。这些工具不仅帮助教师深入理解自己的教学实践，而且激发了其教学创新和持续改进的动力。

综上所述，本研究通过多维度的分析，强调了教师主动性、学习共同体的协同效应，以及反思和行动研究的重要性，旨在激发教师的内在动力，助力其专业成长，最终实现教学质量的全面提升。

由于时间仓促，加之作者水平有限，难免存在疏漏和不足之处，希望广大读者给与批评指正，对此作者不胜感激。

张 飞

2023 年 10 月

目 录

第一章 英语教师专业发展概述 ... 1
- 第一节 教师专业发展的概念 ... 1
- 第二节 教师专业发展意识 ... 5
- 第三节 英语教师的专业结构 ... 7

第二章 英语教师专业发展理念 ... 14
- 第一节 高校英语教师在教师专业发展中的作用 ... 14
- 第二节 英语教学体制改革与英语教师专业发展 ... 19

第三章 教师专业知识发展策略 ... 23
- 第一节 个人知识观下的教师专业知识发展 ... 23
- 第二节 教师专业发展的制度建设 ... 28
- 第三节 学科教学知识的发展 ... 34

第四章 高校英语课程与教学原则 ... 40
- 第一节 高校英语课程概况 ... 40
- 第二节 高校英语课程教学原则 ... 46

第五章 高校英语教师教学现状及改革 ... 53
- 第一节 高校英语教师教学现状 ... 53
- 第二节 高校英语教学改革的意义 ... 68

第六章 高校英语教师学习共同体研究 ... 105
- 第一节 教师专业学习共同体 ... 105
- 第二节 高校英语教师学习共同体的构建 ... 110
- 第三节 高校与中小学合作的专业学习共同体 ... 115

第七章 高校英语教师教学的行动研究 ... 119
- 第一节 行动研究概述 ... 119
- 第二节 行动研究对教师专业化的意义 ... 141

第三节　高校英语行动研究的研究方法 …………………… 150
第八章　高校英语教学的反思性教学 …………………………… 173
　　第一节　反思性教学理论 ………………………………… 173
　　第二节　高校英语反思性教学的发展 …………………… 179
　　第三节　高校英语教师反思性教学的构建 ……………… 184
第九章　高校英语教师教学日志的研究 ………………………… 195
　　第一节　高校英语教师教学日志的发展 ………………… 195
　　第二节　英语教师教学日志的意义 ……………………… 204
第十章　高校英语教师教学的课堂观察 ………………………… 209
　　第一节　课堂观察的发展 ………………………………… 209
　　第二节　英语教师课堂观察的作用 ……………………… 223
参考文献 ………………………………………………………………… 227

第一章 英语教师专业发展概述

影响英语教学成效的要素虽然很多，但被广泛认可的观点是英语教师的教育水平直接关系到英语教学的成效。因此，研究英语教师的专业化发展，确保整个英语教师团队具备持续发展的能力，已成为英语教育界普遍关注的议题。英语教师专业发展的研究相对较晚起步，直到20世纪90年代才逐渐成为国际研究的一个热门领域。这个领域的研究主要延续了教师专业发展研究的方向。目前为止，这个领域的研究还不够充分，高质量研究成果不多。在本章中，我们将简要探讨教师专业发展的内涵、意识、专业知识结构和能力结构、发展范式，以及英语教师专业发展的现状、问题和趋势，以便英语教师能够对专业发展有一个基本的认识。

第一节 教师专业发展的概念

目前，整个教育界对于教师专业发展存在一些模糊的理解。一部分教师认为，他们的工作经验已经足够，不需要追求专业发展；一部分教师可能仅将教学视为传授课本知识，完成任务即可，而不认为这与专业发展有关；还有一部分教师可能误以为高学历本身就代表了专业发展。这些看法都表明了他们对教师专业发展的概念理解不够清晰，存在一定的误解。

一、教师专业化的内涵

根据教育资源信息中心（ERIC）资料库辞典中的解释，专业发展指"提高专业化事业成长的活动"。这样的活动包括个人成长、继续教育、在职培训以及与同事合作。尽管对于"教师专业发展"所使用的措辞和理解的角度各不相同，但教师专业发展的概念通常可以从两个角度进行解释：一是从教师个人心理层面来看，即教师个人的专业成长过程；二是从教育和培训的角度来看，即促进教师专业成长的过程。因此，教师专业发展可以理解为教师的专业成长，包括不断更新和完善的内在专业结构和素养（包括专业心理），是一个动态的发展过程。

教师专业化的提出改变了人们对教师的传统看法，真正将教师和教育视作一个专业，这不仅是认识上的巨大转变，同时也对实践产生了深远的影响。随着教师专业化研究的兴起和发展，以及对教师专业化认识的不断深化，世界各国，特别是发达国家，都将教师专业化视为提高教师整体素质的目标和手段。各国明确提出了对教师专业化的要求，并围绕这些要求展开了广泛的教育改革活动，形成了全球性的教师专业化改革浪潮。教师专业化包括两个关键方面，一是改善教师的社会地位，二是改进教师的实践。在教师专业化的发展过程中，教师职业被社会广泛认可，从而提高了教师的社会地位。同时，教师专业化对教师的工作提出了与其他更成熟的专业领域相似的要求，进一步规范了教师的工作，促进了教师的实践水平和教学效能的提高。

对于学科教师而言，教师的专业化可以理解为，教师在经历严格的专业培训和持续主动学习的基础上，逐渐发展为一名专业从业者的过程。这一过程的实现，不仅需要创造有利的外部条件，例如提供上岗前培训和在职培训机会，设定高标准的教师选拔和聘用标准，设立教师专业组织和制定教师专业标准等，还需要教师个体自发努力和不断追求，以提升自身的专业能力。在教师专业成长的过程中，自我奋斗和外部推动相互促进，相辅相成，缺一不可。

二、教师专业化对教师的内在要求

在我国，根据1993年颁布并于2009年8月修订的《中华人民共和国教师法》，教师的职业性质得到了明确规定，即"教师是执行教育教学职责的专业人员"。此外，2021年发布的《中华人民共和国职业分类大典》，将教师列入了第二大类，称其为"专业技术人员"，并定义他们为"从事各级各类教育教学工作的专业人员"。因此，可以看出，在我国，教师的法律地位明确为专业人员。

尽管法律明确规定了教师的专业性质，但作为教师，要真正成为专业人员，还需要在职业道德、专业能力和劳动方式等方面不断提升自身，以满足以下要求。

（一）职业道德要求

从一般的道德要求向教师专业精神发展。各国越来越注重培养教师的专业精神，将其视为履行职责的关键保障和内在激励。这是因为只有当教师具备崇高的专业精神时，他们才能在不同环境和条件下将自己的工作与社会未来的发展联系起来，将每个学生的生命价值以及每个学生家庭的期望和幸福联系在一起。这样，他们会对自己的工作充满责任感和使命感，并将毕生所学奉献于他们所热爱的教育事业。

（二）专业知识和能力要求

从"单一型"向"复合型"发展。科学和技术的融合，教育的社会性，以及教育与科研的一体化，都强调了对教师深厚的科学和人文素养的需求。以往只专注于一个学科的教师，或许将无法满足未来教育的要求。新时代的教育要求教师具备专业知识的同时，也需要广泛的跨学科知识。在20世纪末，俄罗斯学者指出，教师的分工在教学过程中是经过科学化考量的，他们的任务不再仅限于培养单一学科的专家，因为20世纪末将结束单科教师的历史使命。尽管俄罗斯学者的预测并未完全在中国成为现实，但如今社会对教师的要求已经远不同于之前。日本学者也强调，中小学教师需要具备广泛的知识、全面的实践技能以及学习能力。美国学者认为，为了确保知识的完整性，教师必须拥有自身领域的知识、通用知识、专业的教育知识。美国率先实施的"全球教育"和"环境教育"等项目都跨足多个学科领域，这要求教师具备广泛的知识和综合能力。

（三）劳动形态要求

从"教书匠"向"创造者"发展。教育是一项创造性工作，单纯的机械操作和简单的重复已不足以满足新时代教学的需求。受教育者各不相同，教学内容多种多样，教师的素质也截然不同。因此，教师的工作不可能呈现出一成不变的模式。在教育中，需要教师准确、及时地判断教育时机，解决教育中的矛盾和冲突，采取明智的措施，以追求最佳的教育效果。正如著名生理学家季米里亚捷夫所言："教师不是传声筒，仅口头传授书本中的知识，也不是照相机，仅还原现实情况，而是一位艺术家和创造者。"日本学者波多野完治也曾表达："创造型教师不会僵化，他们思维敏捷，能够灵活应对各种情况，而且持续追求新知识，渴望接触新事物。"

三、教师专业发展阶段的划分

教育工作者的职业发展呈现两种不同阶段，每个阶段的重点都不同。在20世纪60年代，美国学者傅乐（Bohler）就对教育工作者专业化的发展过程进行了研究。他以关注变化为基础，将教育工作者的专业发展分为四个阶段：教学前的自我关注阶段，早期的生存关注阶段，教学关注阶段，关注学生的学习和自身对学生的影响阶段。他认为，专业教育工作者的成长是逐渐由关注自身，关注教育任务，然后关注学生的学习和自身对学生的影响而进行的。这一理论开创了专业化教育工作者发展研究的新领域。此后，许多学者提出了不同的教育工作者专业化发展阶段理论，主要包括三阶段理论、四阶段理论和五阶段理论。三阶段理论认为，教育工作者的成长分为生存阶段、调整阶段和成熟阶段；四阶段理论认为，教育工作者的专业成长包括求生阶段、巩固阶段、更新阶段和成熟阶段；五阶段理论则认为，教育工作者的专业成长分为新手、初级者、胜任者、熟练者和专家五个阶段。

教师的专业发展是一个复杂而持续的过程，需要充分考虑教师在不同阶段的特点和需求。首先，师范生在高校阶段接受了系统的师范教育，这是他们专业发展的基础。这个阶段的教育为他们提供了丰富的教育理论知识和实践经验，为日后的教学生涯打下了坚实的基础。因此，我们应该将师范教育看作教师专业发展的起点，而不是仅把教师的职业生涯开始阶段作为专业发展的起点。

其次，教师的教育理想和教育愿景在整个职业生涯中都至关重要。这种理想的提升不仅是个人追求教育卓越的动力，而且是推动教师专业发展的内在动力。在制订教师发展规划时，应该特别关注教师的教育理想，为其提供实现理想的机会和平台，这样可以激发教师的激情和创造力，推动其专业发展。

最后，教师的专业发展是一个持续不断的过程，没有终点。教育领域的知识和教学方法不断更新和演进，因此教师需要不断学习和适应新的教育理念与技术。已有的研究常常忽视了教师专业发展的不断变化和提高，认为教师一旦进入教育系统就不再需要专业发展。实际上，教师应该持续参与各种教育培训和专业发展活动，保持专业知识的新鲜和活力。

总的来说，教师专业发展是一个复杂、多维度的过程，需要综合考虑教师的教育背景、教育理想和教学实践，以及教育领域的最新发展趋势。只有在不断关注和支持教师的专业发展的同时，我们才能培养出更加优秀和有影响力的教育人才，推动教育事业的持续发展。

综上所述，尽管关于教育工作者专业发展阶段的划分存在差异，但其都共同指出：教育工作者的成长是一个从不成熟到成熟的过程，他们的教学技能、态度和能力在不同阶段会有所不同。此外，专业化教育工作者的关键特征是由关注教育任务逐渐过渡到关注学生的学习，这是专业化教育工作者发展的必然路径。最后，教育工作者的成长需要理论指导和实践经验的积累，理论和实践相互结合，相互促进，脱离理论学习的实践积累或脱离实践积累的理论学习都不能真正实现教育工作者专业发展目标。

第二节 教师专业发展意识

教师的专业发展意识是一种深思熟虑的认知模式，涵盖了对自身教育职业的全面认知，包括教育理想、现有专业状态和未来专业成长规划。这种意识是基于教师对自我认知、职业认同感和职业发展动机的综合反映，具有引导、激发、规划和监督的功能。

长期以来，教师职业一直被看作是一份相对稳定的工作，有着固定的薪酬和职业安全。因此，许多教师往往被视为学生发展的工具，而忽视了他们个人的需求和专业发展。这种情况导致许多教师形成了一种根深蒂固的"工具意识"，使其丧失了追求专业成长的愿望和动力。特别是对于年轻教师来说，由于教学经验有限，参与重要研究项目或学术会议的机会相对较少，未能形成明确的学科研究方向，单调的教学工作可能导致他们感到乏味和沮丧。这会表现为缺乏专业发展的动力和自信，以及自我专业发展意识的薄弱。

因此，加强培养教师的自我专业发展意识至关重要。这意味着教育体制和教育机构应该鼓励和支持教师思考和规划自己的教育理想、专业发展目标，以及如何不断提升自己的教育水平和教学技能。通过提供培训、导师支持、研究机会和鼓励教师积极参与教育改革，可以帮助教师培养更强的专业发展意识，激励他们积极追求卓越，实现自己的职业目标。

一、专业理想意识

教师的专业追求是指教师对自己成为一名优秀的教育专业人士的渴望和追求。这个追求为教师提供了前进的动力，它是激励教师专业成长的强大动力，对教师的未来发展具有重要影响。教师的专业追求反映了教师对教育事业的深刻理解和执着追求，包括教师对教育事业的热情、积极工作态度的保持以及专业发展的内在动机。那些怀揣专业追求的教师，通常对教育工作充满认同感和热情，他们愿意将自己的一生奉献给教育事业，不断提高自身的教育素养，以满足社会对教育专业的期望，并不断提升专业能力、提高专业服务水平。教师的专业追求容易受到诸如专业活动的自主性、学校对教师的专业支持与协助，以及领导的教育信仰等多种因素的影响。学校是实现教师专业发展的关键场所，学校领导应当协助教师确立专业追求，培养教师的专业发展意识。

二、反思科研意识

美国的心理学家波斯纳（Posner）提出了一个简单且有力的公式，用以描述教师的成长过程："教师成长 = 经验 + 反思"。这意味着，仅积累教学经验是不够的，如果教师不对这些经验进行深刻反思，他们的工作将局限在经验的重复中，无法取得实质性的进步。因此，反思能力对于教师的专业成长至关重要。研究表明，只有当教师了解自己的专业水平，认识到自己的长处和不足时，才能制订合理的发展计划，并逐步提升自己的专业水平。通过记录重要的专业事件，与自身的专业发展保持对话，及时识别不足之处，并对未来的发展计划进行必要的调整，教师将会在专业发展过程中取得显著进步。

教师是否能积极主动地参与教育科研活动，关键在于是否具备科学研究的意识。培养教师的科研意识是从事教育科研工作的前提条件。在思想方面，教师需要高度重视教育科学研究；在理论方面，他们应该加强对教育学、心理学、教学理论等相关领域的理论学习，掌握教育科研方法，以为教育科研提供理论指导。在实际操作中，培养科研意识需要从多个方面入手，包括问题意识、思考意识、责任意识和创新意识的培养。通过这些方法，可以提高教师的科研意识，从而更积极地参与教育科研工作。

三、学习专业发展理论的意识

理解教师专业发展理论对于促进教师的专业成长至关重要，这一理论不仅为教师提供了指导原则，而且在启发和激发教师的专业成长方面发挥着重要作用。深入学习教师专业发展阶段理论有助于提高教师的专业成长意识和能力。通过这一过程，教师能够清晰地认识自己所处的专业发展阶段和水平，正确认识自己，进行自我分析和评价，并在此基础上设定具体的成长目标。他们能够明智地把握关键因素，制订切实可行的行动计划，并在执行计划的过程中进行灵活调整和完善。

具有自我专业发展意识的教师表现出强烈的专业成长意愿和动力，他们主动承担起自己专业成长的主要责任。他们通过自我认知、自我反思、自我规划、自我调整及主动学习，达到了专业成长的目标。这些教师能够随时保持对自己专业成长的关注，根据过去的经验和当前的情况，明确未来的成长规划，积极地寻找、创造和利用机会与条件，主动挖掘有利因素，以不断更新自己的内在专业素养，不断提高专业水平。这种积极主动的自我专业发展意识是教师成为专业化教师的关键因素之一。

第三节 英语教师的专业结构

深入探讨教师的专业知识结构和能力结构可有效帮助教师准确评估自己

的知识和技能,从而确定提升专业能力的关键领域和突破口。长期以来,人们对英语教师的期望是他们应该具备听、说、读、写、翻译英语的综合能力。但是,英语教师与英语翻译工作者有所不同。英语教师不仅需要拥有卓越的英语语言技能,还需要有效地将这些技能传授给他们的学生,帮助学生达到高水平的英语能力。

在协助学生习得英语听、说、读、写、翻译的技能的过程中,英语教师还需要掌握关于教育和教学的专业知识和技能,这些知识超越了纯粹的语言技能。英语教师必须了解学习理论、课程设计、评估方法等,以有效地引导学生实现语言学习的目标。因此,正是因为它要求英语教师不仅拥有卓越的语言技能,而且要具备教育和教学方面的专业知识和技能,这些因素使英语教学成为一门独立的专业。

一、英语教师的专业知识结构

(一) 英语语言知识

英语教师必须拥有坚实的英语语言知识基础,并具备出色的听、说、读、写、翻译等交际技能。这一专业要求不容忽视,因为如果英语教师的英语水平不够高,他们将难以胜任英语教学任务。

英语教育的独特性要求英语教师掌握卓越的语言基本功,包括准确的发音和自然的语调。英语教师流利、准确的口语表达能够有效培养学生的英语语感,同时也能在潜移默化中激发学生的学习兴趣,使他们在近乎真实的语言环境中更好地习得英语知识和技能。此外,英语教师的阅读、写作和翻译等技能也是其必备条件,因为这些方面的能力对于教授英语语言和文学知识至关重要。因此,英语教师需要在多个领域展现出卓越的语言能力,以便为学生提供全面的英语教育。

(二) 普通文化知识

作为英语教师,不仅需要具备深厚的英语语言知识,还应该积极探索和掌握广泛的文化领域方面的知识,力求在专业领域和综合知识之间取得平衡。英语作为一门通用工具语言,它的学科内容涵盖了社会科学和自然科学等各个领域的知识。因此，英语教师需要积极主动地拓宽自己的知识领域，深入了解自然科学、社会科学等多个领域的知识，成为一个广受学生欢迎的教师，能够激发学生的求知欲望，提供生活启发和教育指导。这种广泛的知识储备不仅使英语教师更有深度，而且有助于将英语教学融入多领域的背景中，为学生提供更具丰富内涵的教育。

（三）操作性知识

教师需要掌握操作性知识，是为了使教学更加生动，吸引学生的兴趣，帮助他们更容易掌握知识并培养有效的学科能力。操作性知识可以通过学习教育学、心理学、教学论等相关课程获得。此外，教师还应该通过自身的不懈努力和积极思考，与同行互相学习和模仿，以不断提升操作性知识。

在英语教学中，多媒体和网络技术的应用具有特殊重要性。英语教学的目标是培养学生的听、说、读、写、译等能力，而这些能力的培养可以通过多媒体教学平台和网络技术得以更好的实现，取得更显著的效果。在当今的技术环境下，英语教师应该摒弃传统的单纯依靠课本、粉笔、黑板，教师讲课、学生听课的教学方式，而应该全面运用多媒体和网络技术，创建具有个性化、生动有趣的课堂教学新方式，以促进学生在英语综合素质方面的有效发展。

这种新教学方式能够提高学生的学习积极性，使他们更积极参与课堂，提升他们的创造力和批判性思维，使学习过程更加生动有趣。此外，多媒体和网络技术还能够提供更多资源和实践机会，帮助学生更好地应用所学知识。

（四）个体实践知识

教学方法的有效运用并不只依赖于教师对教材和学生的理解，更深刻的影响在于教师个人的独特教学风格。这种教学风格体现了教师对教学的深刻理解，以及根据不同教学情境进行灵活调整的智慧。这种智慧被称为个体实践知识，它是区分卓越教师和一般教师的重要标志。

获得个体实践知识通常需要经历复杂的过程。教师需要不断积累教学经验，将教育理论与实际问题相结合，创新性地运用这些理论解决实际教学中的挑战。因此，个体实践知识是在不断实践中不断发展和完善的。

在英语教学中，教师的个体实践知识与他们的语言基础、英语发音准确性、对普通文化的了解、多媒体技术的娴熟运用以及个性魅力等因素密切相关。这些因素为教育智慧的发展提供了肥沃的土壤。每位英语教师都应该追求独特的教学风格，并致力于培养自己的教育智慧，从而成为真正的卓越教师。

需要强调的是，对于教师的专业知识而言，学科知识、普通文化知识、操作性知识和个体实践知识并不是严格分隔开的领域。它们相互关联，相互支持。只有对它们进行有机的融合和整合，教师的专业自主发展才能够顺利展开，同时也才能够真正提高教学效能。

二、英语教师的专业能力结构

每个专业都要求从业人员具备一系列基本的核心能力。对于英语教师这一专业，根据其所涉及的学生群体、工作环境、课程内容和教学目标，至少需要具备以下四个基本能力。

（一）沟通能力

现代教育理论将教学视为师生之间的交流和对话过程，而不仅是知识的传授。因此，沟通能力在教师的职业生涯中至关重要。在日常教学中，即使是相同的教材和学生，不同的教师也能够在课堂上取得不同的效果，这主要取决于他们的沟通能力。英语教学尤其强调互动和交流，学生通常需要积极参与师生互动以提高英语能力。如果教师的沟通能力不足，教学效果将会受到影响。教师需要建立以学生的可持续发展为中心的思维，鼓励民主和平等的课堂互动，倾听学生的声音，并运用有效的语言技巧，以促进学生积极参与并热爱英语学习。有效的沟通和交流是成功教学的基础，具备这方面能力的教师才能被认为是真正的专业教师。

（二）教学设计能力

教学设计能力是指针对特定的教学任务，英语教师需要设计教材、制订教学计划、选择合适的教学方法和技术。出色的课堂设计可以使课堂充满趣味，能够迅速吸引学生的注意力，激发他们的求知欲。教学设计能力与操作性知识紧密相关，但丰富的操作性知识并不一定代表出色的教学设计能力。英语教师需要积极探讨不同的教学设计理念，选择适当的教学活动，以及灵活运用不同的教学媒体，这些因素都会极大影响教学效果，对学生的英语能力的培养和提高也具有重要意义。

（三）教学监控能力

一堂课是否能顺利进行，是否能够实现预期的教学效果，不仅取决于教师的沟通能力和教学设计能力，还与教师的课堂管理能力密切相关。林崇德教授将这种课堂管理能力称为"教学监控能力"，并认为它是教师的核心能力。这种能力需要教师能够灵活地推动各种教学活动，确保不同层次的学生都能取得适当的进步。教学监控能力实际上是一种综合能力，没有一套固定的规则，它需要教师在课堂上灵活应对各种问题，做到游刃有余。

（四）发展性能力

教学领域一直在不断演变和进步，反映了社会和技术的快速发展。这种演变对教师提出了不断更新和适应的要求。以前，教室中主要使用黑板、粉笔和纸质材料，而现在多媒体技术的应用已经越来越常见。教师需要掌握电脑操作技能和信息处理能力，这将直接影响到他们的教学效果。因此，社会的发展为教师带来了新机遇和新挑战。

在信息时代，学生也变得与以往不同了。许多学生更熟练地使用新媒体和新技术，与年长的教师相比，他们在这方面具有天然的优势。因此，教师需要不断学习和适应，而不只是坚持传统的教育方式。学生期望教师能够跟上时代的步伐，拥有开放的思维，能够吸收新知识，并将其融入教学中，使教育更具时代感和国际意识。如果教师无法满足这些期望，他们的教学可能会失去吸引力。

因此，教师需要不断发展他们的教育技能和知识，以适应不断变化的教育环境。这种发展性能力包括以下两个方面。

1. 合作研究能力

教育专业与其他领域的专业存在一项重要区别，即教师的工作对象不同。教师面对的是千差万别、充满生命力的个体，传授的知识也是不断变化的，这决定了教师必须充当研究者的角色。每个学生都是一个独特的个体，具有不同的需求、潜力和思维方式，这使教学充满了复杂性、艺术性和创造性，因为每个学生都是独一无二的。

在教育领域，几乎没有完全相同的教学经验。每一堂课都会面临新的挑战和情境，因为学生的反应和需求都是不断变化的。这些挑战可能是由个体差异、突发事件或其他因素引起的，需要教师积极反思并寻找解决问题的方法。因此，教育工作者需要具备研究的思维方式，将反思和改进融入日常工作中。

培养教师研究能力的第一步是培养他们的批判性思维和反思意识。教师需要超越表面现象，深入思考教学中的各种现象，以便发现其中隐藏的教育问题。只有通过反思日常的教学实践，教师才能敏锐地捕捉那些容易被忽略的重要细节。

不进行研究和反思，仅依赖已有的教学经验，将导致教师的专业能力停滞不前，教学效果下降。如果教师只满足于已有的实践，而不积极思考和改进，他们最多只能成为"经验丰富"的教师，而不是真正的"研究型教师"。只有教师自己通过不断反思，才能不断提高自己，形成先进的教育理念，并总结出有效的教学方法。

当谈到教育领域时，强调了教师的合作与研究能力的关键性，这不是一项孤立的个体努力，而是一项团队合作的工作。教育工作的独特性和复杂性决定了单独的反思很难达到真正的专业发展。教师需要积极与同事合作，一起探讨问题并找到解决方案。因此，合作应成为教师进行研究的主要途径之一。

培养合作能力需要教师具备平等和开放的思维，他们需要愿意向同事请教，愿意帮助他人，并且需要将学生的综合发展置于首位，将教育信仰和责任感作为自己教学的核心价值观。通过实际实践，我们可以看到，教师的合作研究习惯会深刻地影响到学生的合作与探究能力。这一点在英语课堂中表现得尤为显著。那些具备合作研究经验的教师往往能将这种合作精神融入他们的教学中，使其更具亲和力和实际效果。长此以往，这些教师的合作习惯也会在不知不觉中传递给学生，在潜移默化中激发学生的合作意识。这不仅提高了教师的专业水平，而且有助于学生培养出色的合作与研究能力。

2. 课程开发能力

课程充当了连接教师和学生之间的纽带，它是传递教育的关键媒介。课程的质量和有效性在很大程度上依赖于教师的专业能力，其中，课程开发能力是教师必须具备和掌握的能力之一。教师应主动参与课程开发，从而更好地引导学生深入理解课程内容。此外，在最新一轮的课程改革中，我国明确了一个新的三层次课程结构，包括国家课程、地方课程和校本课程，赋予学校更多的自主权，使校本课程成为整个课程架构的重要组成部分。然而，能否真正体现学校的课程自主权，能否成功将新的教育理念融入教学实践，以及学校是否能够开发出满足学生需求、具有学校特色的校本课程，这些都在很大程度上依赖于教师是否具备并能够运用课程开发的能力。

在这一背景下，英语教师的专业发展理念显得尤为重要。这种专业发展理念建立在教师对自己的认知、职业动力和发展程度的基础上，它具有引导、激励、规划和监督教师成长和发展的功能。

在高等教育领域，英语教师在教师专业发展中扮演着关键角色。从 20 世纪 80 年代开始，教师专业发展已经成为全球各地教育改革的焦点之一。我国的经济迅猛发展也对提高教师专业水平产生了紧迫需求，需要培养一支专业化水平较高的教师队伍。然而，传统的师范教育制度已难以满足这一需求。因此，我国教育部提出了改革的呼吁，鼓励综合性高等学校和非师范类高校参与中小学教师的培训工作，并探索在有条件的综合性高校中设立师范学院。

高等院校的英语教师应积极响应改革的号召，不断拓宽教育视野，提升自己的综合素质，提高教学和研究水平，促进学术性和研究性发展，以创造出更有价值的教育体验。这将有助于培养出更多满足社会需求的专业教育人才。

第二章　英语教师专业发展理念

　　高等院校的英语专业应当承担起培养未来中小学英语教师以及为在职英语教师提供培训的教学任务。这不仅意味着高校英语教师需要关注高校外语教育、语言学、文学和翻译等传统学术领域，而且需要关注中小学基础教育领域的教育和教学问题。但是许多高等院校的英语教师似乎忽略了中小学教育问题的重要性，不够关注基础教育领域的研究。他们似乎将自己的研究局限于传统的学术领域，而忽视了与基础教育有关的问题。这种观点反映出一种狭隘的学术观念，将高等教育与基础教育划分得过于明显，忽视了高校在整个国家教育体系中的角色和责任。高等院校的英语教师需要意识到他们不仅要致力于自身学科领域的研究，而且要为中小学教育的改善和发展尽一份力，这是他们的职责之一。只有通过拓展自己的学术视野，为基础教育领域提供更多有益的研究和支持，高校英语教师才能充分履行他们在国家教育体系中的使命，对培养未来教育界的优秀人才发挥积极作用。

第一节　高校英语教师在教师专业发展中的作用

一、高等院校对基础教育的责任

　　高等院校的使命既包括培养未来各领域的专业人才，也包括为其他级别的教育系统提供学术支持和服务。联合国教科文组织在1995年发布的《高等教育变革与发展的政策性文件》明确指出，任何有远见和合理的教育政策都应将整个教育系统看作是一个相互依存的整体。这意味着高等教育在改革和发展中必须认识到与其他教育层次之间密切的关联。

　　这种紧密联系的重要性根植于事实：高等教育既受益于先前教育阶段的成果，又承担着培训中小学教师的责任。此外，教育领域的研究和创新，包括新的教育方法、教材和学习资源的设计与实验，通常由高等教育机构的专家先行开展，然后应用于整个教育系统。因此，高等教育在教育体系创新中具有领导作用。

另一个有力的论点是：中小学和职业技术学校的教育人员日益需要接受高等教育培训，以提高他们的素质和专业技能，尤其是在培养学生的自主学习能力和批判性思维方面。这需要教师掌握自己所教领域的知识，以及在职培训的机会。高等教育的作用之一是促进教师的专业成长，提高他们的职业地位。

全球各国都应认识到高等教育与其他教育层次之间的密切联系，这是教师专业发展的关键措施，也有助于整个教育系统的改进和提高。

研究教育理论并提供实际教育培训对于塑造教师的专业发展至关重要。在促进教师专业化的进程中，高等院校的教师扮演着关键角色。他们应该在两个关键领域发挥积极作用：教育理论和实践。

首先，高等院校提供了一个独特的环境，使教师有更多机会接触、研究和深入理解各种教育教学理论。这为他们提供机会探索那些对于我国基础教育具有实际应用性的理论框架。这意味着高等教育教师在教育理论的前沿研究和创新中发挥着领导作用。

其次，高等院校的教师肩负着培养中小学教师的任务。这包括为在职中小学教师提供继续教育和培训，以及培养未来的教育从业者，如师范生。高等教育教师的责任之一是引领这些现有和未来的教育者，让他们广泛了解多种教育教学理论，鼓励他们反思自己的教育实践，培养理性思维和理论指导实践的能力，这有助于提高中小学教育的质量。

目前，农村地区的小学和中学英语教师短缺，小学英语教师缺乏尤为严重。由于我国幅员广阔，不同地区的经济发展水平不均，导致了教育资源分配的不平衡。大城市拥有更多的英语师资，而偏远农村地区的英语教师严重短缺。很多英语教师缺乏系统的英语专业知识和教学技能，其中许多是兼职、临时带课或从其他学科转岗而来，难以满足教学需求。

自20世纪90年代以来，随着农村中小学英语教育改革的推进，农村地区的中小学英语教师继续教育得到了显著发展。许多高等教育机构的教师积极参与了农村中小学教师培训。但是，存在一些问题需要解决：教学内容不够实际，随意性大，缺乏规范；过于模仿学历教育的课程设置；教学模式陈旧，不具有前瞻性；培训方法和手段滞后；教学内容与农村中小学英语教学实际脱节。

因此，要提高农村中小学英语教师专业水平和教学能力，需要高校与中小学教师之间进行更紧密的合作。高校教师有责任研究中小学教师培训的内容，并探索更有效的培训方法，以确保培训内容与实际需求相符。这将有助于提高农村中小学英语教育的质量，弥补城乡教育资源差距。

二、教师专业发展对高校英语教师的要求

如今各个领域，如科学、技术、经济和环境，都在不断发生变化，对人类的生活产生深远影响。这为教育领域带来了许多复杂的问题和挑战。为了在这充满挑战的环境中生存和茁壮成长，教师需要不断追求专业发展。

教师的专业发展对高等院校的英语教师来说，有着双重含义。首先，它包括高校英语教师自身不断提升的专业能力和知识。其次，它也涵盖了为中小学和其他教育机构的英语教师提供支持和服务，以促进整个教育领域的专业发展。这二者之间有着密切联系。

教师的专业发展包括学科专业知识和教育专业知识的不断积累和更新，以及教育和教学技能的提高。对于高校英语教师来说，这不仅这意味着要不断提高英语语言知识和运用能力，而且要深入研究个人领域（如语言学、英美文学、翻译、英语教学理论）的知识，以及了解最新的前沿知识。此外，他们还需要改进所教授课程的教学方法和教育知识。

高校英语教师的专业素质对高等教育质量至关重要，因为他们会培养出色的人才，这是一个国家或地区教育体系的重要条件。高校英语教师自身的专业发展也对推动其他级别的学校中的英语教师的专业发展起到了积极的促进作用。中小学英语教师的专业发展包括不断学习和更新学科知识，探索有效的教学方法，以满足时代的需求。

高校教师站在学科和教育知识的最前沿，因此他们有责任为正在接受教育的师范生和中小学教师提供支持和服务，帮助他们了解最新的学科和教育

知识。高校教师需要了解基础教育改革的目标和要求，了解不同级别学校的教育需求，以便能够为他们提供有价值的支持和指导。

一些中小学教师认为，高校教师更注重理论研究，而中小学教师更加注重实际教学。这种看法的根源在于，虽然高校教师掌握了丰富的学科知识和教育理论，但在中小学实际教学方面可能经验不足，因此提出的方法有时候在实践中会显得理论性强而实用性弱。想要在教育教学领域有更为实质性的贡献，高校教师就必须深入当前课程改革的前沿，实地走访中小学进行调查研究。从事教师教育的高校教师需要对我国基础教育有更深入的了解，需要熟悉中小学教师队伍的情况，了解中小学的管理模式，了解基础教育从业者的教育理念等。只有通过深入调查研究，才能找出问题，使自己的教学和研究更具有针对性，使自己成为一个注重解决问题的研究者和教育者，而非只是说空话的理论家。如果高校教师缺乏对我国基础教育的了解，只是盲目地推崇和宣扬国外的某些教育理论和方法，那就不可能提出能让一线教师信服的教育教学观点和方法。在推崇某种理论和方法时，必须剖析其成功的实质，并清晰地认知到其成功的前提条件。例如，谈到任务型教学法的运用，我们应该明白其本质就是为了给学生提供使用目标语言的机会，让学生在学习的同时应用，同时应用的过程也是学习的过程。至于在教学过程中哪个环节需要投入更多的精力和时间，这是因人而异的，英语基础好的学生可能在接触新的语言材料后很快就能进入完成任务的阶段，而英语基础差的学生可能需要更多的时间和精力学习完成任务所需的语言。因此，我们不能一概而论地认为应该将任务放在首位，而不进行语言实践练习。

三、高校英语教师在教师专业发展中的作为

随着教学理念的更新，全球各国都意识到提高教师的专业水平对于教育质量的重要性，因此采取了一系列措施加强教师的专业化。这些措施包括提高教师培训的专业水平、为教师提供专业发展机会以及赋予教师更多专业自主权。实现教师的专业发展需要政府、教育机构、研究机构、学校领导者和教师的协同努力。同时，法律、政策和制度也需要提供相应的支持，而教育理论应该为这一进程提供指导，教育者需要积极投入其中。

高校英语教师可以在提高英语教师培养的专业水平方面发挥积极作用。首要任务是提高英语师范生的教育质量，这是确保未来教师具备高水平专业素养的关键。英语师范生需要在校期间获得全面的专业教育，以使他们能够胜任未来的英语教学工作。其包括强调教育使命，将思想教育融入英语教学中，培养他们熟练运用英语，掌握英语语言知识，了解外语教学的理论基础，掌握英语教学技巧，并能够灵活运用现代教育技术。此外，他们还需要了解教育学、心理学和外语教育法等领域的知识，以便能够根据学生的认知水平采用有效的教学方法。

高校英语教师可以通过审视师范教育的课程设置和培训方法，通过各门课程的教学、学术讲座、实践指导和研究项目等方式，确保英语师范生在毕业时具备足够的专业素质。这有助于培养出更具专业化水平的英语教师，提高教育质量，以应对当今复杂多变的教育需求。

提高英语教师的专业水平不仅包括在他们的职前培训中投入更多精力，而且需要关注在职英语教师的培训和发展。教育领域的不断演进要求教师不断更新他们的教学观念、知识体系，提高教育技能，并具备自主解决问题的能力，以适应不断变化的教育环境。这对于英语教师来说尤为关键。

高校英语教师可以通过开展中小学教师培训，为他们提供支持和指导。这不仅可以帮助中小学教师拓宽视野，提高教育教学理论水平，还有助于扩展他们的英语专业知识，提高他们的英语语言运用能力以及教学技能和教育研究能力。

当前，基础教育改革对师范教育提出了新的要求，要求培养和培训适应新一轮基础教育课程改革所需的新型教师。因此，高校英语教师除了教授专业课程，还应了解基础教育课程改革的趋势，熟悉新的英语课程理念和实施方法，将这些新思想和内容融入师范生的培养和在职教师的继续教育中。这样，他们可以引导师范生和在职教师更好地理解教育现实，解决实际的教学问题，并探索创新教育教学理论和方法。

另外，英语教育领域已经经历了重要的体制改革，以适应全球化和信息化的发展趋势。这些改革给英语教师提出了全新的挑战和机遇。因此，英语教师需要不断适应这些新的教育体制和政策，不断提升自身的专业素养，以更好地应对当今复杂多变的教育需求。

第二节 英语教学体制改革与英语教师专业发展

一、当今我国英语教学体制

2022年教育部发布了《义务教育课程方案（2022年版）》，其中规定各科目课时比例为：语文20%~22%，数学13%~15%，体育与健康10%~11%，外语6%~8%。英语课程内容由主题、语篇、语言知识、文化知识、语言技能和学习策略等要素构成。围绕这些要素，通过学习理解、应用实践、迁移创新等活动，推动学生核心素养在义务教育全程中持续发展。

目前，中国的英语教学体制大致如下。

（一）义务教育英语课程英语教学的要求

义务教育英语课程内容分三级呈现，建议3~4年级学习一级内容，5~6年级学习二级内容，7~9年级学习三级内容；兼顾小学英语开设起始年级区域差异，设置预备级和三个"级别+"。预备级主要满足1~2年级教学需要，以视听说为主。"级别+"为学有余力的学生提供选择。对各"级别+"的内容要求用"+"标识。

（二）高校英语教学的要求

2020年教育部发布了《大学英语教学指南（2020版）》，新的高校英语课程设置强调实用性，鼓励各高校根据实际情况，按照《大学英语教学指南（2020版）》的指导，确定本校的英语教学目标，并设计符合本校特点的英语课程。这些课程包括综合英语类、语言技能类、语言应用类、语言文化类和专业英语类等，涵盖了必修课程和选修课程，旨在确保不同层次的学生都能在英语应用能力方面得到充分的训练和提高。

作为必修基础课程，高校英语通常每周安排4学时的授课时间。新的课程要求强调听说能力的培养和自主学习，因此一些学校采用了不同的教学模式，例如每周2小时的读写译大课、每周1小时的小班课堂教学，以及每周2

小时的网络中心自主听力学习，同时要求学生每周投入 2 小时的课外自主学习时间。

这一改革追求建立更连贯的英语教育体系，从小学到高校形成衔接，以确保学生在不同学段都能逐步提高语言综合运用能力。英语教育的总目标是培养学生的语言综合能力，不同阶段的教育目标逐渐深化，以适应学生的年级和水平。这一新体制旨在消除小学、中学和高校之间相互独立、重复内容、浪费时间和效益不高的问题，从而更好地满足学生的需求和社会的要求。

二、英语教学体制改革对英语教师的挑战

英语教学体制的改革对英语教师提出了多方面的挑战，对教师的教育观念、知识结构和教学研究能力提出了更高的要求。

（一）对教师教育观念的挑战

教师的教育观念决定了他们在教学中的态度和行为。英语课程体制改革要求教师转变其英语教学理念。无论是基础教育还是高等教育阶段，英语课程都致力于培养学生综合运用英语的能力，并强调通过英语教学促进学生全面素质的发展。这种教育目标要求教师将以传授知识为中心的教学理念转变为以学生发展为核心的教学理念，重新认识英语课程的定位。语言具有工具性和人文性的双重特征。在英语教学过程中，我们不仅要帮助学生掌握一种交际工具，还要促进学生的全面发展，实现外语的人文教育功能。

（二）对教师的学生观和教学观的挑战

改革英语教学体制还要求英语教师调整他们对学生和教学的观念。传统的教育模式认为，教师的任务是将自己掌握的知识传授给学生，而学生的角色则被视为被动接受者。这种观念忽略了学生的潜在学习能力和创造性思维。

新的教育理念强调，教育是一种互动的过程，教师和学生之间应该相互交流，相互启发，共享彼此的思考、经验和知识。这种互动丰富了教学内容，促使新的发现，实现了共同的学习和发展。在英语教学中，教师的角色不再只是知识的传授者，他们还充当了课堂活动的组织者、学生学习的激励者、学生思想的倾听者、学生问题的解决者、学习资源的提供者以及交流活动的

参与者。

在如今英语学习渠道多样、资源丰富的时代，学生的英语知识和技能的培养不再仅依赖于学校的课堂教育。很多学生对教材知识点的理解都不一样，因此教师需要认可学生的潜力和能力，鼓励他们表达自己的看法并提出问题。只有当教师从学生的需求出发组织教学内容和活动时，英语教育才能真正以学生为中心。

（三）对教师知识结构的挑战

英语教育强调了学生全面运用英语能力的培养，因此英语课程提出了更高的要求，这就要求教师适应教材内容的广泛性和深度，这也促使英语教材的编写经历了重大变革。新的教材涵盖了中西方社会文化、自然科学、技术以及各种百科知识，这就要求教师不仅能准确理解英语课文，而且要深入解释课文内容，引导学生更广泛地思考，开阔他们的视野，满足他们对知识的渴求。

卓越的学生对知识有更高的需求，对教师也有更高的期望。他们希望英语教师不仅能够传授语言技能和外国文化知识，而且能激发他们的思考，帮助他们增长见识。因此，英语教师和英语专业的教育者不能只注重发音和语言流利度，而忽视知识深度，否则会显示出知识层面的不足。

作为英语教师，我们需要不断提升自己的英语水平和教学技能，同时积极扩展自己的知识领域。英语课程标准明确要求教师持续更新自己的知识结构，以适应现代社会对英语课程的新要求。为实现这一目标，教师需要做到以下要求。

①精准理解课程标准的核心理念、目标和内容，应用教育学和心理学理论，深入研究教育教学的规律。根据学生的心理特征和实际情况，灵活选择和调整英语教学策略。

②培养课堂教学的灵活调控和组织能力，熟练运用多样的教学技巧和方法。

③掌握现代教育技术，能够将其融入个人的持续学习和实际教学中。

④自觉加强中外文化修养，不断扩展知识面。

⑤根据教学目标、学生需求以及当地客观条件,积极创造性地探索有效的教学方法。

⑥持续反思个人的教学行为,努力成为具备创新精神的研究型教师。

以上要求主要涵盖了教学方面,但是,教师的知识更新远远不止于此。当前国家基础教育课程改革强调培养学生的科学素养和人文素养,无论是哪个学科的教师,只有不断提升自身的科学素养和人文素养,才能直接或间接地影响到学生。对于英语教师而言,除了要不断提高专业素养,还要努力拓展科普知识和人文知识的广度。只有知识渊博的教师才能在教学过程中丰富学生的知识储备、拓宽学生的视野,并提升学生的智慧。

第三章 教师专业知识发展策略

如何培养教师的专业知识？如何创造良好的学校环境以促进教师专业知识的发展？本章将在分析影响教师专业发展因素的基础上，探讨创造良好教师专业知识发展环境的策略，以及根据个人知识观制订教师专业知识发展策略，同时还将分析教师学科教学知识和实践性知识发展的策略。

第一节 个人知识观下的教师专业知识发展

教师的知识水平直接关系到学校的教育质量和培养学生的成效与效率。正如一句格言所说："教师知道什么，以及他们能够如何运用这些知识，对学生的学习产生了至关重要的影响。"在研究教师专业知识发展方面，不同学者在不同时期提出了各种发展路径和观点。自波兰尼（Polany）的"个人知识理论"被引入教育领域以来，人们便开始从全新的角度探讨教师专业知识的发展，这被称为"个人知识观"角度。

一、个人知识观——教师专业知识发展的新基础

波兰尼首次提出的"个人知识"概念，虽然表面看起来简单，但实际上却颇具深度，容易引发理解上的挑战。一方面，这种难以理解的现象部分源于现代文化中普遍将"知识"视为普遍、客观、与个人无关的理性产品的观念；另一方面，这个概念的称谓本身也容易引发误解和歧义。人们常常错误地将"个人知识"视为科学知识的对应物。但实际上，"个人知识"并不是一种独立存在的知识形式，而是对科学知识性质的一种新描述。波兰尼提出这一理念，是为了挑战纯粹客观的经验主义和理性主义科学知识观念，他的核心观点在于"所有科学知识都是由个体参与产生的""所有科学知识都包含个人因素""追求完全客观性的科学知识是一种幻想，是错误的理想"。从

根本上说，所有科学知识乃至所有人类知识，都是个体思维和精神活动的产物。

谢弗勒（Scheffler）的方法论分类了人类知识为三种类型：理性知识、实证知识和实效知识。理性知识是逻辑和理性思维的产物，例如数学知识。实证知识则是通过感官观察、实验等经验性手段获取的知识，包括科学知识以及某些社会和人文领域的知识。实效知识则是在实际实践中，行动者将所学知识与具体情境相结合，自主创造的高效实用知识，通常高度个性化，存在于实践者的个人知识体系中。

康纳利（Connelly）和克兰迪宁（Clandinin）是加拿大的课程理论专家，他们引入了"教师个人实践知识"的概念，强调这种知识源自教师的个人经验，而不是来自外部客观世界的客观知识。他们认为，个人实践知识存在于教师过去的经验中，体现在教师当前的身体和心理状态中，还指导着教师未来的计划和行动，贯穿于整个教师的实践过程。

此后，一些研究者提出了个人行动理论的概念，这一理论强调，教师以一种直觉的方式，通过反思来追求个人实践知识的合法性、概念化和理性化。虽然个人行动理论是教师实践知识的重要组成部分，但它并不等同于教师的简单经验，它具有自身的特征和价值。这一理论的基本特征如下。

第一，个人化来源。这种知识是教师个人根据自己的经验和理解积累的，而不是从外部专家或标准教育教材中获得的。

第二，情境特定。它是通过研究和解决具体教育情境中的独特问题而产生的。这种知识不仅关注问题背后的因果关系，更强调在特定时间和地点解决实际问题的实际性和实效性。

第三，实践理论。个人知识在教育学领域中具有多重维度和特点。它既包括了教师主观的情感、认知和经验，也包含了来自外部的公共知识，这些知识可以是经过验证的客观知识。个人知识不仅限于明示的语言表达，而且包括那些难以言传的缄默知识，这些可能来自直觉、顿悟，或者由个体的智力行为产生的不可逆知识。

教师的个人知识是通过实际的教育教学实践活动积累的，它反映了教师对各种教育教学问题的认识和理解。这种知识在很大程度上受到教师的认知结构、个性特征以及个人经验的影响。教师的个人知识是高度情境化的,因为它是在特定的教育教学情境中产生的,更注重解决当下的实际问题,而不仅是寻求普适的因果关系。

教师的个人知识对其教育教学行为产生深远的影响。这种知识是实践理论的一部分,它提供了关于如何进行教育的规范性指导。教师的个人知识在一定程度上具有假定性、实践性、智慧性、局部性、全面性、缄默性、不易传递性以及相对保守性的特点。它在教育教学过程中起着关键的指导和决策作用。

需要强调的是,教师的个人知识和一般化的理论知识并不是互相排斥的,而是互相补充和互动的。教师在学习理论知识时会将其融入自己的个人知识体系中,并根据实际情况进行调整和应用。反过来,教师的个人知识也可以对理论知识进行补充和细化,从而促进更有效的教育教学实践。这种相互作用有助于丰富教育领域的知识体系,提高教育教学的质量。

二、教师专业知识的特征——个人知识观下的新诠释

从个人知识观的角度探讨教师专业知识的特征,我们可以侧重于以下两个核心观点:首先,重视强调教师个体的知识,强调教师是知识的主体;其次,将教师的专业知识与实际教育教学实践密切关联,这里的专业知识不再仅是某种理论概念,而是实际上教师真正拥有并在实际教学中应用的知识。这种观点强调个人知识观主要从实际应用的角度探讨教师专业知识,下面更详细地描述了从这一角度出发的教师专业知识具有的特点。

(一) 个人性

教师的专业知识具有一般性特征,同时也具备独特的个人性。个人性的教师专业知识指的是,在教学实践中,教师所运用的知识不是单纯的理论知识,它不仅充满了个性特征和个人智慧,而且与抽象的理论知识有所不同。纯理论知识主要是一种通过观察现象理解本质的知识,它通常是外部的、抽象的、普遍适用的,在直接指导复杂多变的教学实践时可能效果有限。因此,教师在运用这些知识时,必须结合具体情境,考虑个人特点、经验和价值观

等因素，在个人经验的基础上，将纯理论知识合理地应用到实践中。这种个人性知识在很大程度上决定了教师的专业水平，而高水平的专业教师往往拥有更为丰富、灵活和合理的个人知识。因此，我们应该摒弃传统观念中的排斥教师在知识发展中扮演角色的观点，应将教师专业知识的发展看作是个体教师知识不断演进和完善的过程。

（二）实践性

实践性知识是通过对具体情境的亲身体验、辨别和领悟获得的知识，它具备指导实际行动的效能。教育是一项独特的实际操作，充满多重因素，而且高度依赖于具体情境。在教学中，教师会积累各种对不同教育情境的感知、领悟和经验，这些经验和见解会直接影响他们在课堂上的行为，构成了教师专业知识的关键组成部分。即使教师在学习理论知识时，也不能仅依赖于被动接受来掌握这些理论，必须将这些理论联系到具体的教育教学实践情境中，否则这些理论将变得毫无根基和实际应用价值。此外，学习知识的最终目的是应用，而纯粹的理论知识对于充满变化和不确定性的教育教学情境来说显然不够，因此教师需要不断将这些理论知识与实践相结合，创造出适用于实际教学的知识。因此，可以看出，教师专业知识具有强烈的实践性质。然而，传统的知识观忽视了这一点，过于强调教师需要掌握学科、教育学、心理学等领域的理论知识，而忽略了教师专业知识的实际应用，导致学习了大量理论知识的教师仍然难以有效地教授课程的现象。

（三）对话性

知识的对话性是指知识主体之间可以就特定问题进行互相交流和讨论，以深化对知识的理解和应用。传统的教师知识观将知识视为一种绝对真理和权威，要求不同教师学习相同的标准知识，这些知识采用符号体系进行表达，被认为是一种"公共知识"。传统观点认为，教师只需被动接受这些公共知识，而这些知识是普遍的，不包含个体教师的特殊性，因此显得呆板和缺乏活力。这种知识模式与实际的教学环境相去甚远，导致教师只是机械地记住这些知识，而难以真正理解和应用。这也减少了教师之间进行知识交流和对话的需求和意愿。

相反，个人知识观认为，教师的专业知识是基于实践形成的个体化知识，与每位教师自身的教育教学实践活动密切相关。这些知识包含了许多个体化的元素，每位教师都有自己的经验和见解。这种观点认为，不同教师会因为各自的背景、经历和教学环境而形成不同的专业知识，因此"各有千秋"。这些知识才是真正影响教师教学的知识，因此教师需要不断与其他教师进行交流和讨论，以便不断发展和提高这些知识。因此，可以说教师的专业知识是具有对话性质的知识，通过与他人的交流和讨论，可以进一步提高其专业水平和质量。这种对话性知识观强调了知识的动态性和个体性，以及知识主体之间的互动和合作。

三、教师专业知识发展策略——从个人知识观角度看

传统的教师专业知识发展方式过于依赖传统的知识类型，如学科知识和教学知识，与实际教学活动的联系较少。这导致教师常常把学习和工作划分为两个独立的领域，很难将所学的知识转化为实际的教学行为。而个人知识观强调应密切关注教师专业知识的生长点，即教师自主成长和在实际教育现场中获得的经验。这也意味着要注重教师的自主学习和实践，将教师的实际经验与教育理论相结合，以不断提升教师的专业能力和知识水平。

（一）确保教师在知识发展中的主体地位

首先，教师需要培养自己的主体意识，积极思考问题，如"我如何理解这些概念""我如何更有效地传授这一主题""我需要哪些方面的知识补充"。这有助于让教师认识到他们是知识的创造者和运用者，只有通过主动的思考和学习，才能真正将知识应用到实际的教育教学中。

其次，应尊重每位教师的独特性，包括其个性特点、认知风格和教学经验。不同的教师会因其独特性而对相同的情境有不同的看法和处理方式。举例来说，在数学教学中，关于如何选择教学案例的问题，不同的教师可能会因其个体特点和教育经验而采用不同的方法。一位教师可能认为某个案例更适合用来解释函数概念，而另一位教师可能认为这个案例有助于提高学生的计算能力。这种差异应被尊重，因为它反映了个体多样性。

最后，鼓励教师勇于创新。教师不仅要吸收现有的教育教学知识，而且要根据实际的教学环境和需求，不断发展、充实或创造自己的知识。这意味着教师需要具备创新的能力。举例而言，尽管课堂阅读通常在语文教学中使用，但数学教师可以根据数学学科的特点，开发数学课堂中的阅读教学方法，以更好地适应数学教学的需求。这种创新能力有助于提高教学质量并丰富教育知识。

(二) 与教学实践紧密结合

改变教师培训模式，从将教师集中起来进行传统的教育学和心理学知识的宣读，转向以教师主体和教学实践为基础的多样化、有效的培训方法。其可以包括采取"需求式"培训，建立信息反馈系统，根据反馈不断调整培训内容和方式，以满足教师的特定需求。另一个选择是采用案例教学培训模式，在真实或模拟的教学环境中录制教师的教学过程，并由专家进行分析和评估，以提高培训的针对性和效果，确保每位受训教师都能获益并得到提高。

在师范教育方面，需要强调教育实习，使其成为师范生积累教育教学实践知识的重要组成部分。目前，教育实习存在时间过短和目标简单的问题，缺乏深度反思。这需要改进，可以借鉴美国的教师专业发展学校（Professional Development School，PDS）模式。这种模式涉及高校与中小学的合作，为职前师范生提供更长时间的实习经验，并要求他们像正式教师一样参与学校各项活动，包括教研会议和教学实验。这种教育实习模式有助于师范生积累更多的实践经验，快速适应教育工作。此外，它也有助于中小学教师的专业发展，使他们能够与高校教师和学生交流，接受新思想和新观点，同时减轻了他们的工作负担，有更多时间提高自身能力。

第二节 教师专业发展的制度建设

教师专业发展是指教师在职业生涯中持续学习和成长的过程，涉及他们个体的社会化。学校在这一过程中扮演了至关重要的角色，因为学校的管理制度和文化对教师的专业发展具有重要影响。建立完善的管理制度和促进民主和谐的学校文化不仅规范了教师的行为，而且为教师的专业成长提供了支持和保障。

一、学校的制度建设

（一）当前学校制度建设的局限

1. 学校的科层制过强

科层制是一种旨在提高效率的制度，其主要特点是"命令—服从"，在这个制度下，个体的意愿和性格很难发挥作用。

2. 学校的教育科研制度缺失

教育研究在促进教师专业成长方面起到了至关重要的作用，它不仅激发了教师的学术热情，而且有助于提高他们的专业素养，加速了他们成为专业人士的进程。然而，教师的研究兴趣、研究能力和研究水平都需要学校教育研究制度的支持和保障。目前，我国许多中小学的教育研究管理制度存在不完善和缺乏科学性的问题。具体表现为，有些学校可能不重视教育研究，而另一些学校则过于强调每位教师都必须从事研究，但却没有为他们提供明确的研究主题、方法和引导，这导致了教育研究的重复和资源的浪费。这种情况容易引起教师对教育研究的抵触情绪，从而阻碍了他们积极参与研究活动，对教师的专业发展不利。

（二）学校制度建设的建议

1. 赋予教师更多专业自主权

获得教师专业自主权是教师职业专业化的重要表现。教师在教育教学中扮演着重要的角色，是课堂的主要组织者和执行者，因此应该拥有更多的权利。就像澳大利亚学者凯米斯（Kemmis）从"教师自主"角度对教师专业化进行研究所述，专业化的一个显著特征是教师不受专业上的外部控制和限制，能够自主作出职业判断。在课堂教学情境中，教师应该拥有相对的自主权，包括课程设计、教学过程、学生的学习动机、学生管理和学生评价等方面的法定权威。无论是同事还是行政人员都不应该干涉或剥夺这种权威。为了实现这一目标，学校需要在政策和措施方面赋予教师更多的专业自主权，包括专业发展的责任和义务。

2. 建立健全学校教育科研制度

学习是教师专业化发展的基础和前提，同时研究是教师成为专业人才的重要途径和方法。通过进行教育研究，教师不仅能够在专业上取得进步，更能够带来一种思维方式和态度的积极改变，一种由内而外的心灵愉悦。因此，学校应当将建立健全教育科研机制作为一项重要任务来抓，以确保学校的教育科研活动真正发挥其促进教师发展、提升教学效果、减轻学生负担等功能。

3. 创新教师合作模式

教师之间的合作应该建立在教师专业发展需求的基础之上，是自愿的、自由的、平等的。仅通过外部强制力量将教师聚集在一起形成的"合作组织"，很难真正实现合作的目标。因此，学校在建立教师合作模式时，应该为教师提供宽松、激励、和谐的支持环境和良好氛围，重视对教师的引导而非强制。真正建立起教师学习共同体，即教师自发组织，以提升个人专业素养和职业能力为主要目标，积极探索各种自主学习方式，注重成员之间的社会认同和经验资源共享，实现互相促进、共同进步的教师学习型组织。

二、学校的文化建设

（一）学校文化的基本内涵

学校文化源自组织文化的理念。罗伯特和亨特（Robert & Hunt）提出了组织文化研究的四种基本取向：一是组织中共享的规范、信念和价值观；二是有关组织的故事、语言和传说；三是组织的典礼和仪式；四是组织成员之间的互动系统。这些基本观点和取向为理解学校文化的内涵提供了有用的框架。国内外有大量研究学校文化的成果，通常从这四种组织文化取向的角度展开研究。

迪尔和彼德森（Deal & Peterson）认为，学校文化是由教师、学生、家长和行政管理人员在长期工作和生活中建立的组织传统和规则，成为人们思考、行动和感知问题的方式。施恩（Schein）把学校文化分为三个层次：第一个层次主要包括学校文化中的仪式、典礼、故事、传说、共享的语言和互动系统等外显性的成分。第二个是层次包括组织成员共享的规范、信念、价值观，这些价值观和规范可能没有明确的书面文件，但存在于组织成员的思维中，影响他们的行为。第三个层次是师生行为的出发点和一系列假设，这些假设通常会促进或阻碍师生行为的发生。

近年来，国内开始更加关注学校文化的研究。最初，学校文化通常与"校园文化""学校环境""潜在课程"等概念混为一谈。尽管后来一些学者对学校文化进行了更详细的界定，但大多数研究仍然停留在抽象描述层面，对学校文化如何存在、如何重建以及如何影响学校运作的研究相对较少。马云鹏教授的研究为我们提供了新的视角，他认为学校文化是在长期生活中积淀下来的思想观念、行为方式和生活习惯的集合。这包括学校内部的关系、教学文化、研究氛围以及外部因素对学校教育的影响。具体表现为学校管理和规范、备课方式、考试文化、上级部门的监督与指导、评课、教学研究、听课、学校活动、学校改革、学术氛围和教师之间的互动等。

学校文化是在学校集体和团队共享的基础上逐渐形成的，它以价值观和假设为核心，涵盖学校制度、教学方法、科研活动、师生互动方式以及学校传统、故事、仪式、典礼等具体行为和物质。它代表了学校成员共同秉持的价值观和行为动机，就像一条在学校内不断流动的河流，携带着情感、社会习惯和群体行为。

（二）学校文化与教师专业发展

优良的学校文化不仅可以激发教师充满活力地完成学校任务，增强他们对学校的忠诚度和奉献精神，同时也能够激励教师将学校的目标作为实现个人成长和发展的动力，使他们充满热情地投入工作以实现学校的预期目标。学校文化有助于教师深刻理解教学的意义，明确自身在专业发展中的责任，并能够明确界定教师在完成学校任务时所发挥的重要作用。

1. 学校文化的导向作用

学校文化的重要作用在于引导教师将自身的价值观和行为准则与学校的整体目标相结合。它能够激发教师的使命感和奋斗精神，使其在追求学校共同目标的同时，实现个人专业成长。因此，塑造积极的学校文化实际上是在建立一种内在的激励机制，让教师了解学校正在追求的远景目标。当学校拥有积极的文化氛围时，共同的价值观和集体认知会潜移默化地影响教师，建立一种对学校的归属感，从而将教师和学校融为一体，形成一股强大的力量，共同努力朝着既定的方向发展，不仅推动每位教师的专业成长，也促进学校整体的进步。

2. 学校文化的规范作用

学校为了保障有效教学运作，需要建立规章制度。规章制度虽然重要，却不能完全覆盖每位教师的行为。学校文化充当了一种潜移默化的精神引导，一种软性规范影响和引导教师的行为。它的作用机制在于通过共同的核心价值观的建立，创造一种一致的思维框架，从而在教师内心形成一种固定信仰，这会触发一种自发的反应机制。当外部信号与这一内部信仰相符时，教师会迅速、积极地采取相应行为。为了有效地推动教师的专业成长，学校文化必须与组织结构和规章制度相互配合。规章制度和学校文化互相影响，鼓励教师不仅要自觉遵守规章，而且在适应学校文化的同时，不断提升自我，从而实现个人专业发展的目标。

3. 学校文化的激励作用

学校文化强调注重教育者，以人为核心的管理方式。它的关键在于创造共同的价值观念和文化氛围。一个积极的学校文化旨在确保每个教育者都受到尊重和重视，并体现民主和公平。这种文化氛围鼓励教师积极从事学术研究和创新，肯定他们的个人成就，激发他们为实现个人价值和学校的进步而努力奋斗的动力。此外，这种文化氛围还具有凝聚力，将所有教育者聚集在一起，强化他们的群体认同感，使学校拥有内部凝聚力和团队精神，教育者视学校为自己的家，将学校的发展当作自己的责任。这样的文化激发了教师更加自觉和主动地推动自己的专业发展，同时与学校的整体目标保持一致。

三、教师学习文化氛围的营造

目前，很多学校正在积极塑造拥有独特校本特色的教师培训体系，旨在建立一种教育文化，促使教师在特定的学习环境和平台中不断成长。可以说，创造这种教师学习文化，营造相应的学习氛围，已经成为一个学校发展中紧密联系着教师专业成长非常有价值的目标。

（一）教师学习的特点

1. 基于问题的实践学习

教师专业发展的学习是以解决实际教学问题为导向的。教师通过针对教学实践中的挑战和问题进行有针对性的学习，将学习融入日常的教育工作中，从而实现了理论与实践的有效结合。这种学习方法强调解决实际问题，有助于提高教学质量。

2. 基于案例的情境学习

教师的学习需要建立在具体情境下的认知过程之上。情境学习理论强调知识的学习必须与其实际应用情境相结合，否则学到的知识将难以迁移到实际教学中。因此，教师的学习也要基于实际案例和情境，这有助于其将学到的知识更好地运用到实际中。

3. 基于经验的反思学习

教师的学习是一种反思性的过程，而不仅是知识的灌输。通过反思自己的教学经验，教师可以更深入地理解教育实践，识别自己的优点和不足，从而改进教学方法和策略。经验和反思是教师学习的重要组成部分，也是教师专业成长的必经之路。

4. 基于合作的群体学习

建构主义理论认为学习是一种社交和合作的过程。在教师的专业成长中，合作学习发挥着重要作用。教师之间的合作不仅可以分享教学资源，而且可以激发学习的动力。合作学习的形式多种多样，包括教师间的研讨会、共同参与课题研究、互相观摩公开课等，这些都有助于促进教师之间的互动和学习。

（二）教师学习文化的构成

教师学习文化是指教师在学习过程中形成的思维模式和行为方式的综合

体。它包括教师个体的学习目标、态度、方法、水平、习惯和风格等,以及教师团队的合作学习和整个学校的组织学习。这种文化具有包容性,能容纳各种教育理念、学术思想和教学模式。同时,它也是动态的,随着教育形势的变化而发展,旨在构建适应社会和个人发展的文化体系。此外,教师学习文化是开放的,能够与社区、家庭和网络互动,积极影响整个教育过程。

教师学习文化的构成主要有三个方面:个体学习、团队学习和组织学习。个体学习是教师专业发展的基础,教师需要建立独立的学习态度和行为习惯。团队学习强调集体智慧的碰撞,通过交流分享知识和信息。组织学习是整合学校内各种力量的系统思维方式,能够提高学校整体的学习能力和文化水准。在这种文化氛围中,教师可以共同成长,创造积极的学习氛围,促进学校的持续发展。

一所优秀的学校依靠其独特的学习文化脱颖而出。学校文化的竞争实质上是对文化的竞争。学校的文化决定了学校的发展方向,并为学校提供源源不断的发展动力。营造民主、开放、互动、和谐的教师学习文化是实现教师和学校共同发展的基础。在这样的文化氛围中,教师能够共同创造、共享价值,实现共同成长。

第三节 学科教学知识的发展

学科教学知识(PCK)在塑造教师的教学方式和效果方面具有巨大的影响,因此强调在教师的专业知识培养中重视培养学科教学知识是至关重要的。下面我们将探讨学科教学知识的发展,以及提供一些策略加强这方面的知识。

一、学科教学知识的发展来源

学科教学知识的生成源自多方面。研究表明,当教师需要有效地传授某一学科主题时,通常会采用两种方法解决问题:个人努力和协作寻求帮助。在个人努力方面,包括查阅相关资料,深入思考具体问题,以及从自身的教学经验中汲取知识。另外,教师还常常与有经验的同事进行讨论和交流,以获得更多见解和建议。具体而言,范良火提供了一个有益的框架,用以概括这些知识来源：学生时代的学习经验、职前培训、在职培训、专业组织的活动、日常与同事的交流、专业书刊的阅读，以及自身的教学经验和反思。这些来源根据其重要性可以分为三个层次，即最重要的、重要的和一般的来源。

（一）学科教学知识的最重要来源

研究表明，学科教学知识的最重要来源是教师自身的教学经验和反思以及和同事的日常交流这两条途径。

1. 教师自身的教学经验和反思

经验对一个人的成长很关键，尤其在教育领域中，教学经验对教师的专业成长和提高教学质量至关重要。这是因为教师在课堂上的教学行为很大程度上受到他们自身的教学经验的影响。这种经验实际上蕴含着一种默契的知识，它不仅包括了教育学科的理论知识，而且包括了在实际教学中积累的技能、洞察力和教育方法。

反思则是教师成长的关键环节，它是指教师对自己的教学活动和方式进行深刻思考和审视的过程。这种内省和反省是产生内部经验和知识的方式。通过不断反思，教师能够更好地理解自己的行为和决策，从而提高自己的教学水平。这种思考过程被视为一种思想的自我运动，它帮助教师把握事物的内在本质，进一步提高其专业素养。

反思的重要性在于它有助于教师将经验提升为知识。教育经验经过反思、实践、扬弃和提炼后，可以逐渐升华为学科教育知识。这个过程有助于教师更深入地理解自己的实践，并将这些经验转化为更广泛适用的教育原则和方法。因此，可以说反思是教师学科教育知识发展的重要途径之一。

总之，教育经验和反思是教师专业成长和提高教学质量不可或缺的元素。通过将经验转化为知识，教师能够不断改进他们的教学方法，提供更好的教育，满足学生的需求，促进教育领域的进步。这也解释了为什么反思成为国际教育领域广泛流行的时代性语言，并在各国的教育实践中得到广泛应用。

2. 和同事的日常交流

经验的分享和交流是知识的倍增过程。当一个人分享自己的经验时，其他人可以从中受益，并将其扩展为更多的经验。这种现象在教育领域中尤为明显。教师通过与同事互相交流,能够获取更多的实际教育经验,这些经验有时候会被内化,成为自己的教学知识。特别是对于新教师来说,同事或有经验的教师的点拨和建议可能会让他们在教学问题上迅速取得进展。研究表明,当新教师在教学中遇到困难时,他们更愿意向有经验的同事请教,因为这些同事能够理解他们所处的教育环境,成为值得模仿和咨询的对象。

尽管自我反思对于教育经验的提升非常重要,但有时候它可能也存在局限性,无法深入分析问题或考虑全面。因此,交流反思也变得至关重要。这种反思不仅是个体行为,而且涉及群体之间的互动和碰撞。教师可以通过语言与同事分享他们对某一教学问题的思考和解决过程。在充分的交流和相互提问的过程中,教师可以更深入地理解自己的意识和行为,同时也有机会了解不同的观点和方法。

总而言之,与同事的日常交流是促进学科教学知识发展的一种主要途径。这种知识分享和反思的过程有助于教师不断提高其教育实践,推动教育领域的不断发展。通过在教育社区中分享经验,教师可以从彼此的专业洞察中受益,创造更丰富的教育经验。

(二)学科教学知识的重要来源

学科教学知识发展的重要来源大致有上学时的经验、组织的专业活动、在职培训3个方面。

1. 上学时的经验

一名学生在成长过程中接触了许多不同的教师,这些教师的教学风格和教学方法会在其心中留下深刻的印记。当他自己成为一名教师后,自然而然地会回想起当年自己的老师们是如何教学的,特别是那些他特别敬佩的老师,他会想要学习他们的教学方式。在这个回想的过程中,他会尝试模仿和吸收,从而形成了自己的教学风格和方法。正如考尔德黑德和米勒(Calderhead & Miller)的研究所指出的,新任教师会从他们昔日教师的教学态度中,辨识出哪些行为是积极的,哪些是消极的,并向积极的方面学习。

除了受到教育经验的影响,早年的生活经历也会对教学知识的发展产生影响。许多教师的固有观念往往在进入教育学校前就已经形成,其影响力甚至可能超过了教育学校的教育。教师的教学知识具有个性化特质，与教师个人的情感和个性息息相关。克兰迪宁曾指出，教师个人独特的风格和人格特质不仅会对课堂行为产生深远影响，而且会影响教师在教学知识上的选择。例如，如果教师在早期阶段对教学的理解是以讲授为主，认为讲解应该清晰，示范应该准确，分析应该透彻等，这些理念不仅会成为他的专业知识，而且会影响他是否愿意接受与之不同的教学理念。

2. 组织的专业活动

教师在专业发展过程中，必须参与有组织的专业活动。这些活动是教师专业知识不可或缺的来源之一。例如，参加专题讲座、课程研讨、学术报告等专业活动，这会直接促进教师在学科教学方面的知识增长。此外，教研组或教研室组织的观摩教学或公开课活动也是教师专业知识发展的关键环节之一。通过观察他人的教学过程，对教师的学科教学知识产生了深远的影响，这也被称为"旁观学艺"。在这个过程中，教师不仅获得了学科教学方面的知识，而且塑造与提升了教学态度。

3. 在职培训

在职培训对于教师的学科教学知识发展至关重要。最初，职业培训的目标是确保教师有足够的能力胜任教学工作，使他们达到一定的师资水平。然而，如今培训的目标已经不再局限于此，它更加多元化。例如，对于新入职教师的培训，旨在帮助他们快速适应教育教学的规范，掌握课堂教学技巧，提高他们的教学能力。此外，对于特定学科的进修培训旨在帮助教师补充相关知识，提高专业水平，了解最新的教育教学理论和方法。还有一些培训是由基础教育专家主持，旨在帮助教师总结经验，将其经验提升到更高的理论水平，以便分享和推广。

这些培训目标在培训过程中具有不同的重要性，表现为教学技能的增进、协作精神的培养、专业知识的更新以及思想素质的提高等方面。通过参与在职培训，教师能够提高其认知水平，拓宽知识领域，改善其教学技能，从而加速其学科教学知识的发展。

二、学科教学知识发展的机制

教师的学科教学知识的演进可以分为横向与纵向两个维度。横向发展指的是从最初单一的知识基础到逐渐综合多种知识基础的过程。最初,教师可能只依赖某一或少数几种知识基础理解特定的教学主题,但随着时间的推移,他们能够熟练地综合运用各种知识全面理解各种不同的教学主题。纵向发展则是知识的深化和扩展,从最初只能在经验层面对特定教学主题进行表达、组织、示范和呈现,到后来在自身教育信念的指导下,以科学、系统、自动的方式有效地表达、组织、示范和呈现特定教学主题。这两个维度的发展是相辅相成的,共同推动着教师学科教学知识的增长。

这种知识的演进过程是在一个不断重复的"假设—实践—修正"循环中实现的。首先,教师形成了对如何教授特定教学主题的假设。其次,他们将这一假设应用于实际教学实践中,通过实践的反馈不断修正和改进假设,以找到更有效的表达、组织、示范和呈现方式。这一循环不断重复,每次循环都积累了更多的经验和洞察力,使教师的学科教学知识不断丰富和完善。

在这一演进过程中,教育实践和反思起着关键作用。教育实践不仅是新假设的验证和实践来源,而且有助于发展更好的教学方法。反思则扮演着连接假设、实践和修正的桥梁角色,确保这一循环能够连贯无缝地进行。综合来看,这种不断重复的循环和相互作用推动着教师学科教学知识的不断增长和完善。

三、学科教学知识发展的阶段

根据教师学科教学知识在发展过程中的形态演变,我们可以将其分为三个不同阶段:分离、初步整合和完全融合。

(一) 分离阶段

在这一初期阶段,教师所获得的各种知识基础相对独立,彼此之间缺乏紧密的联系。这些知识基础存在于分立的状态中,尚未形成有机的整合。教师在这个阶段主要以接受和存储这些知识为主,尚未完全认识到它们的实际应用价值和现实意义。

(二) 初步形成阶段

在这一中间阶段，教师开始积极将学科知识、一般教学法知识以及其他相关知识基础结合起来，以适应真实的教育实践需求。这个过程是有意识的，旨在建立教师相对稳定的学科教学知识体系。通常，这一阶段发生在教师职业生涯的早期，包括教育实习期、刚开始工作不久以及工作前几年的工作经验。

(三) 融合阶段

这是学科教学知识的高级阶段，其中教师的知识更加经验化、专业化，且具有更高度的抽象性。在这个阶段，教师不断将各种知识更深入地融合在一起，以满足他们对教育持续增长和个人实现的需求。这个过程需要大量的教育实践、自我反思，以及长期的经验积累。通常，这个阶段在教师职业生涯的中期阶段，包括工作3~5年、工作6~10年和工作10~15年的时间段内发生。

总之，这三个阶段代表了教师学科教学知识的不断发展和演化，从最初的分散状态到逐渐形成有机整合的体系，最终到更高级的融合状态，这些阶段反映了教师在不同职业生涯阶段的知识发展和成熟过程。

第四章　高校英语课程与教学原则

第一节　高校英语课程概况

一、高校英语课程教学要求

在我国，高校英语教学是高等教育一个不可或缺的组成部分。高校英语课程是所有本科生必须修读的基础课程之一。这门课程以外语教学理论为指导，包括英语语言知识与应用技能、跨文化交际和学习策略等内容。教学体系涵盖了多种教学模式和手段，以确保学生全面发展。

但是，我国高校之间存在巨大的地区差异。因此，在高校英语教学中，我们需要贯彻分类指导、因材施教的原则，以满足个性化教学的实际需求。不同省区市的高校应根据自身情况确定教学目标，并创造条件，使那些英语起点较高、学有余力的学生能够达到更高的学习要求。

通常，高校英语教学要求可以划分为三个层次：一般要求、较高要求和更高要求。一般要求是所有非英语专业本科毕业生应达到的基本水平；而较高要求和更高要求则是根据学校的定位和人才培养目标而推荐的标准。这样的差异化教学目标有助于更好地满足学生的学习需求，确保每个学生都能在高校英语学习中发挥潜力。

三个层次的英语能力要求如下。

（一）一般要求

1. 听力理解能力

要求学生具备英语听力的各种技能，包括理解教学内容、日常对话和一般话题的演讲，以及较慢语速的英语广播和电视节目。学生应能够捕捉主要信息和关键要点，并灵活运用基本听力策略。

2. 口语表达能力

要求学生具备在学习中使用英语进行交流的能力，能够进行主题讨论，进行日常话题的英语对话，经过准备后能够就熟悉的话题进行简短陈述，表达清晰，语音和语调基本正确，而且应具备基本的会话策略。

3. 阅读理解能力

要求具备以下阅读能力：能基本理解一般性题材的英文文章，阅读速度达到每分钟70词；在阅读篇幅较长、难度稍低的材料时，阅读速度达到每分钟100词；能够进行略读和寻读；能够借助词典阅读本专业的英语教材和熟悉题材的英文报刊文章，把握中心思想，理解主要事实和相关细节；能够理解工作、生活中常见的应用文体材料；能够在阅读过程中采用有效的阅读策略。

4. 书面表达能力

要求具备以下写作能力：能够完成一般性写作任务，包括叙述个人经历、感受、情感以及事件等，也能够撰写常见的应用文；能够在30分钟内根据一般性话题或提纲撰写不少于120词的短文，确保内容相对完整，中心思想明晰，用词适当，语言表达流畅；具备基本的写作技能。

5. 翻译能力

要求能使用词典进行题材熟悉的文章的英汉互译，英汉译速大约为每小时300个英语单词，汉英译速为每小时大约250个汉字；译文需基本准确，不能存在重大的理解和语言表达错误。

6. 推荐词汇量

要求掌握的词汇量应包括约4 795个单词和700个短语（包括中学应该掌握的词汇），其中约2 000个单词被认为是积极词汇，即要求学生能够熟练地在口语和书面表达中运用这些词汇，具备认知基础。

（二）较高要求

1. 听力理解能力

要求具备的听力能力包括：能够理解英语对话和演讲，能基本理解熟悉题材且篇幅较长的英语广播和电视节目，语速在每分钟150~180词；能够掌握主要内容，捕捉关键信息和相关细节；同时，能够基本理解用英语授课的专业课程。

2. 口语表达能力

要求能够以英语进行流利的对话，就一般性话题进行比较自如的交流；能够基本表达个人的意见、情感、观点等；能够较为准确地陈述事实、理由以及描述事件；表达清楚，语音和语调基本准确。

3. 阅读理解能力

要求具备以下阅读能力：能够基本理解英语国家主流报纸和杂志上一般性话题的文章，阅读速度为每分钟70~90词；在快速阅读篇幅较长、难度适中的材料时，阅读速度能够达到每分钟120词；同时，能够阅读与所学专业相关的综合性文献，并正确理解主要内容，捕捉关键信息和相关细节。

4. 书面表达能力

要求具备以下写作能力：能够就一般性话题基本表达个人观点；具备编写所学专业论文的英文摘要的能力；能够撰写所学专业的英语小论文；能够描述各种图表；能够在30分钟内撰写不少于160词的短文，确保内容完整，观点明确，条理清晰，语句通顺。

5. 翻译能力

要求具备以下翻译能力：能够翻译所学专业的英语文献资料；可以借助词典翻译英语国家主流报刊上熟悉题材的文章；英汉翻译速度为每小时约350个英语单词，汉英翻译速度为每小时约300个汉字；翻译文本通顺明了，语言表达准确，错误较少；能够运用适当的翻译技巧。

6. 推荐词汇量

要求掌握的词汇量应达到约6 395个单词和1 200个词组（包括中学水平

和一般要求的词汇）。其中，大约有 2 200 个单词属于积极词汇。

(三) 更高要求

1. 听力理解能力

要求具备以下听力能力：能够基本理解英语国家的广播电视节目，抓住主要内容和要点；能够听懂英语国家人士正常语速的对话；具备听懂用英语进行的专业课程和讲座的能力。

2. 口语表达能力

要求具备以下口语表达能力：能够在一般性或专业性话题上进行流利、准确的对话和讨论；可以简洁明了地总结较长且语言较难的文本或演讲；有能力在国际会议和专业交流中宣读论文并积极参与讨论。

3. 阅读理解能力

要求具备以下阅读能力：能够阅读具有一定难度的文章，理解其主要观点和细节；可以阅读国际英语报刊上的文章，并能够比较顺畅地理解所学专业的英语文献和资料。

4. 书面表达能力

要求能够以英语撰写关于所学专业的简短报告和学术论文，以书面形式自如地表达个人观点，能够在 30 分钟内撰写不少于 200 词的说明文或议论文，确保思想表达清晰、内容充实、文章结构明晰，逻辑性强。

5. 翻译能力

要求具备以下翻译技能：能够利用词典翻译所学领域的文献和英语国家较为困难的文章，能够翻译描述中国的国情或文化的文章；英汉翻译的速度约为每小时 400 个英文单词，而汉英翻译的速度约为每小时 350 个汉字；译文需确保内容精确，基本上不出现误译、遗漏，表达流畅、得体，语言错误相对较少。

6. 推荐词汇量

各高等学校在规划高校英语教学计划时应考虑以下标准：掌握的词汇量应达到约 7 675 个单词和 1 870 个词组（包括中学水平、一般要求以及较高要求的词汇,但不包括专业术语);其中大约 2 360 个单词应属于积极词汇(包括一般要求和较高要求的积极词汇)。

尽管各高等学校可以根据自身的特点和需求,对听、说、读、写、翻译等各项技能的具体要求和指标进行适度调整,但应特别注重培养和训练学生的听说能力。

二、高校英语课程设置

不同地区的各高等院校应根据实际情况,按照《大学英语课程教学要求》(以下简称《课程要求》)和各自学校的高校英语教育目标,制定适合自身情况的高校英语课程架构。这一课程应该合理结合综合英语、语言技能、语言应用、语言文化以及专业英语等必修和选修课程,以确保不同层次的学生能够在英语应用能力方面得到充分的培训和进一步提高。

在设计高校英语课程时,特别需要充分考虑听说能力的培养,为此需要分配足够的课时和学分。此外,高校英语课程应广泛应用现代信息技术,开发和建设各种计算机和网络课程,以为学生提供良好的语言学习环境和条件。

高校英语课程不仅是一门语言基础课程,它还是拓宽知识领域和了解世界文化的素质教育课程。因此,在设计高校英语课程时,应注重学生的文化素质培养,传授国际文化知识。

无论是基于计算机的主要课程还是传统课堂教学的主要课程,高校英语课程的设置应该充分体现个性化。这意味着要考虑不同起点的学生,既要照顾起点较低的学生,又要为基础较好的学生提供发展空间。其课程应该帮助学生建立坚实的语言基础,培养强大的实际应用能力,尤其是听说能力。同时,它应该确保学生在整个高校期间英语水平稳步提高,并支持学生个性化的学习,以满足他们各自不同专业的发展需求。

三、高校英语教学模式

不同地区的各个高等院校应积极利用现代信息技术,采用基于计算机和网络的英语教育模式,以取代传统的以教师为中心的教学方式。这个新的教育模式应当以现代信息技术,特别是网络技术为支持,使英语教育不再受限于时间和地点,走向个性化和自主学习的方向。这一模式应该注重实用性、知识性和趣味性的结合,以激发教师和学生的积极性,尤其要体现学生在教育过程中的主体地位和教师在引导和支持学习中的重要作用。同时,要合理继承传统教育模式中的有益元素,充分发挥传统课堂教学的优势。

不同地区的高等院校应根据各自的条件和学生的英语水平,探索网络环境下的听说教育模式,通过局域网或校园网进行听说教育和训练。阅读、写作和翻译课程的教育可以在传统课堂中进行,也可以在计算机网络环境下进行。对于采用计算机网络教育的课程,应提供相应的面对面辅导,以确保学习效果。

为了实施新的教育模式,需要开发综合的在线教育系统,包括学生的学习和自我评价、教师的授课、在线辅导、学生和教师的监控和管理等多个模块。这些系统应具备互动性和多媒体性,易于使用。高等教育机构应采用高质量的教育软件,鼓励教师有效地利用网络、多媒体和其他教育资源。

教育模式改革的一个目标是促进学生个性化学习方法的发展和学生自主学习能力的培养。新的教育模式应该使学生能够选择适合他们需求的学习材料和方法,获得学习策略的指导,逐渐提高他们的自主学习能力。

教育模式的变革不仅涉及教学方法和教学手段的改变,而且包括教育理念的变革。它标志着从以教师为中心、重点传授语言知识和技能的教育思想和实践,向以学生为中心,既传授语言知识与技能,又注重培养语言实际应用能力和自主学习能力的教育思想和实践的过渡。这也意味着向培养学生终身学习能力为目标的终身教育发展。

四、高校英语教学评估

在高校英语课程中,教学评估是一项至关重要的环节。它需要一个全面、客观、科学且准确的评估体系,以确保教学目标的有效实现。教学评估不仅能帮助教师获取教学反馈信息、改进教学管理并确保教学质量,也能帮助学生调整学习策略、改进学习方法、提高学习效率以取得更好的学习成果。学生的学习评估可以分为形成性评估和终结性评估两种类型。

形成性评估是指在教学过程中进行的过程性和发展性评估,通过多种评估手段和形式跟踪教学过程，反馈教学信息，促进学生全面发展。它有利于有效监控学生自主学习的过程，尤其在采用基于计算机和课堂的教学模式时更为重要。形成性评估可以采用多种形式，例如课堂活动和课外活动记录、网上自学记录、学习档案记录、访谈和座谈等方式，以便观察、评价和监督学生的学习过程，从而促进学生有效地学习。

终结性评估是在一个教学阶段结束时进行的总结性评估。它主要包括期末课程考试和水平考试，旨在评价学生的英语综合应用能力。这种考试不仅要评估学生的阅读、写作、翻译能力，而且应加强对学生听说能力的考核。学校可以通过单独组织考试或参加校际联考、地区联考、全国统一考试的形式对教学进行终结性评估，确保充分考核学生实际运用英语进行交际的能力。

除了对学生的评估，教学评估还包括对教师的评估。这不仅基于学生的考试成绩，还全面考核教师的教学态度、教学手段、教学方法、教学内容、教学组织和教学效果等方面。各级教育行政部门和高等学校应将高校英语课程教学评估作为学校本科教学工作水平评估的一个重要组成部分。

第二节 高校英语课程教学原则

一、以学生为中心

学生应被视为教学过程的核心，他们的需求和特点应该在教学活动中得到充分考虑。这就是所谓的以学生为中心。这种方法强调在英语教学中，教师的指导作用虽然重要，但唯有激发学生的主动学习兴趣和积极性，才能真正提高教学质量。

以学生为中心要求教师在教学设计和实施中重视学生的实际需求和情境。教学不应该是单向度的，而是需要根据学生的背景、兴趣和学习水平设计和组织活动。这有助于培养学生的交际能力，使他们能够更好地运用英语进行沟通。

尽管教师在教学中扮演着重要的角色，但教育的关键在于激发学生的学习兴趣和主观能动性。以学生为中心的方法要求教师为学生提供适当的学习环境和资源,以便他们能够主动参与学习过程。教师的教学活动应该以学生的学习为基础,从学生的角度出发,因此教师必须不断根据学生的反馈调整和改进自己的教学方法。

总之,以学生为中心的方法强调了学生在教学中的中心地位,要求教师以学生的需求为出发点,创造积极的学习环境,以激发学生的学习动力和兴趣。这是提高教学质量的关键。要做到以学生为中心,教师应在以下四个方面突出学生的中心地位。

(一)教材分析

在审视教材时,教师应深刻理解和把握教学内容,运用自身丰富的教学经验进行筛选,挑选出符合高校生实际需求的学习目标和任务。教师可以对教材进行精心调整,以更好地迎合学生的学习体验和心理需求。

(二)备课

备课是课堂教学的基础,也是教学工作中至关重要的一个环节。通过备课,教师能够深入了解学生的情况。观察学生在课堂上的表现,分析他们的测试成绩等,可以全面了解他们的学习状态。这些信息能够帮助教师根据学生的学术水平、学习接受程度、学习方式和学习态度等特点,有针对性地设计教学实践活动。在备课过程中,教师应当努力设计一些具有较高开放性的任务,以鼓励所有学生的参与,让他们真正成为学习过程的主体。

(三)教学活动

教师需要根据学生的个性、知识背景和学习兴趣等方面的差异,精心策划多样化的教学活动。学生的性格各异,有的开朗外向,喜欢表现自己,这使他们更愿意积极参与课堂活动;而一些性格较为内向的学生可能不太愿意开口,对课堂活动的参与度相对较低。因此,教师需要在尊重这些个体差异的基础上,设计一些能够让所有学生都积极参与的教学活动。好的教学活动应该能够激发学生的参与热情,确保每位学生都有机会全面参与其中。

(四)教学方法和教学手段

教师在教学中需要灵活运用各种多元化的教学方法和手段。不同的教学手段具备各自独特的效果和功能,教师应当巧妙地结合这些手段,使其发挥最佳效能。使用直观的教具可以激发学生的感官,通过视觉和听觉等感觉器官加深对知识的印象。形象化的教学手段,例如幻灯片、投影和模型等,能够生动地呈现知识,让学生在轻松愉快的氛围中学习语言。此外,教师还应该及时、恰当地评估学生的学习表现,帮助他们认识到自身的不足,促使他们进行自我改进。

二、交际性

语言被视为人际交往的重要工具,学习语言的主要目的在于运用它进行交流和表达思想,而非仅掌握语法和词汇规则。根据海姆斯(Hymes)的定义,交际是在特定语境中,通过语言实现意义的传递和理解,涉及说话者与听众、作者与读者之间的信息转换。从海姆斯的交际理论中可以得出以下观点:首先,交际可分为口头和书面两种形式;其次,交际必须在一定的语境中发生;再次,交际至少需要两个人的参与,构成交际互动;最后,交际时涉及参与者之间的相互作用。

在高校阶段,学生需要将他们所学的英语知识系统化,并逐渐将理论知识转化为实际交际能力。在这一阶段,教师的任务是遵循交际原则,帮助学生将他们的英语知识应用于不同的交际实践中,从而培养他们的交际能力和技巧。为了实现这一目标,教师需要做到以下三点。

(一)认识课程本质

在高校阶段,英语教学不仅注重传授知识,更着重于培养实际语言技能。教学的过程包括传授知识、学习和应用,其中应用是至关重要的部分。在这个过程中,关键并不在于学生掌握了多少英语知识,而在于他们是否能够有效地运用英语进行交际。学习英语就像学游泳或打篮球一样,只有通过不断的实践和练习,才能在技能上有质的提升。因此,认识到高校英语教学的这一本质特点非常关键,只有这样才能让学生更好地学习英语,打下扎实的英语语言交际基本功。

(二)设计情境

英语交际的有效性要求学习者置身于恰当的语言环境中,并且必须根据交际性原则构建适当的情境。这一情境设计必须考虑到多个因素,包括时间、地点、参与者的特征(如身份和年龄)、交际方式(口头或书面)以及讨论的主题等。这些因素共同影响着交际的方式和内容。

另外,双方交际的特征也受到参与者的身份、年龄和教育背景等方面的影响。例如,社会地位较高的个体通常倾向于使用更礼貌和正式的语言,而社会地位较低的个体可能更倾向于使用口语化的语言。同样的一句话,例如"Can you tell me the time?",在不同的情境中可能会传达出完全不同的情感和意义。因此,情境对于交际的含义和效果至关重要。

在高校英语教学中,应该以强调交际性为原则,创造各种情境,尽量使这些情境与学生的实际生活相关。这样的做法不仅能够提高学生的学习兴趣,而且能帮助他们更好地将所学应用于实际生活中。这种情境创设有助于学生更好地理解和运用英语,从而培养他们的语言技能。

(三)精讲多练

在高校英语教学中,教师的角色主要是传授关键知识和指导学生的实践。学生在这个阶段已经具备了一定的英语基础,因此教师的任务不是教授每个细节,而是强调重要内容,使学生能够深入理解和运用这些知识。

英语是一种实践性的技能,要真正掌握它,学生需要不断练习。因此,教师的讲解应当简洁明了,聚焦于关键概念,以便指导学生展开实际操作。学生需要在教师的指导下积极参与各种实践活动,以提高他们的英语交际能力。

教师的理论知识传授应该直接服务于学生的实践。学生的实践活动应当多样化,以涵盖不同的交际情境和技能,从而提供更丰富的学习经验。这种教学方法有助于学生更好地理解和应用英语,培养他们的语言技能。

三、兴趣性

在《论语》中,孔子明确指出:"知之者不如好之者,好之者不如乐之者。"他将学习划分为三个境界,即知学、好学、乐学,强调了兴趣在学习过程中的至关重要性。实质上,兴趣是学习的最佳引导者。

学者周娟芬认为,学习兴趣可以驱使学生深入探索世界,追求真理。它是学习动机的一个重要组成部分,能够激发学生对所学内容产生积极主动的态度。

鉴于兴趣对高校英语教学的深远影响,教师有责任唤起并培养学生对英语学习的浓厚兴趣。为了有效地协助教师在这方面取得成果,可以从以下三个方面着手。

(一)尊重并了解学生

学生是学习的主体,是整个学习活动的重要参与者。到了高校阶段,学生已经形成了自己的人生观、价值观。在教学活动中,教师应充分尊重学生的内心世界,根据学生的需求组织教学内容,而不应当强行将自身的经验作为标准规定学生应该完成的学习任务。高校时期是英语学习的高级阶段。在中小学阶段,学生的自我管理能力较差,需要在教师的监督和指导下才能成功完成学习任务。而在高校阶段,学生拥有了一定的自我管理能力,能够对自己的学习负责,因此教师应该在教学中采取宽松的态度,减少对学生学习的干涉,理解并尊重学生的兴趣、爱好以及学习心理。

(二)避免死记硬背

在英语学习的高级阶段,交际实践至关重要。尽管学习仍然需要记住一些语法知识和词汇等内容,但记忆这些知识应该遵循一定的规律。教师应该在教学中向学生介绍有效的英语学习策略,以便学生更好地记忆和理解知识。教师应该科学设计教学过程,创造真实的语境,帮助学生在实际情境中学习和内化知识。

(三)增强交流

高校班级中的学生来自不同地区,具有不同的性格和习惯,因此,教师作为主要的教学组织者应该一视同仁地对待所有学生。教师可以通过各种不同的活动促进与学生的交流,以更好地了解学生并建立良好的关系。经验表明,学生对课程的喜好程度与教师之间的关系密切相关。性格活泼、幽默的教师会吸引学生,学生会更愿意接近他们,也会因喜欢某位教师而对所授课程产生兴趣。总之，学生对英语学习的态度在很大程度上受到他们对英语教师的态度的影响。

四、强调输入为主

输入指的是学生通过听力和阅读获得语言素材的过程。相对应地，输出是指学生通过口头表达和书面写作表达自己的思想。心理语言学的研究显示，输入是输出的基础，只有足够的输入才能培养输出能力。语言输入的数量越大，学生的语言输出能力也会更强。

美国语言学家克拉申（Krashen）在他的语言监控假说中指出，有效的语言输入通常具有以下特点：可理解性、适切性、足够的输入量。根据对输入特点的分析，可以将输入分为以下五种类型。

（一）可理解性输入和不可理解性输入

可理解性输入是指学习者在其现有知识水平下可以理解的语言材料，这些材料的难度应略高于学习者目前的知识水平（通常用 i+1 来表示，其中 i 代表学习者现有的知识水平，1 代表略高于该水平）。不可理解性输入则是指学习者在其现有知识水平下无法理解的语言材料。可理解性输入有助于促进学习者知识的习得，而不可理解性输入对语言知识的习得没有帮助，有时还可能产生干扰。

（二）粗调输入和精调输入

粗调输入是指原始的、未经过处理的语言材料，而精调输入则是经过调整后的语言输入。

（三）自然输入和非自然输入

自然输入是指学习者通过听力和阅读所获得的语言材料，而非自然输入是指单词、词组和句型的机械记忆和背诵。

（四）外部输入和内部输入

外部输入是学校和社会为学生提供的语言输入，而内部输入则是学习者自己进行语言练习或使用语言进行交流的活动。

（五）反馈输入和非反馈输入

反馈输入是指教师对学生的某一学习行为或表现所做出的反应，而非反馈输入则是指除了教师反馈的语言输入。

综合以上对语言输入的分析，教师在教学中应努力创造学习英语的机会，因为教科书中的内容通常无法满足学生的知识需求。教师应该提供更多的课外知识。学生在日常生活中也可以接触到很多英语，因此他们应该保持警觉，积极丰富自己的语言输入内容和表达形式。

第五章 高校英语教师教学现状及改革

第一节 高校英语教师教学现状

一、高校英语教师教学现状调查

作为一个英语教育强国，中国的高校英语教师的专业素质对提高高校生的英语水平以及推动高校教育改革至关重要。外语教学质量的好坏在很大程度上取决于教师的素质和能力。此外，在教育改革方面，教师的发展逐渐被视为改革的核心要素。《大学英语课程教学要求》明确提出健全教师培训体制，强调教师素质对提高教学质量和发展高校英语课程的重要性。学校应该建立合理的师资队伍，加强对教师的培训和培养，同时鼓励教师进行学术休假和进修，以不断提高他们的学术水平和教学方法。

教师的发展是指教师在职业生涯中不断学习、反思、提高，以满足学生需求、适应社会进步，提高自己的能力和水平的过程。面对英语教学改革的新形势，教师有机会获得前所未有的职业发展机遇，但教师职业发展也面临一些问题和挑战，需要采取有效措施解决，以确保教育改革顺利进行。

在中国的外语教育领域，教师培训和发展的系统研究仍处于起步阶段。以往的研究主要关注教师的专业知识、课堂教学、科研能力、信息技术运用、信念和培训等方面。关于高校英语教师的研究相对较少。一些研究已经发现高校英语教师存在的问题，包括学历不达标、教学方法不够创新、科研与教学联系不够紧密、科研能力不足等。

教师在面临教育改革的挑战时需要适应新的教学理念、教学对象的变化、国际化教育的需求、双语教学和现代教育技术的发展等方面的挑战。因此，高校英语教师需要不断提高自己的教育观念、教学方法、教学目标和多方面的能力。教师还需要应对职业发展的挑战，包括理论转化为实践、知识转化为技能等方面的挑战。

总之，高校英语教师的素质和发展对于提高教学质量和推动教育改革至关重要，需要关注并解决存在的问题，以确保教育改革顺利进行。

（一）专业化发展观念淡薄，教师缺乏专业化发展动力

许多英语教师在他们的专业发展方面表现出较低的关注度和积极性。这是因为他们缺乏清晰的发展目标和规划，缺乏动力去不断提升自己。另外，许多地区的教育部门过于侧重以学生的考试成绩为唯一评价标准，导致教师的教学工作主要集中在如何提高学生的考试成绩上。这可能导致上课方式偏向传统填鸭式的教学，以及在课后将更多的时间用于监督学生的背诵和备考，而忽视了自己的专业发展和教学理念的更新。

一些英语教师可能积累了一定的教学经验，他们依赖这些经验进行教学，但却很少主动关注新的教学理念和方法，也不积极追求专业化发展。此外，由于教师的工作负担通常很重，再加上班级学生众多，他们的课余时间几乎全部用于备课和指导学生学习，剩下的时间很少用于自己的业务学习和专业提升。

（二）教育教学理念陈旧，教师教育观念的更新意识较差

教育改革的关键在于改变教师的教育理念和提升他们的专业素养。英语教师不仅需要具备语言能力，而且需要拥有与素质教育理念相符的教学方式。新课程改革强调要转变传统的教育范式，从以教师为中心变为以学生为中心，鼓励学生更加主动地参与学习，倡导自主学习、合作学习和探究式学习，教师应该扮演组织者、课程设计者和鼓励者的角色。

这就要求英语教师在课堂上创造积极的语言环境，提供学生大量的语言实践机会，并通过学生的亲身体验和合作学习增强他们的学习动机、激发他们的学习兴趣，帮助他们形成深刻的学习体验，以及掌握学习策略。尽管有这些理念的推动，一些英语教师在实际教学中仍然依赖过去的经验，对新的

教学观念持怀疑态度,未能充分将这些理念融入他们的课堂教学。

(三)师资培训需求未能得到满足,缺乏针对性

1. 师资培训注重理论,未融合实际

当前的继续教育通常采用在线培训或大规模面授课程,这些课程主要关注教育教学理论、教育技巧和信息技术等内容,因此英语教师迫切需要提升英语语言技能和教学技能的专门培训。

2. 师资培训的理念和方法不合理

目前的继续教育通常采用大班授课和讲座的方式,这种培训形式缺乏互动和教师之间的参与,使教师无法与同行进行学习和交流,妨碍了他们专业技能和教育研究能力的提升,同时也对教师的专业发展产生了不利影响。

二、高校英语课程教学改革的历程

我国自改革开放以来,进行了一系列卓有成效的高校英语教学模式的改革,英语教学模式逐步由以教师为主的传统、单纯式授课教学模式转变为以师生互动、教学相长为主的合作式教学模式,最后过渡到以教师为主导、以学生为主体的多媒体教学模式。改革的历程可谓步步紧凑,紧紧围绕提高高校英语教学质量这个总目标,全面树立以学生为主体、以教师为主导、以教学为中心、以质量为生命的教学理念。在一系列教学改革历程中,高校英语教学取得了长足的发展,在教材、课堂、教学方法等方面均取得了可喜的成绩。

在以教师为中心的授课模式中,教师扮演主导角色,他们系统地传授知识,而学生则被动地听课、理解、巩固、运用和接受检查。这种传统的教学方式延续了相当长的时间,大致从1978年持续至2000年。然而,随着英语教学方法的发展,传统的"PPP模式"(即讲解、练习和输出)被认为不符合学生学习英语的规律。这一时期的高校英语教学主要侧重知识的传授,而课堂上的交际活动相对较少。因此,在这个时期,高校英语教学普遍存在一些问题,包括应试导向明显、教学形式和方法缺乏创新,以及学生的学习态度不积极、学习效果不佳等。从语言学的角度来看,这种教学模式明显不利

于学生对语言的真正掌握。

1978年8月,教育部在北京召开了全国外语教育座谈会,会议提出《加强外语教育的几点意见》(以下简称《意见》),后经国务院批准于1979年3月29日正式颁布。该文件明确提出了"要全力加强我国高等院校的公共外语课程教育",旨在培养既懂专业知识又能熟练掌握外语的科学技术人才。在当时的背景下,《意见》为我国的外语教育制定了明确的发展方向,推动了公共外语课程的快速改善。1978—1984年,高校外语教育逐渐步入了正轨,取得了显著进展。

为提高在职教师的外语水平,我国政府采取了一系列措施。1980年,国务院批准了教育部制定的《1980年至1983年高校英语教师培训计划》,鼓励高校实施有计划的师资培训项目。一些重点高校如清华大学设立了高校公共英语教师培训中心,这些中心的成立有助于提供持续的英语教师培训。

1982年,根据教育部的领导和指导,成立了中国公共外语教学研究会,这一举措标志着高校英语教育和研究取得了重要进展。

为了更好地指导高校英语教育和发展,"原国家教育委员会"在1985年和1986年批准并颁布了《大学英语教学大纲》,分别适用于理工科和文科领域的高等院校。从此,"公共英语"逐渐演变为"高校英语"。

随着大纲的制定和实施,国家开始讨论如何设计和组织全国性的高校英语水平考试。1985年底,成立了高校英语四、六级标准考试设计组,随后于1987年和1989年分别推行了全国高校英语四级和六级考试,旨在监测《大学英语教学大纲》的执行情况。这些考试的设立和实施为高校英语教育提供了重要的反馈,促进了教学质量的提升,也有助于提高高校生的英语水平。

在1996年,我国成立了《走向21世纪高校英语课程的教学内容与课程体系的改革研究与实践》项目组,此项目组通过广泛的社会需求调查,提出了高校英语教学改革方案和教学大纲的框架总设想。随后,1998年12月,大纲修订小组审定通过了《大学英语教学大纲》的修订版本。然而,1999年开始,我国高校扩大了招生规模,这为高校英语教学带来了更大的挑战。教学中出现了一系列问题,如学生英语听说能力不足、应试导向严重、教学方法缺乏多样性,以及教师的多媒体技术欠缺等。

这些问题对当时的高校英语教育与教学质量产生了明显的负面影响，因此需要进行改革。为了解决这些问题，2001年，教育部发布了《关于加强高等学校本科教学工作提高教学质量的若干意见》，其中提出了12项加强本科教学工作和提高教学质量的措施和建议。这份文件可以作为我国对高校英语教学模式进行改革的先导文件之一。2003年，教育部召开了专题会议，通过了启动"高等学校教学质量与教学改革工程"的总体方案。其中，一个重要内容是将高校本科公共英语教育和教学改革列为正式实施和研究探索的工程之一。

2003年，教育部正式启动"高等学校教学质量与教学改革工程"，该工程包括四项主要工作：高等学校精品课程建设；高校英语教学改革；评选表彰高等学校教学名师；开展高等学校教学评估。其中，有两项工作与高校英语教学相关，这些改革都是从2002年后才开始实施的。这些改革旨在突破传统的以教师为中心的授课模式，鼓励采用互动合作式教学模式以及利用多媒体技术主导的教学模式。这一系列改革措施的目标是提高高校英语教育的质量和效果。

2004年被视为合作式教学模式改革的关键时刻。中国当时正处于快速发展的阶段，特别是在教育领域。为了满足大规模人才培养的需求，政府加大了对高等教育的投资。但是，教育资源有限的问题仍然存在。为了充分利用现有的教育资源和网络技术，教育部在2004年制定了一项重要的政策文件，即《大学英语课程教学要求（试行）》（以下简称《要求》）。这一文件的重点是培养学生的听说能力。

《要求》强调，鉴于高校学生人数的迅速增长和有限的教育资源，应该采用新的教学模式改善传统的以教师授课为主的单一课堂教学。新的教学模式应该以现代信息技术为支持，特别是网络技术，以便实现英语教学的个性化学习，并打破时间和地点的限制，让学生能够自主学习。

这一政策文件的发布显示了教育部推进英语教育改革的决心，并为高校英语教育与现代教育技术的整合奠定了坚实的基础。自2004年以后，中国开始真正推动以学生为中心的多媒体教学模式，并取得了快速的发展。这个改革对中国的英语教育产生了深远的影响。

尽管高校英语教育在中国经历了多年的发展和改进，取得了明显的成就，但仍存在一些深刻问题，其中最明显的是教育资源的分配与实际效果之间的不平衡。高校英语是高等教育中的核心必修课程，其重要性以及广泛的应用前景使其备受高校、英语教师和学生的重视。然而，多年来，传统的教学方式仍然在很大程度上影响着高校英语的教育和教学。

尽管学生拥有了一些英语能力，但多数学生的实际语言运用能力依然存在很多不足。这反映出高校英语的课程设置存在问题，培养方案和计划无法满足社会对外语人才的当下需求。目前，许多高校仍将高校英语的教学焦点放在通过国家规定的英语四、六级考试上，导致大多数学生将大部分时间用于应对这些考试。尽管多数学生能够通过这些考试，他们仍然难以流利地进行英语交流，也难以在实际生活中灵活运用英语。

这种现象与当今现代化社会的发展格格不入。在全球化经济和社会发展的今天，各行各业对英语的需求不断扩大。现行的高校英语教学和培养模式与社会需求不够匹配，存在明显的滞后，与培养具备国际竞争力的综合型人才的目标差距较大。这表明需要更加深刻的改革和现代化，以满足当代社会对英语能力的广泛需求。

在2004年初，教育部发布了《大学英语课程教学要求》，为全国范围内的高校英语教学和改革提供了指导。这一文件的实施有助于引导外语专业教师，尤其是一线教师，从通识教育的角度深入思考和研究中国高校英语教育的改革。这些要求体现了传统教育观念向更现代化教育理念的过渡。它强调高校英语课程的设置和培养目标，不仅包括基础知识、基本技能、跨文化交际等方面，还特别注重培养学生高水平、综合的英语实际应用能力。

此外，这一文件体现了人本主义的特点，将学生置于教学目标的核心，强调培养学生的自主学习能力，最终旨在提高学生的英语综合文化素养和能力。

《要求》明确了高校英语的发展方向，旨在培养满足社会需求的综合型外语人才。各高校应将基础英语课程与专门用途英语（ESP）课程有机结合，使ESP教育成为基础英语教育的延伸和拓展。ESP课程也是培养学生语言应用能力的重要来源。只有将基础英语的教学扩展和提升到ESP教学中，才能为迅速发展的社会培养出合格且有用的人才。学者乔丹指出，通过 ESP 课程培养出的学生，将在未来从事与其专业领域相关的工作时，英语语言应用能力远远超过只接受普通英语教育的学生，能够更准确有效地进行实际交际活动。

因此，高校英语教学需要针对 ESP 方向进行改革研究和探索，包括课程目标、教学模式、教学手段、教学内容和评估方法的调整，以更好地与社会发展同步。这将有助于培养更具竞争力的英语能力的毕业生，满足社会的需求。

三、高校英语教师继续教育方式的滞后

我国的高校英语教师群体庞大，他们肩负着国内英语教育改革的重要使命。从 1999 年开始，我国高等教育招生规模不断扩大，导致在校学生数量急剧增加。这标志着我国高等教育已经进入了大众化阶段。

随着招生规模的急剧扩大，英语教师群体变得庞大，但入职门槛相对降低。以某华北高校为例，短短几年内，学生数量从 1 万增加到 3.6 万，每年新增英语教师接近 30 人。这些教师大多来自全国各地的综合性高校或师范院校，也包括一些来自理工科院校的英语专业毕业生。他们在短期内接受教育理论培训后，直接投身到本科生的高校英语教学工作中。

尽管一些有经验的教师提供教学指导，并且有一些教研室集体备课并进行教学交流活动，但实际上，高校英语教师的在职进修机会和外出参加会议的机会相当有限。年轻教师几乎没有进行科研的条件，他们主要依赖自己在教学实践中不断摸索教学规律和特点。这也意味着，英语教师需要积极适应这一新形势，不断提升自己的教育水平和教学能力，以更好地满足日益多样化的学生需求，促进英语教育的质量和水平的提高。

这是一个充满挑战和变革的时代，尤其在中国的高等教育领域。以一所位于华北的高校为例，2002 年教育部提出的高校英语教学改革计划在 2004 年开始实施，该校成为全国首批试点单位之一。在接下来的几年中，这所高校经历了两次教育部本科教学水平评估，这导致了更为严格的教师资格、学历和职称要求。

对于那些刚刚踏入教育领域的年轻教师来说，他们刚刚体验到成为教师的快乐，却又不得不面对学历不够和职称不足无法承担教学任务的现实。有些教师甚至面临着转岗的危机，需要应对职业生涯的巨大转变。因此，他们开始积极提升自己的学历，进行自觉或不自觉的专业转变。这些举措导致他们的专业成长方式与以往的教师有了显著不同。

另外，随着中国高等教育的大众化，在校学生数量迅速增加，而学生生源的素质也变得多样化。每个学生的家庭背景和生活经历不同，学习基础、学习能力和学习习惯各异。受到师资和教室容量等方面的限制，许多课程，包括高校英语，采用了大班授课的方式。因此，在职的英语教师不仅需要根据学生的多样性进行教学方法和手段的调整，还必须不断更新学科知识，提高自己的教学能力、组织和管理课堂的能力，以及与学生进行有效沟通的能力，以实现教学目标。

随着高校英语教学改革的推进，明显可见传统的教师角色已不再适应新形势的需求。在职的高校英语教师需要重新审视和定位自己的角色。他们需要将学生的需求置于课堂教学的中心，重视激发学生的积极性和主动性，培养他们的自主学习能力，以满足教育改革的需求。在这个不断发展和演变的环境中，教师自身也需要不断发展和成长，以适应快速变化的信息时代的需求。这意味着每位高校英语教师都应不断充实、完善自己，以满足学生和教育领域的不断变化和进步的需求。

当前，高校内的高校英语教师在继续教育方面主要侧重于参与暑期培训、参加有限的学术会议以及个人自我学历提升。但是，这些传统的继续教育方式已经远远不能满足应对新形势下的高校英语教师所需的知识和技能。更重要的是，它们难以满足高校英语教师在教育改革实践中对先进教学理论的需求。

笔者在教育教学工作中发现，有些教师积极进取，不断努力提升自己的教育水平，而有些教师则较为满足于现状，没有积极追求进步。虽然在高校英语教师的专业成长中，自我反思是至关重要的，但不能忽视外部继续教育的重要性。目前，高校内高校英语教师继续教育方式的滞后，在一定程度上成为高校英语教学改革顺利实施的障碍。

因此，研究高校英语教师的职业发展和转型在高校外语教学改革方面具有重要意义。高校内自上而下的高校英语教学改革已经触发了许多教师对传统教学理念和思维模式的反思，他们开始积极探寻提高自身。

四、高校英语教师职业发展的困境

（一）高校英语缺少学科地位，高校英语教师学科身份不明

在教育领域，学科背景一直被认为是教师的核心身份和发展基础。然而，在中国，尤其是在高等教育领域，高校英语教师的专业地位和发展面临着严峻挑战。这种挑战主要源自以下三个方面的问题。

首先，高校英语教师的学科属性相对模糊。与其他专业相比，高校英语往往缺乏明确的学科边界和深入的学科内涵，被认为缺乏实质性的知识内涵，形成了所谓的"空心课程"现象。这使高校英语教师在学科建设和教师发展方面相对滞后，难以在学术界获得足够的认可。

其次，高校英语教师在职称评定、科研项目申请、奖项评选以及出国留学等方面往往受到限制。相较于专业英语教师，高校英语教师的专业地位常常被认为较低，这给教师个人发展和职业规划造成了困扰。缺乏专业认同和发展路径，使他们在学术界的竞争力相对较弱。

最后，高校英语教师群体缺乏学术带头人的引领。在其他专业领域，往往有一些著名学者担任领头人角色，引领着整个学科的发展方向。然而，在高校英语领域，却缺乏这样的学术领袖，这也导致整个领域的发展相对滞后，也让高校英语教师在学科发展方向上感到迷茫。

高校英语教师的学科身份问题，直接影响着他们的职业发展和人生规划。解决这一问题，需要学校和教育部门加强对高校英语学科的认可和支持，为高校英语教师提供更多的发展机会和空间，同时也需要高校英语教师本身加强学科建设，提高自身的学术水平，争取更多的学科认同和社会认可。

由此而引发的问题也包括高校英语教师的校本认同、学者认同和学生认同受到质疑。他们的学术地位也变得模糊不清，似乎没有明确定义的学科身份。这就使他们的学术身份似乎被"双重否定"。具体而言，他们既难以被

视为专业语言学家,也难以被视为教育学家。此外,他们也不容易被承认为真正的学者,难以进入高校教授的行列。

这一情况在学术发表、申请社科项目和争取职称评定时表现得尤为明显,常常变得异常艰难。这已经成为高校英语教师的常态。这种情况不仅使他们在学科认同上感到迷茫,还使他们在资源竞争中面临更大的挑战。

总的来说,高校英语教师在学术领域面临的问题涉及他们的学科地位、认同和竞争力。温格(Wenger)在他的研究中指出,获得某个社群的成员身份,不仅需要具备相关的标志,而且需要通过共同体的认可和协商来获得相关的经验和能力。这对于解决高校英语教师所面临的认同和发展问题至关重要。

(二)高校英语教师职业倦怠

自美国临床心理学家费登伯格(Freudberger)首次提出职业倦怠的概念以来,对这一现象的研究逐渐受到了广泛的关注。职业倦怠用于描述那些从事助人行业的人,由于工作时间过长、工作负荷沉重、工作强度高,而陷入一种身心俱疲的状态。在20世纪80年代,马斯拉奇和杰克逊(Maslach & Jackson)对工作倦怠作出具体的定义:在以人为服务对象的职业领域中,个体经历情感耗竭、人格解体和个人成就感下降的症状。

对于高校英语教师而言,他们往往面临着教学任务缺乏学术深度、课程重复率高、学术水平有限的工作环境,扮演着"上课机器"或"语言教练"的角色,因此成为职业倦怠的高发人群。在这种情况下,高校英语教师在情感耗竭、人格解体和个人成就感下降这三个方面表现出明显的特征。从情感耗竭的角度来看,他们往往失去了对工作的热情,感到挫败和紧张,情绪容易低落和烦躁。从人格解体的角度来看,他们可能会表现出对学生和同事的疏远和冷淡,认为同事关系很复杂,有时难以妥善处理复杂的人际关系。在与学生的互动上,他们可能表现出情感疏离,只是单纯地灌输知识,缺乏互动和交流。最后,在个人成就感下降方面,他们可能感到缺乏对所教授内容和教学方法的创新和激情,对工作和自身的职业能力持负面评价,感到工作乏味,工作满意度下降,以及出现明显的无助感。

总之，这种情况对高校英语教师的职业满意度和心理健康造成了负面影响，因此需要采取相应措施解决职业倦怠问题。

(三) 教师之间缺少互动合作

教师的职业具有独特性，要求他们在工作中既能独立思考，又需要积极参与社交互动。教师的专业成长不能仅依赖于孤立的学习和研究，而是需要通过与同事互动和碰撞获得启发，从而激发自己的发展动力。正如一滴水滴落到水面上会产生涟漪，两块石头相撞会激发火花一样，教师之间的互动和交流是推动他们成长的重要外部条件。然而，当前的情况是，高校英语教师缺少机会进行有意义的互动，他们的教学和研究活动常常是孤立的，缺乏协同合作的意识。

首先，在学术领域，高校教师之间存在不同的社会地位和权力关系，这些权力关系包括行政权力、学术权力和经济权力，它们相互交织并相辅相成。这些权力关系常常导致高校教师之间出现分化和层次化，这些因素是导致教师群体分裂和分化的主要原因。因为职业中存在各种竞争和利益冲突，如职称晋升、项目申报、进修机会、绩效考核等，一些教师可能会采取不道德手段，导致教师之间的竞争变得恶化。此外，某些教师，特别是那些掌握权力和资源的人，可能会滥用这些资源，以谋取个人利益，而不顾职业道德和学术诚信。在这种情况下，同事之间往往会各自为政，不愿意分享资源和经验，缺乏互动和合作。

其次，由于教师之间的研究兴趣、目标和方向差异巨大，如果没有强有力的领袖或者倡导批判性合作的同事，很难建立起一个真正的教师实践共同体。单独积累的资源和经验通常有限，采用团队发展策略有助于弥补个体的不足。

最后，虽然单一的教师共同体可以提供相互支持和启发，但缺乏理论深度和实践广度。由于受限于个人经验，教师可能会陷入重复的教学和研究模式，无法达到更高的理论水平。这不仅会阻碍教师的教学和研究水平，还可能降低他们参与互动和协作的积极性。

(四) 高校英语教师学历/学位要求限制

在高等教育快速发展的背景下，我国的高校新教师录取标准日益提高，硕士学位成为"标配",很多学院和专业更是要求应聘者必须持有博士学位。但在这种大背景下,高校英语教师群体显得与众不同。他们中的多数是凭借本科或硕士学位开始在高校教书的,拥有博士学位的高校英语教师相对较少。事实上,据2007年李洁等人对1 200名高校英语教师的统计,52.47%的教师为学士学位,43.67%的教师为硕士学位,而仅有4%的教师持有博士学位。

在过去,一些高校限定了高校英语教师只能攻读英语相关专业的更高学位。尽管现在这些限制已被放宽,但因为高校英语教师有其特殊的知识背景,他们在选择进一步深造的领域时仍然受到限制。再加上国内提供英语博士学位的学校数量有限、录取门槛高、竞争压力大,许多有意提升自己学历的高校英语教师面临着众多难题。尤其当很多英语博士学位课程集中在北上广或海外时,对于很多教师来说,这意味着要远离家乡,这也增加了他们的犹豫和担忧,从而影响了他们的职业发展速度。

高校英语教师在学历和职称方面存在明显的差异,这导致部分教师出现职业疲劳和精力逐渐耗竭的现象。一般来说,持有学士学位的教师的耗竭程度明显高于那些拥有硕士学位的同行,与拥有博士学位的教师相比,硕士学位的教师也相对更易疲劳。这是因为学历较低的教师通常在语言基础、教学经验和科研能力方面存在较大差距,因此需要投入更多的精力弥补这些不足,导致了更高程度的疲劳感。

在实际的职务晋升、岗位聘任、项目评审和奖项评审中,学历和职称仍然是关键的资格审查、能力评估和选拔标准。一些高校的评聘办法规定,申报副高职称的应聘者在当年的1月1日之前未满45周岁,必须拥有硕士学位;而申报正高职称的应聘者在当年的1月1日之前未满50周岁,必须拥有博士学位。这意味着,一旦学历和学位无法提升,部分高校英语教师将难以达到高级职称,这将给他们的职业生涯带来困难。

(五)难出科研成果

科研的道路常需遵循学术规范,包括参与学术出版、学术会议、辩论与同行评审等传统框架。教育领域下的学科,如英语教育研究,也长期黯然失色。外语教师的学术评价主要以发表论文数量和期刊级别为尺度,期刊栏目设置成为科研导向的关键。

科研实践往往需要学校与其他机构的紧密合作，有时需要长期研究与实践的协同。学校通常难以提供足够支持，导致研究难以得到充分的验证和推广。高校英语教师由于知识结构的不足，难以参与横向学术组织，也因此难以获得跨学科视角，进而难以采用有效的研究设计和方法解答特定问题。

在这样的学术评价体系下，高校英语教师常常感到压力重重。他们有些人转向了语言学和英美文学等领域，但却面临着需要深入研究复杂理论的挑战，而且还得应对庞大的教学工作负担。这使科研成了他们的沉重负担，结果常常无法付诸实践。同时，那些愿意从事外语教育研究的教师也面临着数量化和标准化评估的困境。正如美国教育现象学学者巴里特（Barrit）所指出的，在学术会议上，有些研究论文过于注重方法学的严谨和统计数据的精确性，却忽略了人文价值。过度的谨慎和方法论的约束让其中的生动性和创意都被抽干了。

在当前的学术评价环境下，评估学术论文的质量变得复杂且主观。通常，论文质量被归结于是否能够在中文核心期刊或高水平期刊上发表。然而，对于大多数高校英语教师来说，这个标准往往难以达到，因为他们面临着整体科研水平不高的挑战。

此外，参与学术会议或争取项目立项等也面临各种限制，这对于一些普通的高校英语教师来说可能受到一些外部因素的影响。因此，对于他们来说，最容易掌握的是发表论文这一环节，但由于短期内提高论文质量困难，他们只能努力增加论文数量，却难以在学术研究中作出真正有价值且值得传播的贡献。

教师在他们的职业生涯中可能会面临多种职业发展困境，这些困境可能会影响他们的各个职业阶段。这些问题不仅会影响教师的职业发展，还可能与特定职业发展阶段有关。此外，教师在科研方向上也可能不断地变化，时而关注语言学，时而专注于教育研究，时而聚焦于英美文学等。他们发表的学术论文涵盖多个领域，而无法深入一个领域，就好像挖了许多浅坑，而无法深入挖掘一口深井，这使他们难以在学术出版、学术会议、学术辩论和同行评审中建立自己的独特地位。

五、高校英语教师的专业发展趋势

教师的专业发展是教师由专业新手向专家型教师转变的过程，是从专业思想到专业知识、专业能力和专业心理品质等方面由不成熟到比较成熟的过程。这意味着教师必须不断反思自己的教育实践，持续改进和完善自己的教学行为。专业发展的核心是教师的成长，是一个终身学习、不断提升的过程。教师需要同时扮演学习者和研究者的角色，进行研究性学习，并在真实的教育场景中进行实践研究。

随着教育改革的不断推进，关于教师专业发展的理论范式也在不断演变和发展，教育领域也积累了丰富的实践经验。通过对这些理论和实践经验进行比较分析，我们可以总结出当前教师专业发展的三个主要特点。

（一）重视教师发展的主体性和个性化

最近，研究者们提出了一系列策略，旨在强调教师的主体性发展，这些策略包括鼓励教师制订个人专业发展计划、记录反思日记或教育案例、进行行动研究等。这一趋势强调了教师在专业发展过程中的自主性和自我引导性。"主体性发展"意味着教师不再被视为他人塑造和规范的对象，而是他们自己专业发展道路的主宰。教师专业发展的最终成功在于他们自身的主体性发展，任何外部动力都无法替代内在动力在教师发展中的作用，教师自身在将外部因素内化并转化为自身发展动力的过程中扮演着不可或缺的角色。

此外，主体性发展也意味着教师的发展路径将更加个性化。在反思过程中，教师将塑造出独特的专业自我，他们不再只是专业知识的被动接受者，而是自身"个人实践知识"的创造者。教师的个人经验、生活背景和认知模式等方面的知识都成为他们在反思过程中建立个性化、发挥创造力的资源和动力来源。

（二）重视"交往互动"

近年来，新的方法和组织方式不断涌现，以促进教师的专业发展。这些方法包括同伴互助、知识分享、课例研究、专业共同体和合作行动研究等，表明传统的教师专业发展方式，即教师通常独自学习，相互封闭，侧重于规范传授而不是互动交流,正在被更为互动和协作的方式所取代。在教师学习如何教学和构建专业知识的过程中,社会交往和对话是至关重要的。教师不是在孤立的环境中获得知识,而是在特定的社会文化背景下形成他们的知识、信仰、态度和技能。"交往性发展"意味着教师的专业同伴是他们专业发展的重要资源,与同事、学生、专家和行政人员的互动、对话、协商、合作和知识分享是教师实现专业成长的必要条件。

(三) 重视"情境性"发展

最近,越来越多的人认可和支持"情境认知"的理念。这一理念强调了教师个人知识与特定教学背景之间的紧密联系。教师的知识和经验不是孤立存在的,而是通过与具体情境的互动逐渐形成新的经验模式,从而构建了他们个人的独特的、隐性的知识。这种知识构建是教师学习的核心途径。

教师的专业发展是一个不断与实际教学情境相互关联的动态知识建构过程。这意味着教师要在实际教学中不断学习,而不是仅通过集体培训学习。因此,为了促进教师的专业成长,应该提供足够的实践机会,让他们能够尝试、验证、领悟和内化新的教学观念和方法。

与来自专家的指导和教育相比,更加有效的专业发展途径是鼓励并协助教师不断反思和改进他们自己的实际教学实践。这种反思和改进是教师不断提高自己的关键方法之一。

总之,了解当前教师专业发展的趋势和内涵,可以帮助我们更深入地理解当前流行的关键概念,如实践、反思、探究、知识建构、校本教育、对话和合作,这些概念在教育领域的研究和实践中变得日益重要。

第二节 高校英语教学改革的意义

一、网络环境下高校英语教学的特征

鉴于我国高校学生数量急速增加,而相对教育资源有限,教育部发布的《大学英语课程教学要求(试行)》明确提出了各高等学校应充分利用多媒体和网络技术,采用新的教学模式改进原来的以教师讲授为主的教学模式。该政策文件特别强调了新的教学模式应当以现代信息技术,特别是网络技术为支撑。因此,深入研究如何在网络环境下进行高校英语教学具有重要而深远的意义。

(一)网络技术应用于高校英语教学的优势

1. 有利于真正建立以学生为主体的教学模式

利用网络技术进行英语教学,学生可以在教师的精辟而简洁的引导下,创建特定语境,通过在线互动和合作,参与主题学习、专题讨论、对话和自主学习等活动,充分激发学生的主动性、积极性和创造性,最终达到高效学习知识的目的。网络英语教学通过巧妙设计的在线课程可以实现真正的个性化教育,让学生根据自己的兴趣选择学习方式、内容、时间和地点,确保每位学生都能获得有益的学习体验。这有助于培养学生对学习的自觉性,减少他们过分依赖教师的倾向,让他们认识到学习的主体应当是学生自己。

2. 有利于学生的自主化学习、个性化学习

由于学生的初始知识水平和语言认知能力各不相同,他们的语言学习需求也因人而异。自主学习者具备制定学习目标、选择学习内容和方法、监督学习进程以及自我评估学习成果的能力。在网络英语教学中,学生首先可以根据他们自己的兴趣、需求、任务要求以及学习方式,进行自主学习和个性化学习。这打破了传统课堂教学的时空限制,创造了一个开放且无限的学习环境。此外,基于网络的英语学习活动或项目提供了真实的交流和互动情境,也为教师提供了更多的个别辅导机会,以便根据每位学生的特点进行教学。

网络技术为学生提供了轻松的学习环境，从而有助于提高学习效率。

(二) 网络环境下的高校英语教学特征

高校英语教学技术的基本特点是其建立在语言习得规律的基础之上，这意味着现代教育技术与语言习得规则的融合构成了高校英语教学技术的核心。语言作为人际交流的工具，包括音韵、形式、词义以及语法体系。语言的基本构成要素包括语音、书写、语义、词汇和语法。语言的交际方式包括听、说、读、写、翻译，其中听和说属于口头表达，而读和写则是书面表达，而翻译涉及母语与外语之间的转换。现代教育技术通过记录、存储、再现和传递等核心功能融入了英语教学的听、说、读、写和翻译等活动中，从而优化和强化了学习者的各项学习过程，提高了英语学习的效率和效果。因此，网络技术在英语教学中的应用在很大程度上依赖于教师对英语习得理论的理解，并找到最佳结合点，以获得最佳教学效果。

1. 英语教学资源

网络多媒体技术与英语教学的紧密结合，丰富了英语教育中的信息资源。语言学习分为输入和输出两个关键部分，其中听力和阅读构成了输入部分。现代教育技术，以电子媒体为核心特征，为英语学习的输入环节提供了无穷无尽的语言素材资源。这些资源包括录音带、录像带、VCD、DVD等固定媒体资源，以及广播、电影、电视、互联网等动态资源，尤其是互联网，使大量真实而生动的语言素材实现了数字化和网络化，由此学习者获得了广泛选择语言素材的自主权，有助于促进学生主动学习。

电子媒体语言素材资源不仅在数量上提供了极大的丰富性，而且在质量上实现了实际教学内容的"实时性"，从根本上改变了英语学习资源过去单一和陈旧的局面。同时，在网络时代，教师和同学作为重要的学习资源，获得了崭新的定义。他们具有跨越班级、学校、国家甚至学科的特性。这对英语学习者来说至关重要，因为它不仅拓宽了知识和技能的传授来源，克服了封闭性思维的不利后果，更重要的是实现了语言作为一种交际工具的根本目标。

2. 英语教学手段

将网络多媒体技术与英语教学相融合，使英语学习过程变得更加富有弹性、更加便捷、更加生动、更加高效。英语教育中广泛采用各种教育技术，包括光学技术（如幻灯片和投影仪）、电声技术（录音和广播）、影视技术（电影、电视和录像）、语言实验室技术、计算机技术和网络技术等。这些技术在英语教学中发挥着不可或缺的作用。

光学技术，如幻灯片和投影仪，基于光学原理，可以帮助教师更清晰地呈现文字和图像等教学内容，适用于多种外语教学活动，例如图文解说和突出重点或难点内容。

电声技术，包括录音和广播，是英语教学中最早且最常用的技术手段之一。外语广播网络技术的普及不仅包括正规广播电台，还包括学校设立的英语教育广播网，其为学习者创造了良好的语言学习环境。

随着影视技术的不断发展和影视作品的日益丰富，英语学习者不仅能够提高听力训练的效率，还能够更生动地了解语言背后的文化背景。这不仅拓展了听力课程，也为泛读和文学等多个课程提供了丰富的教学材料。

语言教育实验室代表了一种现代化教育环境，综合应用多种教学媒体，旨在为英语教学提供更加生动、实践性更强的学习体验。语言教育实验室的核心特点包括模拟真实语言环境、提供大量的语言模仿和实践机会。在长期的英语教学实践中，人们形成了一种共识，即学习英语的基本模式为："模仿（实践）—（概括）规则—最终掌握语言"或"（认识）规则—模仿（实践）—最终掌握语言"。这表明，语言模仿是现代英语教学的核心原则，它包括语音、语调、词义、词法、句法、语法、习惯表达、思维方式以及文化背景等各个方面。

一套现代化的语言教育实验室可以提供全方位的语言模仿和实践机会，培养学生的听、说、读、写、翻译等专业技能。此外，教师可以在这个环境中灵活调整教学活动，及时评估学习效果，以此为基础调整教学方法和进度。因此，这个实验室成为各种英语课程，如语音课、听力课、口语课、视听说课、翻译课、阅读写作课等理想的教学场所。

计算机技术在英语教育中的应用引发了教学模式的革命性变化。计算机技术以其信息多样性、交互性和综合性等特点，深刻地影响着英语教育的各个层面。首先，它改变了传统的教学理念，将焦点从"以教师为中心"转向"以学生为中心"，强调学生在教学过程中的主动地位。其次，计算机技术允许根据不同学习者的个体差异提供个性化教育，为因材施教提供了实际支持和条件。这使学生能够更加灵活地学习，根据自己的需求和进度进行英语学习，提高了教学的效益和吸引力。

3. 英语教学模式

教学模式是根据特定的教学理论和教育目标设计的教学框架，它需要具备明确的目标、稳定的结构，具有可操作性。随着网络多媒体技术与英语教学的深度融合，传统的封闭和单向的知识传授方式逐渐被开放、多向性的教学模式所替代。这种转变使英语教学变得更为多元化和灵活。

在网络多媒体技术的支持下，学习环境变得虚拟、开放、互动、合作、多样化等。因此，构建网络多媒体教学模式需要充分融合现代教学理论和学习理论，合理整合教师、学生、媒体以及教学环境等各个教学要素。通过选择合适的媒体技术和教学策略，实现英语教学内容的高效传播和呈现，以取得良好的教学效果。

在网络化英语教学中，可以总结出六种主要模式：自主学习模式、立体信息输入模式、电子互动模式、竞赛与探究模式、培养文化意识模式以及根据学习风格调整策略的适应性模式。

此外，著名的认知心理学家加德纳（Gardner）提出了多元智能理论，强调学习者个体间智能和学习风格的多样性。每个人都具备独特的智能特点和学习方式。因此，在英语教学实践中，应该根据学习者的多样化智能特征和学习风格，创造出适应性强的教学策略、学习环境和教学模式。在网络多媒体环境下，学习活动主要分为信息搜集与加工型、人际交流型和问题解决型三种基本类型。学习者在这样的环境中具备较大的自主权，可以自主设定学习目标、选择学习内容、采用合适的学习方法。因此，教师和学生应当充分顺应网络教学的新特点，建立起符合英语教学规律的新机制，积极探索和总结适应性强的教学与学习模式。

4. 英语教学环境

网络多媒体技术为英语教学的有机融合提供了更多语言实践机会并创造了更真实的语言沟通环境。英语的习得过程具有高度实践性的，离开实际语言运用的机会，学习英语将变得非常有限。这就是为什么语言浸没教学法强调让学习者尽可能接触目标语言，使他们沉浸在类似母语习得的环境中，以更好地感知、体验和应用语言。因此，借助技术手段构建理想的语言环境已成为英语教学改革的必然趋势。

当前，信息技术是教育环境中最具代表性的技术，而计算机技术是信息技术的核心。通过计算机的教学演示功能，文字、声音、图像等元素可以有机地结合在一起，以形象直观的方式呈现教学内容，有助于学生更准确地理解和掌握语言。

(三) 对网络环境下高校英语教师的建议

网络英语教学也存在一些限制，包括要求学生具备更高的自觉性和主动性，缺乏强有力的课堂监督机制，以及无法提供完全真实的语言环境，导致学习情景的真实性不足。此外，网络问题也可能导致交流障碍。

1. 正确处理好网络与教师之间的关系

尽管网络教学具有众多优势，但在高校英语课堂上，教师的角色仍然至关重要。无论是采用网络教学还是传统教学方式，教师的讲解始终是学习语言知识最直接的途径。因此，在网络英语教学中，讲授型教学模式仍然扮演着重要角色。教师应根据实际情况选择教学内容，不是所有的内容都适合或必须采用网络化展示。网络多媒体技术作为现代技术，应作为辅助教学手段，以促进教学效率的提升，而不应取代教师的主导地位。对于那些可以通过简单、快速的方式让学生掌握的内容，如果教师过于追求网络化辅助教学，不仅会浪费备课时间，而且会浪费资源。同时，忽视传统教学方法如黑板和粉笔的作用可能会分散学生的注意力，影响教学效果。

2. 正确把握好教师和学生之间的相互作用

多媒体和网络技术的引入为学生提供了丰富的语言环境和互动机会。教师通过在线平台能够组织多样化的学习活动，促进教师与学生以及学生之间的互动和交流，实现了教学的双向互动和实时交互。这有助于培养学生实际运用语言进行交际的能力。

尽管网络环境为学习提供了便捷性和资源丰富性，但并不是所有课堂内容都能完全依赖网络进行学习。语言交流是人际互动的核心，而教师与学生之间的互动和沟通一直都是最有效的教学方法。在网络自主学习环境中，教师的角色并没有减弱，相反，他们需要更具创造性地引导学生。在这个环境下，教师扮演着多种角色，包括帮助学生设定学习目标、选择学习内容和进度、推荐学习方法和技巧，监督学习进展并评估学习成果。换句话说，教师的作用并未减弱，而是发生了转变，教师的任务是将学习的主导权逐渐交给学生。这要求教师在精心设计教学内容时要具备高度创意思维，同时在分配课后作业时，需要根据不同学生的需求和水平设置任务，以激发学生的学习兴趣和学习动力。

3. 优化多媒体网络环境下高校英语的教学方法

（1）多媒体辅助高校英语教学模式

高校英语课堂采用多媒体教学方法，可以借助声音、视觉等多种手段丰富教学形式。在设计课堂教学时，需要充分考虑多媒体大班教学的特点。这意味着多媒体不应只是传统手写教案的简单复制，而是应选择创新的方式激发学生的学习兴趣。值得强调的是，这种创新并不是对技术本身的单方面追求，而是要善用多媒体技术的优势再现教学内容并创造相关语境，以帮助学生深入理解教学内容，克服大班授课中因练习不足而产生的记忆障碍。在选择展示的多媒体教学内容时，教师应在设计课程结构之前进行精心筛选，确保重点词汇、句型结构和语法规则得到全面、频繁的展现。在呈现教学内容的多媒体方式上，应根据实际需要作出最佳选择。

尽管存在许多通用的多媒体教学课件可供高校英语教师使用，但其并不一定完全符合特定高校或学生的需求。因此，教师最好能够充分利用现有软件和提供的教材，编写个性化、适合本校学生水平的教学课件。这种个性化课件有助于提高授课的效率，减少板书时间，能够迅速、清晰地呈现预先设计的问题和答案。最重要的是，这些课件可以减少教师讲授时间，促进学生与教师以及学生之间的互动和交流，从而优化教学过程，真正实现"教师是引导者，学生是学习主体"的教育理念。

（2）网络交互探讨式教学模式

通过多媒体网络的互动性，教师和学生可以在教室之外更频繁、更有效地进行交流，从而使高校英语教育得以深入拓展。

充分利用电子邮件。教师可以充分发挥校园网络的优势，将电子邮件应用于写作训练和解答学生疑问，这将产生显著的效果。例如，教师可以统一布置作业内容，要求学生通过电子邮件提交至教师的邮箱。教师在批改后，也可以通过电子邮件的方式返还给学生。此外，教师还可以将本次作业中的杰出作品、总结作业情况和提供写作建议等信息发送至学生的邮箱，供学生留存和研究。此外，根据不同学生的水平差异，教师还可以为他们布置不同的课外阅读任务。对于成绩优秀、在课堂上表现出色的学生，教师可以通过电子邮件发送一些难度略高于教材的文章，并要求学生以写摘要的方式进行反馈。对于其他学生，可以发送一些与课程内容相关、有助于理解的文章。这种分类式训练满足了不同层次学生的不同需求。此外，教师在了解学生状况后，还可以鼓励并协助他们在互联网上与具有不同文化背景的语伴进行英语交流，从真实场景和互动中学习地道的语言表达。这既满足了学生与同龄人互动的需求，也能够扩展他们的知识领域，增强他们学习英语的兴趣和热情。

创建一个在线平台，无论是高校英语学科的官方网站还是教师个人的教育网站，都可以极大地促进学生对高校英语的全面了解，并激发他们自发学习英语的兴趣和激情。这个在线平台可以包含多个板块，具体内容如下。

1. 课程内容板块

其列出了课程的目标、大纲、具体内容、评估方式以及进度安排，帮助学生了解将要学习的内容和学习目标。

2. 教师介绍板块

这个部分包含了教师的个人简介和学术背景，有助于学生更好地理解教师的教育风格和专业领域。

3. 趣味英语板块

这个板块可以提供一些有趣的英语学习资源，如英语歌曲、英语电影等，以在娱乐中激发学生的学习兴趣。

4. 课堂练习和技能测试板块

通过这个板块，学生可以访问一些额外的练习题和技能测试，以巩固他们在课堂上学到的知识。

5. 学习建议板块

这个板块可以以互动论坛的形式进行设计，让学生能够提出问题并与教师和同学互动，共同解决问题，从而促进学生主动学习。

6. 课堂知识复习板块

这个板块可以提供教师制作的个性化复习资料，以帮助学生在需要复习或补充知识的情况下查阅相关材料。

在线平台不仅能够为学生提供更丰富的学习资源，而且可以增加他们学习英语的积极性和主动性。

二、ESP成为高校英语课程改革的热点

近年来，中国非英语专业的高校英语教学取得了显著的进步，进入了一个新的改革时期。

《国家中长期教育改革和发展规划纲要（2010—2020年）》以及教育部通过的《大学英语教学改革基本思路》《大学英语教学改革工程草案》明确了高校英语教育的发展方向。这些文件强调，学生掌握英语的最终目标是满足交流的需要，因此高校英语教学应该超越传统的知识型学习方式。它应该更加注重培养学生的语言技能，特别是口语和听力能力，以使学生能够在社会实际应用中更好地使用英语。此外，教育界还强调了提高学生在其专业领域内使用英语进行口头和书面交流能力的重要性。

在高校英语教学改革的推动下，2010年1月7日，北京外国语大学专门用途英语学院与外国语教学与研究出版社联合发起召开了《中国ESP研究》

创刊研讨会，随后于同年 7 月举行了"中国 ESP 研究高端论坛"，着重探讨了高校英语教学的未来方向，即英语（ESP）方向。这一变革引起了国家教育主管部门和英语教育专家的高度关注。

会议强调，在借鉴过去 ESP 开创者的经验基础上，高校英语教学应继续深入探索 ESP 课程的教学和研究。国家的改革方案为其提供了指导思想，我国各高等院校的生源质量存在差异，因此在一些生源质量较高、师资力量相对强大的院校，可以尝试引入新的教材和教法。例如，可以将高校英语直接与专业教学结合起来，或者采用双语教学替代传统的高校英语教学模式。

该改革方案还强调高校阶段英语教学应避免重复性教学，重点应放在提高学生实用英语的训练上，培养学生在专业领域运用英语的实际能力。这一方向的调整旨在更好地满足学生的实际需求，使他们在专业领域内能够流利地运用英语。

未来，我国高校英语的主要发展方向将集中在专门面向不同行业和特殊需求的英语教育，即 ESP 教学与研究。然而，当前面临的一个紧迫问题是 ESP 教师的培养和发展。可以说，现有的高校英语教师在知识结构和职业角色方面面临严峻挑战，与 ESP 教师的要求之间存在明显差距。

这种差距的出现是因为长期以来大多数高校英语教师的主要任务是传授英语语言知识，很少涉及实际应用型教学任务。与之不同，ESP 教师需要更强调与特定专业学科相关的英语教育。因此，今后的高校英语教师不仅需要继续传授英语语言基础知识，还需要积极承担与不同专业领域相关的 ESP 英语教育任务。这一变化需要高校英语教师积极适应新的教育要求，不断提升自己的教育和专业素养。

毫无疑问，随着全球化经济的迅猛增长，国际交流变得更加频繁。结合互联网的广泛应用、教育国际化的趋势以及现代社会对实际英语技能和语言能力的高需求，ESP 课程在高校英语教育中的角色将日益凸显。在这个背景下，高校英语教师面临着多方面的发展机遇。

高校英语教师需要重新审视自己的专业理念，并认识到以 ESP 为核心的教育将成为当前教育改革的主要方向。他们应该积极了解与 ESP 相关的专业知识，并根据需要对自身知识结构进行调整。在教学和研究中，他们应该努力学习和掌握 ESP 课程的内容和教学方法，以满足社会的需求和学生的期望。

这种转变不仅有助于提高教师的教育质量，而且能够更好地培养学生，使他们具备更强的实际语言能力，以适应国际化和全球化的需求。因此，高校英语教师应积极迎接 ESP 教育的机遇，以更好地满足时代的要求。

（一）什么是 ESP

ESP 是专门用途英语（English for Specific Purposes）的缩写。ESP 是一种针对特定职业或学科的英语教学方法，旨在满足学习者特定目标和需求。这种教学理念起源于 20 世纪 60 年代，基于功能主义语言观。从 20 世纪 70 年代开始，ESP 理论在全球范围内逐渐普及，现如今已经成为英语教学领域的主流方法。

在中国，ESP 在 20 世纪 70 年代末引起了广泛关注。20 世纪 80 年代之后，高校开始开设 ESP 课程，并在 20 世纪 90 年代成为英语教学界的热门议题。然而，时至今日，在高校教学教育中，ESP 的定位问题依然没有得到妥善解决。

（二）ESP 的产生与发展

在 20 世纪 60 年代初，ESP 应运而生。这可以追溯到第二次世界大战后的国际社会，特别是以美国为代表的西方国家，它们积极寻求新的科学和技术发展应对战后的挑战和问题。这一时期的科技进步极大地促进了国际政治、文化和经济之间的交流与合作。在这个背景下，英语成为全球范围内使用最广泛的国际交流语言，几乎可以被视为世界上的第一语言。

这种全球范围内的英语使用激发了人们对学习英语的多样化需求。以前，学习英语可能主要是为了接受良好的教育或提高语言素质，但现在，学习英语的动机与具体职业和行业的需求紧密相关，因此学习者的学习目标变得更加明确和具体，强调实际应用和目标导向。正是在这个背景下，ESP 课程应运而生，旨在满足不同学习者对英语的特定需求。

ESP 的教学理念、理论和实践逐渐在全球范围内得到传播和推广，并逐步渗透到各种不同的专业和学科领域，为学生提供了更为实用和更有针对性的英语教育。

另外，还有两个重要因素推动了 ESP 的兴起与发展，即语言学领域内的重大变革以及教育心理学的飞速发展。早在 1964 年，哈里德（Halliday）等学者在合著的《语言学与语言教学》一书中，首次提出了 ESP 的概念，并明确指出："英语的课程设置应该包括普通英语、法律英语、警察英语、医学英语、工程机械英语、农业英语等。"他们首次系统地阐述了英语学习以及其课程的教学内容和方法应根据学习者的具体需求进行制定。

传统的语言学侧重于教授语言本身的规则和用法，而现代社会语言学强调语言的实际运用，特别是在交际中的应用。由于学习者学习英语的目的和用途各不相同，因此英语教学应该更加关注学习者的个性化需求，以达到最有效的语言学习效果。

因此，ESP 课程教学的产生正是为了满足学习者的实际需求而发展起来的一种有效教学方法。这种课程不仅考虑了学习者的学习动机，也将社会语言学中有关语言变体、语言功能分类、语域理论等理论具体运用于外语教学中，从而实现了对不同领域学科的精准教学。

在教育心理学中，有关学习者的个人需求和兴趣方面的研究得到进一步的发展，该研究认为，对学习者来说其学习态度和学习动机对学习的效果有着直接的影响，学校教学的重心应该由过去的以"教师为中心"的传统观念转向以"学生为中心"的理念，最终目的是转向以"学习为中心"的发展过程。可以说，这些研究成果与理论为 ESP 课程的形成与发展奠定了一定的基础。世界著名语言学家达德利·埃文斯和圣约翰（Dudley Evans & St. John）受这些理论的影响，进行了进一步的研究并提出："ESP 是根据某一特定的相关的专业而设计出的英语课程，它与一般用途英语有着本质上的区别，它是一种有着独特的教学理念和教学目的的课程。"

教育心理学的研究强调了学习者的个人需求和兴趣对其学习效果产生直接影响。该研究认为学习者的学习态度和动机对他们在学校的学习成果至关重要。这也意味着教育的重心不再是传统的"以教师为中心"，而应该更注重"以学生为中心"的理念，最终演变为"以学习为中心"的发展过程。这种理论和研究成果为 ESP 课程的发展提供了坚实的基础。

这表明 ESP 的出现是基于对学习者需求的深刻理解，旨在满足特定领域和专业的英语语言需求，与通用英语教学有着显著区别，注重特定领域的语言和交流需求，为学习者提供了更有针对性的英语教育。

20 世纪 70 年代末 80 年代初，中国掀起了学习科技英语的热潮，国内一些高校开始陆续设置 ESP 课程。特别是在理工科重点院校，他们开始推出与学科专业相关的英语课程。然而，在当时的情况下，ESP 课程缺乏系统的规划和发展，因此其发展进展较为有限。

最近几年，ESP 课程再次引起了国内关注，成为英语教学和研究领域的一个热门话题和发展目标。可以说，ESP 的复兴标志着中国高校英语教育和研究的一个重要飞跃，特别是在应对不断发展的专业需求和全球化交流的背景下，这一趋势有望为学生提供更加有针对性和实用性的英语教育，促进专业领域的国际交流与合作。

（三）ESP 教学设计的原则

1. 真实性原则

在 ESP 教学中，真实性被认为是至关重要的。但是，20 世纪 80 年代对于"真实性"的理解局限于阅读材料的来源真实性，即要求所选材料必须"原汁原味"。因此，在当时，科技英语课程几乎都直接选自专业性很强的科技杂志，未能考虑到当时国内师生的实际水平。这些原始材料中充斥着大量的专业术语、复杂的句子结构以及深奥的专业知识，即使对于教师来说也是一个极大的挑战，更不用说对学生了。因此，科技英语教学在当时很快就黯然失色，主要原因之一就是对"真实性"的理解存在误区。

实际上，任何一段语篇都可以看作是创作者与假想读者之间的一场对话，因此语篇在其创作的特定语境中都是真实的。在选择语篇时，我们应该关注的不是这个语篇是否来自实际场景，而是它在学习过程中能发挥怎样的作用。我们应当注重适用于学习目的的实用概念，而不是刻意追求抽象的"真实性"。只有那些能够促进学习过程的语篇才是合适的选择。

在 ESP 教设计中，真实性原则涵盖了以下四个关键方面的考虑：首先，教学目标的真实性，即学习者需要在未来的职业领域中实际应用的语言技能。

其包括描述、讨论、提问等在职业生活中真实存在的语言需求，这些需求构成为 ESP 教学的核心目标。其次，所选内容必须源自与学习者专业领域相关的真实语料，不仅应涵盖阅读技能的培养，还应包括听、说、写等多种语言技能的练习。再次，所选材料的难易程度应与学习者的实际水平接近，这需要通过问卷调查、测试或面谈等方式事先了解学习者的现有水平，以便量身定制教材。最后，需要设计"真实"的学习任务，这些任务应围绕所学知识和所需的技能展开，力求模拟学习者未来职业工作中可能遇到的真实情境，例如会议接待、商务谈判、宴请宾客等。这些任务能够使学习者在实际工作中更好地运用他们所学的语言技能。这四个方面共同构成为 ESP 教学中真实性原则的核心，确保了教学内容和方法与学习者的实际需求和水平相契合。

2. 主体性原则

ESP 教学的核心目标是培养学习者能够实际运用英语应对特定职业领域的需求。为实现这一目标，教学方法侧重于将学习者置于学习过程的中心，认真研究他们的个体特征，以激发他们的主动学习意愿和积极性。这一方法还致力于挖掘学习者内在的潜力，帮助他们培养解决实际问题的能力，从而更好地应对他们未来职业中可能遇到的挑战。这就意味着 ESP 教学注重学习者的需求和个体差异，以使他们在特定领域中的英语运用能力达到最高水平。

3. 开放性原则

ESP 教学设计的开放性体现在三个方面：首先，多方参与。ESP 课程的设计不应仅限于教育从业者，还应吸纳 ESP 管理者、领域专家、职业教育者等多方需求者的声音，以确保课程满足多方面需求。其次，师生关系的开放。传统的"师道尊严"应被打破，教师不再是唯一的权威，而是鼓励与学生开放式互动，鼓励讨论、提问和共同探讨知识。最后，教室氛围的开放。创造鼓励开放思维和积极交流的课堂环境，鼓励学生发表观点、质疑问题，共同解决具有挑战性的问题，使师生和学生之间的互动成为学习的关键元素。

（四）ESP 教学对高校英语教师的要求

1. 掌握相关专业范围内一定的学科知识

ESP 教学需要与特定领域的内容紧密结合，但是，对于那些主要背景是英语语言文学的高校英语教师来说，短期内全面掌握专业领域的深度知识是不现实的，也并非必需。这些教师无须成为某个领域的专家，因为 ESP 的关注点在于教授英语交流策略和技能，而非深入的学科内容。

传统看法认为 ESP 教师只需了解专业词汇和语言特点，但在实际教学中，这种方式往往不够。学生难以接受缺乏相关专业知识的教师，因为他们需要更深入地理解和应用知识，而不是仅仅了解表面的词汇和语言知识。因此，高校英语教师需要积累一定程度的跨学科基础知识，以更好地支持 ESP 教学。这并不要求他们成为专业领域的专家，但需要具备广泛的基础学科知识，同时提高他们的专业实践能力，以更好地指导学生在特定领域中使用英语进行交流和理解。这将提高 ESP 教学的有效性和学生的学术成就。

在 ESP 教学中，教师需要建立一个复杂的知识结构，这个结构不仅包括单一学科知识，而且需要将语言知识与特定领域的知识相融合，从而形成一种一致性的认知框架。这并不是简单地将语言和学科知识并列，而是要通过交叉学科的方式，将它们整合在一起，从而形成一种全新的知识体系。这种方法通过跨学科的视角理解和传授知识，有助于提高 ESP 教学的效果。

很多英语语言文学教育背景的教师在高校学习和职业生涯中很少接触非语言专业的知识，因此他们可能对这些领域感到陌生和困惑，甚至抱有排斥和恐惧的情感。他们可能会认为自己无法胜任理工科领域的知识学习，认为这些知识复杂、晦涩难懂。这种负面的情感可能导致他们将专业知识视为不可逾越的障碍。

对于 ESP 的教师培训来说，应该着重消除这种对专业内容的负面情感和敌意。此外，初始阶段不要求教师已经具备高度的专业知识，而是建议他们先熟悉专业的术语和语言，成为一种受过教育的"外行"，然后逐步加强他们在特定领域的专业知识。这种渐进的方法有助于提高 ESP 教学的质量，同时避免对教师产生不必要的压力。其涵盖两个核心概念。首先，它指出 ESP 教师需要愿意学习专业领域的知识，但这些知识通常是相对基础的，所以从专业知识水平来看，他们仍然是"外行"，而不是"内行"。其次，它也提醒我们知识是不断发展的，因此试图用一种静态的、定量的标准确定在不同 EPS 教学环境下 ESP 教师的专业知识水平是不切实际的。在积极互动的课堂中，教师会发现自己的专业知识也在不断更新。

因此，一个更科学和可操作的方法是采用灵活的专业知识度量标准，考虑以下因素。

其一，学习者的专业知识水平。学生在接触 ESP 之前的专业知识水平会有所不同，因此，ESP 教师需要根据学生的起点水平调整他们的教学。

其二，ESP 教师可获得的支持。ESP 教师可能需要在专业领域寻求支持，例如与领域专家合作，以便更好地传授专业知识。

其三，教学管理部门的要求。教学管理部门可能会制定特定的教学要求，ESP 教师需要根据这些要求调整自己的专业知识。

其四，师生的教育观念。ESP 教师和学生的教育观念也会影响专业知识的传授和学习。

这种基于多因素的方法有助于根据具体情况度量和调整 ESP 教师的专业知识水平，从而更好地满足 ESP 教学的需求。

2. 掌握课堂处理专业知识的策略

不同类型的教师在知识传授方面采取了不同的方法。传统的教师往往只是简单地将知识灌输给学生，没有深入的解释或引导。一般的教师则更倾向于解释知识，为学生提供一定的理解。优秀的教师不仅解释知识，还通过生动的演示和再现使知识更容易理解和记忆。他们以一种更引人入胜的方式呈现内容，使学生更容易吸收。而杰出的教师则更进一步，他们不仅是知识的传递者，还是知识的引导者。他们善于引导学生主动探索知识，鼓励学生积极参与，从而使学生更深入地理解和掌握所学的内容。

在课堂中，教师可以采取各种策略处理专业知识。这些策略包括使用目的语言和母语参照，通过生动的形象说明概念，促进师生和学生之间的互动，激发学生的学习兴趣和主动性，以及关注语言知识的细节。这些策略能够帮助学生更好地理解专业知识，同时提高他们在实际目的语境中综合运用专业知识的能力。

3. 掌握一定的 ESP 相关理论和学科教学法知识

高校英语教师需要额外学习一些知识，因为 ESP 教学具有一些独特的特点，有着不同于通用英语教学的规律和理论基础，比如需求分析和体裁分析理论等。这些知识对于教授特定领域的英语课程非常重要，因为它们能够帮助教师更好地满足学生的需求，并有效地传授相关领域的英语技能。

4. 能意识到学习者已掌握的专业知识

虽然教师无须成为专业领域的专家，但他们需要了解学生已掌握的专业知识，以便将语言教学与专业内容相结合。如果专业知识和语言技能之间的差距太大，学生可能会感到难以逾越的挫败感；而差距太小则可能使学生感到教学没有挑战性。

在这4个要求中，掌握课堂中处理专业知识的策略对于那些从一般英语教育领域过渡到 ESP 教育领域的高校英语教师来说是具有挑战性的问题。因为作为某一专业的"门外汉"，这些教师可能会失去在通用英语教学领域的优势和权威地位，他们在专业知识方面可能会显得相对薄弱。因此，他们需要掌握不同策略，以在不同的教学环境中灵活应对，确保学生能够有效地学习专业英语。

三、"体验式"英语教学理论探索

（一）哲学视角下的"体验式"英语教学

在西方哲学中，"体验"被解释为根植于个体的心灵世界，关注于个体与自然、社会整体的有机统一的超越性经历。而中国古代哲学将"体验"理解为身体感知和心灵体验。通过从不同的角度解读"体验"，我们可以得出以下特点：它既以亲身经历和实践活动为基础，又包括对这些经历、实践、感受、认知、经验的深度反思，这种反思是对感受的再次体验，对认知的再次认知，对经验的再次总结。

体验学习，也被称为体验式学习，是一种学习方式。1984年，美国心理学家和教育家大卫·库伯（DavidKolb）教授在综合了杜威、勒温、皮亚杰等教育思想的基础上，吸收了哲学、心理学、生理学等领域的最新研究成果，发表了他的第一部专著《体验学习》。这本书奠定了体验学习理论的基础。

体验学习与行为主义学习理论有着根本上的区别。行为主义学习理论强调通过反复操练获得知识,是基于经验认识论的基础。而体验学习则以双重知识论——理性主义和经验主义为基础。经验主义者认为知识源于感觉,强调感觉在知识获取中的重要性。相比之下,理性主义者主张通过理性推理获得更确切的知识体系。但是,体验学习并非完全取向于其中一种认识论。相反,它在经验主义和理性主义之间找到了平衡,将两种认识阶段有机地结合在一起。体验学习强调主体在学习过程中将体验、感知、认知和行为相互融合,通过感觉、知觉、记忆、思维、想象和注意等活动,主动地反映外在世界的事物和关系,从而为认识外在世界提供基础。从哲学的角度来看,体验学习的核心是体验主体的亲身经历。体验式学习指的是主体通过参与实践活动,通过认知、体验和感悟获得新知识、技能和态度的过程。

1. 体验学习的哲学原理

体验学习是一种实践性的活动,它要求体验主体与外部世界互动,通过这种互动产生反思、认知和实践。体验学习是一种对自身存在的反思,与一般的观察不同,它并非简单的内省,也不同于黑格尔式的自我反思。相反,体验学习涉及对自身存在和生活世界的深刻思考和评价,具有深刻的洞察力。这使体验学习在哲学上具有一些显著特点。

第一,体验的重要性在于它强调了个体的主观经验和认知过程。每个人都有独特的生活经历、思维方式和情感态度。学习不是学习者被动接受知识的过程,而是主动建构知识的过程。教师和学生在这个过程中都扮演着体验的主体角色。教师通过对教学内容的深入理解、教学方法的设计和实践经验的反思,不断地积累和拓展自身的教育体验。而学生在教师的引导下,从被动学习逐渐转变为主动参与、合作学习的过程中,不仅获得了知识,还培养了自主学习的能力。在"体验式"教学中,教师和学生共同参与到教学与学习的体验中,这种亲身体验推动了他们的个人发展,实现了教育过程的双向交流与成长。

第二,个体的体验是高度个性化的,因为它涉及主体自身的需求、情感、认知、价值观和亲身经历等方面的完整理解和感受。每个人都在自己的主观世界中构建对事物的独特认知,这构成为其独特的体验。在体验的过程中,个体的主体性得以全面展现，体验主体之间存在着明显的个性差异，主要包括主体性水平、价值取向、认知结构等方面的不同，因此他们对同一事物的体验结果也各不相同。

在"体验式"教学中，合作学习是实现有效教学的前提。教师可以通过建立课程组的形式，采用集体讨论、共同备课以及分工合作等方式，完成教学内容的选择、教学环节的设计以及整体课堂组织等方面的工作。此外，教师还可以通过课堂录像、组织教师观摩、对学生进行教学效果调查等方式进行教学反思，从而不断提升自身的教学体验。

在"体验式"教学的学生层面，学习是通过小组合作完成的。学习小组的成员分工明确，相互协作。每个学生在任务完成的过程中都经历了一次个性化的体验，通过相互学习和互助，逐渐掌握了学习方法，培养了自主学习的能力。整个过程强调了学生在体验中的参与与合作，为他们的个性发展和学术成长提供了有益的支持。

第三，体验是人们通过情感深刻地感知和理解生活中的各种经历。这些经历通常源自个体的命运、遭遇以及内在情感的积累和体验。情感在体验过程中起着关键作用，因为它们是主体情感世界的核心，也是体验的最终表现形式。体验常常会使人更深刻地领悟生活和情感的内涵。在体验的过程中，个体会全情投入，形成积极的态度，并在心灵深处实现了与所体验事物的内在融合。这种深刻的体验有助于人们更好地理解和把握生命的情感层面。

第四，体验是主体与客体之间的相互作用。在体验过程中，体验主体需要将身体和心灵、情感和理性全部投入其中，以积极参与其中。体验客体是主体对客体的各个方面进行的关注，这有助于形成一种对客体的整体认知。同时，在体验的过程中，个体的认知是主观的，是个体对客观世界的主观印象和理解，而客观世界则是个体认知的基础和来源。体验的互动过程促使人们更好地理解和把握客观世界，并塑造了个体的主观印象。

第五，体验是生命中的深刻体验，强调个体通过亲身经历获得独特且富有个性的情感感受，这些感受具有价值和深刻的认知。体验要求个体全身心地投入其中，用情感和心智进行感知和理解，这实际上指向了生活中的价值和意义，强调了体验对个体的价值观和情感世界的重要性。体验是一种超越感性认知的深刻领悟，它能够丰富和丰满个体的价值观和生命世界。

2. 学习的本质特征

体验学习的本质特征可以解读为下列内容。

第一，体验学习强调学习是一个连续的过程，而不是一个瞬间的结果。根据库伯的观点，学习是从体验开始的，并在不断的反思和修正中逐渐形成观念和知识。这强调了教学不应仅是将知识传递给学生，学习也不应仅是被动地接收、记忆和复制知识。相反，学生通过体验不断提出问题、将体验中的感受转化为实际行动，变得更加主动和积极。知识的形成是一个积累体验并在其中达到顿悟的过程，而学习的结果只是过去学习经验的记录，不等同于知识本身。这强调了学习是一个持续演进的过程，而不仅是知识的堆积。

第二，体验学习强调学习是一个基于体验不断演化的过程。首先，知识并非独立存在，而是在特定环境和情境中建构的。学习者以其既有的经验、心理结构和信仰作为基础，通过参与体验建构知识，将知识与个体的生活经验相融合。因此，体验学习强调学生的参与，强调知识的内化和建构。其次，知识是不断扩展和演进的，而不仅是信息的积累。学习发生在对意义的建构过程中，学习不仅包括新旧知识经验的冲突，而且包括由此产生的认知结构的重新组织。因此，知识的内化和转移是理解的重要表现，而对知识的创造则是理解的最高形式。这意味着知识是一个不断在学习者的体验中生成并受到验证的过程，这一观点具有深刻的教育意义，它强调了所有学习都以体验为基础，是一个持续的过程。

第三，体验学习是一个采用辩证方法不断解决认知冲突的过程。学习本身充满了紧张和冲突，学生需要同时积极体验和反思观察，经历具体体验同时也要进行抽象思考。在有效学习的过程中，学习者会面临各种问题、困难以及不同的认知观点之间的差异，这就是认知冲突，即既有的知识和经验无法解释新观点和现象，旧有方法无法解决新问题，导致心理平衡被打破。这种心理不平衡会促使学习者追求新的学习需求，他们会全身心地采取各种方法和途径满足这些需求，以实现内心的平衡。当内心的平衡需求得到满足时，学习者会产生积极的学习体验，感受到对未知领域的自我实现，从而产生满足感和愉悦感。体验学习旨在引导学习者运用辩证方法，将已有的知识和生活经验与获取新知识、解决认知冲突相结合，从而不断发展和提高他们的认知和解决问题的能力。

第四，体验学习是一个适应现实世界的过程。教育与当前的生活世界息息相关，体验学习帮助我们理解如何将学习与现实世界联系起来，以适应社会环境和自然环境。根据库伯的观点，学习是人类适应现实世界的主要方式，这一概念远比传统的学校或课堂学习更广泛。体验学习关注个体如何通过理解和亲身体验认知自然、社会和生活，通过与他人互动以建立自己的个性和自我。它强调在日常生活中的实践，鼓励学习者用自己的生活经验理解知识，并将所学知识应用于真实生活，以表达他们对自然、社会和人生的独特感受和真实体验。体验学习强调了学习与生活的密切联系，以帮助个体更好地适应和参与现实世界。

第五，体验学习可以被理解为一个不断与环境互动的过程，个体通过体验和感知与周围环境不断互动积累经验，构建心理结构以适应环境的变化。学习不只是单方面地接受知识，而是通过个体与环境之间的持续互动，表现为对环境的适应与行为的调整。这种互动并非只是学习的来源，同样，学习也不只通过行为的改变来表现。适应环境的能力是学习者必须掌握的技能，要保持与不断变化的环境之间的动态平衡。个体能够适应环境，是因为他们在与环境相互作用的过程中获取了经验，这种交互作用展现了客观条件与主观体验之间的相互影响，体现了个体、环境和行为三者都是作为互相决定的因素而起作用的。

第六，体验学习是知识的创造与转化的过程。知识源自社会实践，而体验学习涉及两个关键方面：首先，它关注个体知识与社会知识之间的互动。社会知识代表了人类文化和经验的集成，而个体知识是个人生活经历的积累。其次，体验学习强调了如何将社会知识转化为个体知识。这种转化依赖于感知、感觉、记忆、思考、想象、注意力和科学方法等个体认知过程，通过实践和体验，将社会知识内化为个体知识。这个过程也涉及不断地创造和再创造知识。

综上所述，体验学习是一种扩展学习方式的方法。它不仅强调实际体验和亲身参与，而且注重反思和内省，以及个体的元认知和自我调整能力。体验学习综合了认知、行为和情感三个层面，将它们融为一体，为改进当前的教育和学习方式提供了启示和思考。

(二) 语言学视角下的"体验式"教学

这部分的理论取向是从认知语言学的角度出发，因为认知功能的理论取向有助于理解语言的基本特征，从而有助于我们深入探讨英语学习的语言特性。无论是英语学习还是其他形式的学习，都是学习者神经认知系统中发生的各种过程的复合。认知功能的学习研究实际上是对神经认知系统如何发展的研究。英语学习和其他技能的学习都是学习者通过体验获得相关的经验知识，这是一个神经认知过程。因此，学习的核心应当集中在学习者自身，特别是在他们内化知识的过程中。

体验式学习理论综合了社会心理学和认知心理学的观点，特别是与认知心理学的建构主义理论有很多相似之处，它们之间存在明显的互补关系。体验式学习理论将学习定义为"通过将经验内化并将经验转化为知识来实现的过程"。根据这一理论，学习者通过与外部世界和个人经验的互动获取知识，并通过验证这些知识以获得新的经验。当前的认知心理学研究也标志着学习和知识研究的范式转变，从以外部世界为中心的哲学理念，向以个体为中心的哲学倾向转变。这些理论有以下5个共同特征。

1. 实用性

体验式学习理论的研究者成功地将这一理念与专业培训和职业培训相结合，也融入了成人终身教育体系，并且取得了显著成果。这种学习方法具有广泛的应用领域，包括职业实习、田野调查、实验室工作培训等。体验式学习理论不只局限于专业和职业领域，还可以扩展到覆盖生活中的各种体验，成为一个全面的学习理念。

2. 团队协作

在职业培训中，模拟团队协作是体验式学习的一个显著亮点。研究者认为团队协作模拟具有多个优点，其中以下观点值得特别强调：团队协作能够显著提高学员的语言交际能力。体验式学习赋予学员充分发挥自身才能和经验知识的机会，因此他们的学习兴趣、动机和自信心得到显著提高。在团队协作中，所有学员共同面对任务、困难和挑战，他们充分利用各自的经验和技术优势，集成出集体智慧。团队协作可以促进学员积极互动、互相学习，相互弥补不足，丰富各自的经验和知识。在团队协作中，每个人都经历了体验、评估和应用的学习阶段，这激发了每个人的学习热情。实际工作场景的体验式学习极大地激发了学员的冒险精神，提高了他们在学习中的积极主动性。总之，通过团队体验式学习，学员在精神层面、经验积累、智力和情商方面都得到了显著提升。

3. 以学习者为中心

无论是在职业培训领域还是生活经验中，团队协作时的体验始终以学习者为焦点。体验理论和建构理论都强调学习过程中学习者扮演的关键角色。这意味着知识的获取和经验的积累是学习者主动参与的结果。按照库伯的体验式学习理论，学习不再是以教师为中心，注重结果和接受信息的被动过程，而是以学生积极探索为中心的学习。学习被视为一种体验，即通过在实际经验中不断验证，积累经验知识的过程，这是从经历到经验的过渡。学习是将通过思维观察获得的信息变成有意识的经验知识的过程。最终，学习是将获得的经验知识和理论观点应用于具体实践，并尝试解决新问题的过程。在体验式学习环境中，教师的角色更像是一位"教练"。他们的任务不仅是传授知识，更重要的是引导学习者规划社会或经济活动，组织讨论和实施计划，然后从中总结概念知识。

建构主义的倡导者，如约翰·杜威（JohnDewey）和让·皮亚杰（JeanPiaget）等，持有类似的学习观。他们摒弃了柏拉图哲学中的思想，否认外部世界具有固有的真相，强调学习并不是去理解事物的本质真相或探寻本体实在，而是通过感知外部世界和与之互动来构建内在概念知识。根据这一观点，知识不是客观存在于外部的事物，而是由学习者通过感知外部世界所构建的。知识是通过概念性手段使经验变得有意义，而不是外部世界背后的抽象表征。维果斯基（Vogotsgy）进一步强调，学习是积极地与世界互动，构建内部关于世界的语义，而不仅仅是被动地接受信息。总而言之，以学习者为中心的理念突出了两个关键因素：在教师和学生之间的教育关系中，学生处于中心地位；在学习者和外部世界之间的互动中，学习者同样处于中心地位。

4. 社会语境

社会语境是指在具体社交和体验时所处的社会背景和环境。建构主义理论认为，学习过程是学习者个体建构知识和语义的过程。人们通过语言在特定社会文化背景中认知外部世界，积累关于外部世界的经验知识，并进行人际交流。因此，个体的经验知识和思维也受到社会文化的影响，而体验式学习理论实际上也包含了社会语境的考量。所谓的经验实际上是在相关领域的具体社会背景中获得的。

建构主义还认为，学习者在特定情境，也就是社会文化背景下，通过人际交流和适当的学习资源，以建构意义的方式获取知识。根据建构主义学习理论，学习环境中的四个关键要素是"情境""协作""会话"和"意义建构"。这些要素与体验式学习中强调的团队协作有相似之处。"情境"指的是学习环境必须有助于学生建构有关所学内容的意义。在建构主义学习环境中，教学设计应该考虑创造有助于学生建构知识意义的情境。

"协作"是学习过程的贯穿元素，它涵盖了学习资源的协同收集和分析，假设的提出和验证，以及学习成果的评估，最终达到知识的意义建构。

"会话"在协作过程中是不可或缺的。学习小组成员需要通过会话讨论如何完成指定的学习任务，此外，协作学习过程本身也是会话的过程。在这个过程中，每个学习者的思维成果与智慧都会与整个学习团队共享，因此会话是实现意义建构的重要手段之一。

最终的学习目标是"意义建构"，它包括对事物性质、规律以及不同事物之间内在联系的深刻理解。在学习过程中，帮助学生建构意义即帮助他们深刻理解所学内容反映的事物性质、规律以及不同事物之间的内在联系。这种理解在大脑中以长期存储的方式形成为所谓的"模式"，即关于当前学习内容的认知结构。

基于上述"学习"的定义，知识获取取决于学习者基于他们自身的经验建构知识的能力，而不是取决于他们仅凭记忆和背诵教师传授的内容的能力。

5. 内化过程

内化是指个体通过自主学习和思考，将外部的信息、经验、规范等内化为自己的心理结构和行为方式的过程。在体验式学习中，研究者关注学习的不同步骤和经验的关系。他们特别注重学习的循环性质。例如，杜威提出了一个三阶段的学习循环模式，包括观察周围环境（通过与外部世界互动进行体验）、获得知识和形成经验，以及基于观察和经验作出判断。另外，库伯提出了一个经典的四阶段学习模式，它包括体验、思考、抽象和实验。在体验阶段，学习者通过具体活动体验世界、生活或工作等，从中获得初步经验。在思考阶段，学习者通过思考观察和初步经验，在互相交流中对所体验的事物进行描述和讨论。在抽象阶段，学习者将初步经验与已有的知识结合，进行加工处理，得出结论并将其抽象成概念。

在体验学习的四个阶段中，学习者扮演不同的角色。首先，在体验阶段，他们是积极的参与者，通过实际活动获得经验。其次，在交流阶段，他们变成为传达者，与他人分享和讨论他们的经验。在抽象概念的形成阶段，他们扮演理论家的角色，将所获得的经验转化为抽象概念和理论。最后，在新的体验学习中，他们成为实践者，将他们积累的知识和概念应用于新的实际情境中。这种不断切换的角色帮助他们在学习过程中更全面地理解和运用知识。

（三）教育学视角下的"体验式"教学

从教育学的角度来看，以"体验"为基础的语言学习研究侧重于探索语言习得的核心要素，这些要素是通过参与人际语言活动而感知的。教育语言学专注于揭示能够在学习者中引发语言能力量变和质变的"体验"过程。

体验与语言之间存在紧密的联系。语言本质上是需要通过个体的体验获得的知识和技能。个体的体验反映了他们在语言互动中的参与方式，没有参与到人际语言活动中，就不可能获得语言。人们在参与语言活动时，产生了所谓的"语言感知体验"，这些体验促使人们形成了对语言的印象，从而构成了个体的"经验性反思"。通过这种反思，个体逐渐地建构了语言知识，发展了语言能力。

在20世纪70年代，语言学家们在研究语言能力时找到了一项重要的发现：人类的语言能力不仅是对语言知识的掌握，还包括了语言的实际运用技巧。这一认识导致了对语言能力的新定义，将其分为两个主要维度，即语言知识和语言技巧。这两个维度在具体的语言使用过程中相互交织，共同构成了个体的语言能力，这一整体被称为"语言技能"。

这种观点的重要性在于它扩展了对语言能力的理解。美国学者斯特恩（Stern）提出了一个理论框架，将语言技能分为三个层次：第一层次是语言知识和交际知识，第二层次是语言技巧，第三层次是语言运用。这一模型强调了语言知识和实际语言使用之间的区别。语言知识，无论是语法知识还是交际知识，并不直接等同于实际语言运用的能力。为了将这二者联系起来，需要通过语言技巧这一中介层次。

这一理论框架有助于我们理解语言体验和语言能力的关系。语言体验是在这三个层次之间的互动关系中实现的。缺乏语言知识和交际知识，就难以应对实际语言使用中的挑战；同样，没有实际的语言使用场景和任务，也就无法形成语言体验的基础，也就不能培养语言能力。因此，语言体验是指语言使用者通过灵活运用语言知识和语言技巧成功完成社交任务的过程，而在这个过程中，语言知识和技巧也在不断地得到调整和改进。这种互动关系使语言使用者能够在语言的实际应用中不断提升自己的语言能力，同时也获得更多的语言体验。

乔姆斯基（Chomsky）的生成语言学认为，人类在获得语言能力时主要依赖自身大脑内的生物机制，而不必过分依赖外部帮助。他认为，人类大脑中的语言资源远远超过外部语言输入所提供的资源。这一观点的支持证据包括人类的语言理解和生成能力，即使面对从未听过或说过的句子，人们也能够理解和生成它们。此外，人类拥有自我纠正语言错误的机制，即使在没有充分符合语法规则的语言输入的情况下，儿童仍然能够自行纠正自己的语言错误。乔姆斯基提出的这一观点与他的著名理论——"普遍语法"和"贫乏刺激理论"密切相关。

但是，二语习得研究发现，语言之间的差异并不是导致学习困难或便利的主要因素。通过对不同语言学习者的语言学习过程进行系统研究，研究者发现，这些学习者似乎都遵循相似的学习次序，不太受语言迁移的影响。因此，研究者引入了"中介语"的概念描述学习者在学习第二语言（如英语）时，其语言发展过程中的中间阶段。

中介语的基本假设是，学习者按照自己的方式发展第二语言，而第二语言的学习进展反映在中介语的调整和改进上。这意味着学习者在习得第二语言时可能会形成一种介于目标语言和母语之间的语言状态，即中介语。这个中介语可能包含一些目标语言的特征，同时也可能保留一些母语的特征，而学习者在学习过程中会逐渐调整和完善这种中介语，使其更接近目标语言。自20世纪70年代以来，美国语言学家塞林格（Selinker）提出这一概念后，中介语的研究几乎成了二语习得研究的核心内容，这可以帮助我们更好地理解二语习得的复杂过程。

上述讨论强调了语言习得的实质，即通过将语言知识和语言技能结合起来，解决实际交际问题。语言能力的发展是学习者通过听、说、读、写和翻译等方式应对不同交际情境的过程。这个过程涉及两个重要的调整，一是在语言技能和具体交际任务之间的调整，二是在语言技能和语言/交际知识之间的调整。这种调整的发生和逐步完善反映了学习者在实际交际中逐渐适应和改进自己的语言应用能力。这个原理为英语教学提供了重要的指导，强调了在教育过程中培养学生实际运用语言的能力的重要性，而不仅是传授语法和词汇知识。

（四）二语习得视角下的"体验式"教学

1. 英语学习的认知理论基础

体验英语教学理念基于建构主义，它强调学习者在中国的英语学习环境中已经具备强大的认知能力，因为他们在母语环境中学习了很多内容。在这个理念下，英语学习被视为一种认知过程，学习者运用他们已有的认知能力理解和掌握新的语言知识。

与此相一致，二语习得理论关注学习者的语言能力发展、内外部因素之间的关系以及学习者的个体差异。这与体验英语学习理念的关注点相契合。人们通过对外部世界的体验来发展自己的认知能力，这也包括对语言的认知。

第二语言认知理论强调语言学习是一种认知过程，学习者借助已有的认知能力理解周围世界,并将语言形式与意义相匹配,从而掌握语言并加深对世界的认识。语言学习与认知发展紧密相连,它们共同促进学习者的知识和认知能力的成长。总的来说,第二语言认知理论关注的是学习者个体,将大脑视为信息的处理中心,而非仅是储存语言信息的容器。因此,学生在学习过程中需要积极构建知识,而语言的各种结构反映了他们对世界的概念体验和理解。

2. 体验英语学习的交互理论基础

第二语言习得的交互理论认为,学习者通过与他人的交流互动可以有效地促进英语学习,而体验英语学习正是在实践中体现了这一理念。在二语习得领域中,交互理论在认知派和社会派两个学派中都是非常重要的概念。认知派的交互理论由美国马里兰大学的迈克尔·龙(MichaelLong)提出,而社会派的交互理论则源自苏联心理学家维果茨基的社会文化理论,如"搭架子"等相关概念。

交互理论更加关注学习者如何理解输入的信息,认为语言习得的关键机制是通过"调整过的交互活动"实现的。例如,学习者通过改变自己的话语理解和获取信息。因此,学习者所需要的并不只是简单的语言形式,更重要的是为学习者提供可理解性输入和可理解性输出的机会。

在交互活动和语言习得之间存在着密切的关系,可以用以下三句话表达:调整过的交互活动使语言输入变得可理解;可理解的语言输入有助于语言习得;调整过的交互活动有助于语言习得。基于这一理论,英语课堂教学应该包含各种具有变化性交互的活动,即任务。学习者在完成任务的过程中进行对话式的交流,从而促进语言习得的发展。

社会文化理论是由维果茨基提出的,包含两个核心概念:中介和内化。中介概念强调人类高级认知能力的发展是通过社会文化中的工具和符号实现的。内化则指的是个体在社会互动中学习到的知识和技能被转化为其个人内心的思维过程。

内化的过程可以被视为从社会互动的平台到个体内心的平台的过程,其中符号和工具起到了关键的中介作用。此外,社会文化理论还包含一些重要概念，如最近发展区、"搭架子"、他人调节和自我调节。

最近发展区是指个体独立解决问题的实际发展水平与在成人指导下或有能力的同伴合作中解决问题时的潜在发展水平之间的差距。这个概念强调了社会支持和指导在促进学习和发展中的重要性。

"搭架子"是社会文化理论中的另一个关键概念，它描述了成人与儿童或专家与新手之间的合作学习过程。在这个过程中，经验丰富的人提供支持和指导，帮助新手逐渐发展他们的认知能力。

社会文化理论还突出了学习从依赖他人调节到自我调节的中介过程，强调了面对面的社交互动对问题解决和认知发展的重要性。这一理论强调了社会和文化环境对个体学习和发展的不可或缺性，以及个体通过参与社会互动获取知识和技能的过程。

3. 体验英语学习的语用习得理论基础

在二语习得研究领域中，特别是自20世纪70年代以来，焦点已经从关注语言形式转向了语言功能，尤其是对语用能力的培养和促进。学习者语用能力的发展受多种因素的影响，其中输入因素是非常关键的一个。输入被普遍认为是决定二语语用能力的一个重要因素。

二语语用习得研究起始于20世纪80年代初，是语用学和二语习得研究的交汇点。卡斯珀和罗丝（Kasper & Rose）提出了两个主要的研究角度：一是从二语使用的角度，研究非母语者如何使用目标语言理解和表达自己的观点；二是从二语学习的角度，研究二语学习者如何逐渐发展他们的理解和表达语用功能的能力。

在解释二语语用发展的过程中，不同的理论模式反映了认知派和社会文化派两高校派的观点之争。卡斯珀和罗丝总结了五种不同的模式，其中两种主要观点是认知派和社会文化派。认知派模式主要关注语用发展作为个体心理过程的一部分，强调了学习者的认知水平和个体内部因素对二语语用习得的影响。社会文化派模式强调语用发展是社交互动和社会实践的结果，侧重于学习者在社会语境中的实际运用和交互活动。

虽然这两种观点都有其优点，但也存在一定的局限性。认知派模式忽视了语言学习是社会实践的一部分,而社会文化派模式则可能忽略了学习者语用习得中认知发展的内在规律。因此,成功的二语学习理念应该汲取这两种观点的研究成果,综合考虑个体认知和社会互动在语用发展中的作用。

四、多层次合作学习与多模态教学

(一)多层次合作学习的作用意义

多层次合作学习是一种教学模式,包括教师之间合作、教师与学生之间合作以及学生之间合作,其在高校英语教学中得到越来越多的应用。而学生网络自主学习是指学生在教师的指导下利用网络进行自主学习,主动规划学习过程,掌握学习内容。2007年教育部提出了利用现代信息技术促进学生个性化学习和自主学习能力发展的教学改革目标,许多高校纷纷建立了学习中心,致力于培养学生的网络自主学习能力。但是,当前网络自主学习仍面临着学习效果不佳、效率低下、学习意识不足、学习兴趣缺乏、网络学习资源不足以及技术能力不足等诸多挑战。

考虑到前述情况,实施多层次合作学习在高校英语教育和网络自主学习中具有重要价值。这种教育方法有助于解决大班授课时可能出现的学生分散注意力、课程内容散漫、互动不足等问题。此外,它还充分利用了现代教育技术,如多媒体和网络资源,为教育提供了更广泛的支持。从理论和实践的角度来看,多层次合作学习可以深化教师和学生对合作学习的理解,使他们更多地参与其中,体验协作的乐趣,并充分发挥教育中的双主体角色,有助于提高教育质量。

此外,教师之间的合作学习也有助于研究合作学习方法和资源,培养教师参与科研工作的能力,提高他们的教育水平和教学质量。同时,加强师生合作和学生之间的合作学习还可以促进师生情感交流,激发学生的学习主动性,提高学习兴趣,减少英语学习焦虑,培养高校生的团队协作精神,实现多重教育目标。

(二)多模态教学的作用意义

多模态教学涉及同时使用多种符号模态,以及在不同媒介的作用下进行信息交流，包括人际交流和与机器的互动。教师在高校英语教育中不仅采用了不同的教育媒介，还灵活地运用这些媒介加强集体备课、丰富教材、开展教学观摩活动、进行公共课评估和教学评估等。这种多模态方法有助于提高教育质量和学生的综合学习体验。

1. 集体备课

通过面对面会议、远程视频会议、书面文档和电子邮件等多种交流方式，教师相互合作，共同讨论并制定适合各自的教学方法，以确保重要内容和难点得到妥善处理。

2. 丰富教材

团队中的教师分工合作，为不同教育层次的教材编写额外的书面材料、音频和视频资源，准备相关的课堂教材和辅助教具，还会策划多模态活动，如竞赛、演讲和表演等，以充分调动学生各种感官，激发他们的学习兴趣。

3. 教学观摩

在合作教学过程中，因时间和地点的限制，合作的教师将现场观摩与远程视频观摩相结合。这允许授课的教师运用视频、音频等多媒体工具，以多模态方式教授学生。与此同时，现场观摩的教师将采用视觉和听觉两种感官模态观摩教学，这称为双模态观摩。这种多模态方法通过多媒体和不同感官模态的互动，而且涉及观摩教师使用电脑等触觉操作设备，使互动更加丰富。

4. 公开课评估

在公开课评估过程中，可以结合面对面评估和电子邮件、聊天工具等媒体方式的评估，以实现多模态的互动和点评。这不仅提高了评估效率，而且减轻了仅使用口头评价的压力。

5. 教学评估

在教学评估中，将教师的自我评估、互相评估以及合作团队的评估相结合，以评估教学内容和方法是否多模态化，如何更好地激发学生的各种感官，以提高教学效果。这有助于实现更积极的教学和学习结果。

据研究发现，这种多模态教学方法明显提高了教师的科研热情和积极性，增强了他们的专业素质和科研能力。此外,多模态合作科研也有助于提高科研团队的凝聚力,增强合作效率,具有显著的积极意义。

首先,教师的专业素质和科研能力明显得到了提升。在这个过程中,课题组的成员通过定期的团队活动展开合作学习,这些活动的形式多种多样,不受时间和空间的限制,充分体现了多模态教师合作的特点。其包括组织内部学习和讨论有关合作学习的理论和方法,交流教学心得和知识;定期浏览学术期刊,关注英语教学和研究领域的发展动向;探讨学术论文的写作,参加学术会议、报告和研讨班等。在合作学习的过程中,多种多样的模态手段得以充分融合,包括现场学习、远程视频会议和对话、博客空间等。这些手段的融合充分利用了口语、书面语、图表、图像、三维立体和多媒体网络等各种生成意义的符号资源,以最大限度地调动话语、视觉、听觉和触觉模态,从而增强了合作过程中的信息输入量。研究结果显示,通过多模态教师合作学习,教师的科研热情和意识得到了显著提高。与此同时,课题组的教师在学习合作学习理论知识和方法的过程中,自觉地将所学知识应用于课堂教学实践中,取得了出色的教学效果,获得了学生的高度评价。

其次,教师合作团队的凝聚力得到了增强,合作效率也有了显著提高。教师团队通过合作学习,合作意识得到了加强。实施合作学习后,合作组的教师无论是在科研还是教学中遇到问题,都更倾向于向团队的其他成员寻求帮助,或者是与教研组的教师一同讨论问题,然后再共同解决。这显著增强了团队的凝聚力。同时,多模态的教师科研团队合作不受时间和空间的限制,相比于单一形式的合作更能调动团队成员的积极性,提高团队的合作效率,从而提高整体团队的工作效率,加速了课题的完成进度。

最后,研究表明,教师的年龄与其对多模态合作科研的态度呈负相关关系,因此,应该根据不同年龄段的教师需求制订个性化的多模态合作科研计划。数据来源于问卷调查和面谈访谈,这些数据揭示了随着教师年龄的增长,他们对多模态合作科研的积极性逐渐减弱的趋势。这一趋势主要由以下三个原因引起。其一,年轻教师通常因为科研能力不足,经验相对较少,缺乏独立申请研究课题的能力。因此,他们渴望得到具有更强科研实力、经验丰富、资源丰富的资深教师的引导和指导,帮助他们明确研究方向,及时提供有益的建议。这使年轻教师普遍认为多模态合作科研对于他们至关重要，并且他们非常欢迎多样化的合作模式。其二，随着教师年龄的增长，许多中年以及以上的教师已经达到了较高的职称水平，具备了多次成功完成研究课题的经验。他们更倾向于与那些同样具备较强科研能力的中青年教师合作，而不太愿意选择年轻教师作为合作伙伴，因此他们的多模态合作科研需求相对有限。其三，一些资深老教师可能因为不常使用媒体网络、博客空间、远程视频会议等新兴沟通工具，对运用多模态手段进行合作科研和教学持保留态度。

五、英语教育变革中的教师认同研究

（一）教师认同相关理论解析

从20世纪80年代开始，英美国家逐渐推崇一种新的教师教育范式，其与传统的教师培训方式迥然不同。这个新范式在教育目标、课程设置、教学安排和组织管理等方面都呈现出独有的特征。它更加侧重于教师内在的信仰和自我认知对教学的影响，以及通过教育树立正确的教师信仰和教师认同。但是，国内关于教师认同的研究仍然处于初级阶段。

教师认同与教师信仰不同，它是教师内心对自己作为教师的概念和角色的理解，教师认同也就是回答："我是一个怎样的教师"和"我希望成为一个怎样的教师"。

弗雷德·科瑟根（FredKorthagen）使用了教师认同的"洋葱头"模型描述其不同层面。这个模型包括从外到内的环境、行为、能力、信仰、认同和使命等层次。外部环境和行为是容易观察和改变的，但是内部层次的信仰、认同和使命改变较为复杂。而教师真正的变革往往依赖于内部信仰、认同和使命的改变。这个模型显示了这些层次之间的相互影响，同时也强调了内部层次的重要性，因为它们对于塑造教师的行为和角色发挥着决定性的作用。

教师认同的形成类似于一个不断迭代、反思和调整的过程，它在教师的教学生涯中逐步建构并发展。这个过程涉及对个人经验、观念和社会互动的持续解读和重塑。教师在这个过程中通过对自身的定位和理解不断调整自己的教学方式和角色。这种动态的发展需要教师不断开放心态，积极接纳各种

社会资源和交流，同时也要时刻反思自己的认同，不断推陈出新，使自身的教学理念更加精炼和深刻。教师的自我意象和内在信念将直接影响他们的教学行为，从而决定了他们在教育领域中的成败。因此，建立积极的自我意象能够引导教师采用更富有创造性和活力的教学方法，从而增强教学的吸引力和有效性。

（二）教师认同策略的提升

1. 为树立正确的教师认同提供有力的环境支持

（1）学校层面的支持

学校作为教育管理部门应深刻思考英语教学在整体课程体系和学生人才培养中的重要作用。教育管理层应该将教师视作教学的引领者，而非简单的知识传授者。因此，应该为教师的专业成长提供明确的指导方向和有力的外部支持。例如，为英语教师提供开放包容的教学科研环境和充足的学习培训机会，鼓励他们不断提升自身的教学水平。这种支持有助于激发教师内在的积极动力，鼓舞他们投入更多的心力和精力在教学实践和教学反思上，从而促进他们教学生涯的良性发展。

（2）凝聚团队合作精神

教师的个人成长和教育团队的协作密不可分。在英语教学领域，教育管理部门应鼓励教师积极参与教学科研活动，并为他们提供支持和资源，以促进其教育实践不断进步。其中包括创建一个开放的环境，鼓励教师之间进行深入的对话和共同实践，以及提供机会进行专题讲座和工作坊。不再将讲座视为专家的特权，而是鼓励有想法和愿望的教师分享他们的见解。

课堂上，教育团队成员可以相互观摩，互相学习，共同提高教学质量。录制教学视频已成为一种常态，这不仅记录了教师的教学活动，而且更加关注学生的学习过程，从而帮助教师更好地了解教学效果。教师和学生还可以一起观看这些视频，共同反思教学和学习的过程，从而推动教学的良性发展。

这一积极的教育环境有助于引导和调整教师的教育理念和实践方式，以更好地满足学生的需求，同时也可以促进团队合作和共识的形成。

2. 引导教师反思既有认同

认同是一个不断演变的过程。教师通过自我反思，重新评估他们的信仰和教育观点，以形成新的认同。认同的变化是改变的基础，教师的发展过程就是通过反思不断修正和丰富他们的教师认同的过程。教师常常采用以下三种方法进行反思：首先，他们可以记录自己的教学经验和感悟，以便及时反思并改进教学，这被称为教学日志。其次，他们可以与其他教师交流，这种交流可以在轻松的环境下进行，也可以通过访谈、讲座或观摩课堂等形式进行。最后，他们可以建立教师档案袋，这意味着课题组或学校会为每位教师建立档案，记录他们的教学和科研活动。通过采用这三种方法，教师可以更深入地思考问题，包括"我是一个怎样的教师"和"我希望成为一个怎样的教师"，从而塑造新的教师认同。

3. 教师自身改变诉求是关键因素

教师的作用至关重要，他们是推动教育改革和塑造出色教学理念的关键因素。研究表明，许多改革的失败并不是因为改革本身有问题，而是因为大多数教师没有真正践行改革，他们没有按照新的理念行动，因为他们的内在信仰和认同并没有受到冲击。实际上，教师是教育改革最终的执行者，他们的信仰和认同对于教育改革是否成功产生深刻影响。遗憾的是，许多教师对自己的职业认同感不高。他们可能将教育仅视为一份谋生手段，而没有积极树立积极的教师信仰和教育理念。这种态度导致了他们缺乏教学创新和深度的探索体验，也意味着这些教师无法充分发挥自己的潜力。不同的教师认同会导致教师走向不同的教育发展道路。因此，现在更加迫切需要教师积极塑造正确的教师认同，尤其在当前的英语教育改革背景下。

当前，英语教育领域正面临巨大的变革，尤其是随着"幕课"（MOOC）等新兴教育技术的兴起，英语教师面临着新的机遇和挑战。传统上，英语教师的任务主要是传授语言知识和技能，但未来的英语教育将更多地涉及跨学科融合。在这种变革时代，英语教师需要积极思考自己的职业发展方向。

首先，英语教师应认识到仅依赖传统教学方法已经不再适应现在的教学形式，他们需要不断更新自己的教学理念，拓宽自己的教育视野。如果有英语教师认为自己的职业前景不太明朗,他们应该积极考虑在这个教育多元化、文化多元化、知识开放的时代中寻找适合自己的新职业方向。

对于那些真正热爱英语教育事业的教师来说,他们应该积极培养积极的教育信仰和教育理念。同时,他们可以充分利用外部的支持和政策机会,不断提升自己,勇敢尝试新的教学方法,积极参与教学创新。通过不断的尝试和实践,他们将逐渐建立起积极的教师认同,为自己的职业发展铺平道路,成为杰出的英语教师。

其次,在英语教育领域的当前大幅度改革中,我们需要明确英语课程的性质,这一课程应既具备实用性,又应当深度探索其中蕴含的丰富人文内涵,力求二者有机统一。与此同时,高校英语课程在高校应该以服务为导向,这种服务导向的定位需要英语教师根据当地和学校的实际情况,为学生提供多样化的学习选择和支持。

这对英语教师的知识能力提出了更高的要求。他们需要在拥有坚实的语言专业知识的基础上,注重培养跨学科的综合能力和不断学习相关领域的知识。例如,在财经类院校中,高校英语教师至少应该具备一定的财经领域的通识知识或特定领域的专业知识,以便能够开设相关的双语课程或与专业教师合作,以满足学生不同的学习需求。这种全面性的教育方法有助于培养具备更广泛知识和技能的学生,使他们更好地适应未来的职业和社会需求。

再次,针对教师学历提升和职称晋升缓慢的实际问题,建议教师可以在提升自身学历的同时,选择攻读其他相关领域的专业课程。这一举措有助于解决语言专业招生数量有限、学习难度较大的挑战。同时,这也为教师开拓了更广泛的知识结构和专业领域,为未来英语教师的多元化发展提供了更广泛的机会。

最后,强烈建议各级教育主管机构和英语院系领导更加注重支持教师的专业成长,体现出对教师的人性关怀。他们应该提供更广泛的学习、培训和交流机会,特别是对那些长期从事繁重教学工作、位于学校边缘的英语教师和英语教学工作者而言,这些机会至关重要。这些举措将成为激发教师积极性和认同感的有力推动力。

六、高校英语教学改革给教师带来的机遇和挑战

从2002年开始，教育部在全国的180所高校推动了一场重大的高校英语教学改革。这次改革引入了一系列深刻的变革，包括强调培养学生的英语综合应用能力，特别是听力和口语技能；提倡使用多媒体和网络技术与课堂教学相结合；鼓励学生自主学习；将课堂教学重心逐渐转向以学生为中心；实施多样化和全面化的评估体系。这些变化对高校英语教师和学生产生了深远影响，打破了多年来的英语教学和学习传统习惯，迫使他们重新思考与外语教学相关的各个方面。

这种思考过程本身就是促进教师专业发展的一个关键因素，即反思。作为教师专业发展和个人成长的核心要素，反思是一种通过对自己的教学行为和实践进行反思和审视的方式，使教师能够不断积累经验并改进他们的教学方法。这种过程促使教师更好地适应外语教育领域的不断变化，为学生提供更有效的教育。

2007年，教育部正式颁布了《大学英语课程教学要求》，其中明确了对教师管理和培训的要求。该文件强调，教师的素质是提升教学质量的关键，也是高校英语课程建设与发展的关键所在。学校应当建立一个师资队伍，其年龄、学历和职称结构合理。同时，学校也应当加强对教师的培训，注重教师发展，鼓励教师围绕教学质量的提升积极从事教学研究。此外，要创造有利条件，因地制宜地进行多种形式的教研活动，促进教师在教学和研究工作中展开富有成效的合作，以便让他们尽快适应新的教学模式。

同时，也需要科学合理地安排教师的学术休假和进修，以推动他们学术水平的不断提升，并不断改进他们的教学方法。这些措施将有助于为学生提供更高质量的教育。

高校英语教学改革给广大英语教师提出了新的要求，促使他们转变观念、更新教学理念、丰富专业知识、加强教学能力，并掌握现代教育技术。例如，多媒体和网络技术在高校英语教学中的应用有助于激发学生的学习兴趣。因此，高校英语教师必须掌握并应用现代科学技术，利用多媒体和网络资源制作课件或利用网络提高课堂教学效果。

此外，教学改革推崇使用前沿的高校英语教材，对高校英语教师的语言能力、教学技能等提出了更高的要求。教师在课堂教学实践中扮演着越来越重要的角色，因为教师的作用、理念和信念将通过一系列课堂活动和决策得以体现。因此，教师需要通过课堂教学研究发现问题，并在反思的基础上改进和引导实践，以提高教学效果，推动我国英语教学改革顺利落实。

高校英语教学改革也为英语教师的个人发展提供了宝贵机遇。随着改革的不断推进，越来越多的教师有机会参加各类培训，特别是与改革相关的培训。他们通过多种渠道学习，积极参与学术交流，尤其是在实践新的教学模式时，亲身经历了教学过程中的各种变化，反思了教学中的得失，这有助于他们不断提升个人的教学和科研水平，促进自身专业能力的发展。

然而，一些英语教师可能难以将教育改革的理念或培训中所学的知识融入他们的实际教学。这种情况既受到教师自身能力的影响，也反映了教师主动反思和内化知识的重要性。

第六章　高校英语教师学习共同体研究

第一节　教师专业学习共同体

国际研究表明教育改革的成效密切依赖教师的个体与群体素质，以及在推进学生学习方面与学校的整体协同作用。故此，强化能力构成了核心环节。所谓"能力"，是指激励、技术、主动学习、组织环境与文化，以及支撑性基础设施的综合体现。这不仅赋能个人和群体，更让整个学校和教育系统拥有持续学习的动力。教师专业学习共同体（PLC）的发展，为教育可持续性改进提供了新视角，因而在众多国家受到热议。尽管我们对优化学校运作有了更深的理解，但教育工作者仍面临将改进持久化并拓展至全系统的挑战。面对全球化和快速变革，创新的学习方法显得尤为重要。我们不能只依赖个体的学习力，而是需要学校、社区的齐心协力，共同探索打造教师专业学习共同体，以适应新的教育环境和技术的变化，同时优化青少年教育的策略，以确保在这个不断变化且复杂的时代获得成功。

一、教师专业学习共同体的概念

教师专业学习共同体（Professional Learning Communities，PLC）这一术语在教育领域并非普遍定义，其内涵在不同文化和教育背景下有所差异。国际上普遍认同的是，PLC 指的是教师为提高自身和学生的学习而持续定期会晤的教师团体。教师团体以持续的、协作的、包容的、以学习为导向的、促进成长的方式来分享、批判性地反思他们的实践。霍德（Hord）在文献综述中提出，在此共同体中，教师和管理者不断追求和分享知识，并据此采取行动，以提高其专业效能，最终服务于学生的最佳利益。值得注意的是，"学习"一词被置于"专业"和"共同体"之间，并非偶然。一些研究强调了教师工作场所与学习的紧密联系,指出并非所有所谓的专业团体都致力于改革或关注实践的改进。事实上,对于那些拥有强大教师团队的学校,很少有区分其专业文化是"维护传统的团体"还是"致力于共同学习和实践创新的教师学习共同体"。PLC 的核心在于"共同体"这一概念,强调的不是教师个人的专业成长,而是在共同体这一大背景下的集体学习和成长。韦克(Weick)强调了共同体最常见的特征,包括共同的信念和理解、互动和参与、相互依赖、对个体和少数派观点的关注,以及建立有意义的人际关系。在学校共同体中,这种人际关怀的伦理观贯穿于教师、学生和学校领导的日常生活。

共同体的重点是建立相互支持的关系和共同的价值观,而专业化则更侧重于获取知识和技能、以学生为中心和专业自主性。这种差异可能导致紧张和冲突,特别是在涉及教师行为监管和与绩效相关的薪酬体系时。富兰(Fullan)认为,有效的学校是那些能够建立专业合作文化的学校,他建议将注意力从个人层面(如绩效薪酬、职业发展等)转移到发展学校作为 PLC 的层面。

对于 PLC 的定义和范围,学术界也有进一步的探讨。一个成熟的 PLC 应该如何包容不同成员?它是否应该包括所有学校成员,还是仅限于教职工?成熟的 PLC 应该让所有利益相关者参与到愿景的建立中,但主要是学校内的成员。尽管许多研究认为 PLC 的成员仅限于教师(包括学校领导),但对于许多学校而言,特别是那些面临特殊挑战或有特殊需求学生的学校,其他教育工作者的角色同样不可或缺。这提示我们,PLC 的构建不应局限于传统的教师专业发展模式,而需要更开放、包容和多元的视角。

二、教师专业学习共同体的特点

教师专业学习共同体在教育实践和理论中占据了重要位置,其关键特征似乎是相互交织并共同作用的。以下是五个核心特征。

(一)共同的价值观和愿景

共同的价值观和愿景在教师专业学习共同体(PLC)中起着核心作用,它们不仅塑造了教育目标和教学方法,而且促进了成员之间的团结协作。一个清晰、具体的共同愿景能够确保所有成员都朝着相同的方向努力，即使在遇到挑战或分歧的时候也不例外。这种愿景的力量在于它超越了个人利益，强调集体的成就和学生的整体福祉。如果教师仅凭个人努力而缺乏团队的支持和鼓励，即使最有热情的教育者也可能感到力不从心。这种情况下，个人的自主性可能会与团队的整体目标产生冲突，从而削弱教学的有效性和一致性。因此，教师之间的协作和相互依赖变得至关重要。只有当教师相互信任，共同承担责任，才能确保对所有学生的关注是平衡的，并且每个学生都能获得所需的支持。这进一步强调了共享价值观在道德决策中的作用。在一个团队中，当面对需要道德判断的复杂情况时，共同的价值观和原则提供了一个重要的参考框架。这不仅有助于确保决策的一致性和公正性，而且促进了团队成员之间的相互理解和尊重。通过这种方式，共享的价值观成为团队凝聚力的源泉，帮助教师共同应对挑战，实现教育愿景，并为学生创造更加积极、包容的学习环境。在这样的环境中，不仅教师的专业成长得到了促进，而且学生的学习体验和成果也将因此而提升。

（二）集体责任

集体责任是教师专业学习共同体（PLC）的核心原则之一，它要求教育工作者不仅要关注个人教学活动的成功，而且要确保整个教育集体致力于学生的整体学习成果。这种责任感超越了单个教室的墙壁，强调了一个事实：每个教师的工作都是一个更大教育使命的一部分，这个使命是确保所有学生都能在学校里成功。在 PLC 中，集体责任促进了一种文化，在这种文化中，教师共同庆祝学生的成功，共同面对挑战，并共同寻找解决方案。这种责任感激发了团队合作精神，鼓励教师共享资源、教学策略和反馈，以优化学习体验并解决学生面临的任何障碍。此外，当某些教师面临困难时，集体责任确保了支持网络的存在，鼓励同事之间的协作和互助。

但是，集体责任也带来了对那些未能达到共同设定标准的教师的正面压力。这种互相监督和期望可以激励教师不断提高自己的教学质量，同时也确保了对学生教育质量的承诺。更重要的是，这种集体责任减少了教师的职业孤立感，因为他们知道自己是一个致力于共同目标的团队的一部分。

总之，集体责任在 PLC 中创造了一个环境，在这个环境中，个人的成就和挑战被视为整个社区的责任。这种紧密联系增强了团队凝聚力，激发了创新，并促进了一个支持性和合作性的专业学习环境，这对学生的长期成功至关重要。通过共同努力，教师不仅在个人层面上得到职业成长，而且对整个教育社区产生了积极影响。

（三）反思性的专业探究

反思性的专业探究在教师专业学习共同体（PLC）中占据核心地位，它鼓励成员持续评估和改进他们的教学方法，以适应不断变化的教育环境和学生需求。这一过程不仅是自我观察，更为重要的是，它涉及与同事的深入对话和合作，共同探索教育实践的各个方面。

首先，通过开展深入的讨论和对话，教师能够集思广益，针对教育中的复杂问题提出新的观点和解决策略。这些讨论常常围绕课堂管理、学生参与、评估方法等主题展开，目的是找到最有效的方法提高学生的学习成果。其次，定期审视和反思教学实践是专业发展的关键。通过互相观察课堂、分析具体案例、共同规划课程和开发新的教学策略，教师可以从同事的成功和挑战中学习，不断完善自己的教学技巧。这种持续的自我评估和同行反馈有助于教师识别并实施更有效的教学方法。此外，探索新的知识领域和最新的教育研究可以激发创新，帮助教师扩大视野，更新教学方法。在 PLC 中，教师鼓励彼此分享个人的隐性知识和经验，这不仅增强了团队合作，而且促进了知识和最佳实践的共享。最后，将新的思想和信息应用于实际教学是反思性专业探究的最终目标。这意味着教师需要将理论知识转化为课堂实践，设计出切实可行的解决方案，满足学生的个性化需求。通过这种方式，反思性的专业探究不仅促进了教师的个人和职业发展，也为学生创造了一个更加丰富、支持和创新的学习环境。

（四）协作

在教师专业学习共同体（PLC）中，协作超越了表面层次的互助，它是一种深层次的、持续的集体参与，要求成员们共同努力，实现教育目标和改善学生学习成果。这种协作基于相互依存的理念，意味着每个成员的贡献都是实现共同目标不可或缺的部分。例如，通过联合审查学生的工作、共同制定教学策略、互相观察课堂教学并提供建设性反馈，教师不仅可以共享资源和经验，而且可以相互学习，提高教学质量。这种协作方式强调了团队工作的重要性，认识到只有通过集体的智慧和努力，才能克服教育实践中的挑战，实现教学改进。

值得注意的是，有效的协作并不意味着消除个体间的差异或冲突。实际上，在一个成熟的专业学习共同体中，微观政治（如权力动态、竞争和分歧）被视为团队成长和创新的正常且有益的部分。关键在于如何管理这些差异和冲突。PLC通过建立开放沟通、相互尊重和信任的文化，鼓励成员表达不同意见，进行建设性的辩论，并从中找到共识。这种环境促使教师在职业生涯中开发出更加成熟的规范，学会欣赏创新思维，接受并利用分歧促进教学方法的改进和多样化。

总之，协作不是孤立的行为，而是一个动态的、互动的过程，需要所有成员的积极参与和贡献。在这个过程中，教师共同承担责任，共同面对挑战，共同庆祝成功，从而创造一个既支持个人成长又促进集体进步的有力学习环境。

（五）促进团队和个人的学习

在教师专业学习共同体（PLC）中，促进团队和个人的学习是核心驱动力，它强调了持续学习和职业发展的重要性。在这样的环境中，教师不再是孤立的知识传授者，而是成为积极的学习者，教师与同事共同探索、分享并扩展他们的专业知识和技能。"职业自我更新"在这里被理解为一个持续的、集体的过程。教师通过与同事的互动，不断反思和审视自己的教学实践，寻求改进的方法。这种自我更新的过程涉及多个层面的学习活动，包括集体知识创造，这是通过团队合作、共同研究和经验分享实现的。教师一起分析教学材料，讨论最佳实践，共同设计课程和评估工具，以响应学生的多样化需求。

此外，深入的对话和信息审议是这个过程中不可或缺的部分。教师定期聚集在一起，讨论最新的教育研究，分析学生表现数据，从而形成对教学策略有效性的共同理解。这种基于数据的反思促使教师更加客观地评估自己的工作，并寻求改进的空间。

最终，这种集体学习的文化鼓励教师共同解释和分享知识，强化了团队之间的联系，增强了共同目标感。通过这种方式，教师不仅提高了自己的教学技能，也为学校创造了一个持续学习和不断进步的氛围，这对于教育质量的提高和学校整体发展具有深远的影响。

除了这些核心特征，以往的研究还识别了其他三个重要特征：成员之间的相互信任、尊重和支持；包容所有成员，不只是教师和学校领导，而是构成一个学校范围的社区；开放性、网络化和伙伴关系，这些特征促使PLC成员超越学校的界限，寻找新的学习资源和思想来源。总的来说，PLC通过这些交织的特征，为教师提供了一个持续专业发展的平台，促进了基于证据的实践和集体自我反思，从而不断提高教学质量和学生学习成果。

第二节　高校英语教师学习共同体的构建

教师的专业能力被普遍认为是教学改革成功与否的决定性因素。但是，迄今为止，关于教师专业发展的学术研究主要集中在个体层面，特别是从心理学和认知科学的角度探讨教师的成长和发展。这些研究强调了反思性学习和自我探究在教师个人职业成长中的核心作用，例如教师如何通过内省和反思自己的教学实践实现自我提升。尽管个体层面的研究为我们理解教师如何自我驱动其职业成长提供了宝贵见解，但这种方法在很大程度上忽略了更广泛的社会文化因素。特别是教师的工作环境，如学校文化、政策、同事和社区互动等，这些因素如何影响教师的职业满意度、工作动力和教学实践，这在当前的研究中往往被低估或忽视。因此，未来的研究需要更全面地考虑这些社会因素，以便深入理解并有效促进教师的专业发展。

一、高校英语教师学习共同体的必要性

在当今的教育环境中，教师专业发展已成为推动教学质量和学生学习成果改进的关键因素。尤其是在高等教育领域，高校英语教师的专业成长不仅

影响语言教学的效果，也对学生的全球竞争力产生重要影响。但是，当前的专业发展模式面临一些挑战，这促使我们要重新考虑这些策略的有效性和实施方式。

首先，尽管教师间的合作和知识共享被广泛认为是促进教师成长的有效路径，但实际上，教师的职业实践往往是孤立的。在中国的高等教育体系中，这种现象尤为明显。许多教师倾向于在封闭的教室环境中工作，担心同行评审会导致自己的教学方法受到批评或评判。这种孤立的职业文化不仅限制了教师之间的交流和协作，也阻碍了创新教学方法的采纳和实施。

其次，现有的专业发展活动，如学术会议、专业培训、学术沙龙等，虽然为教师提供了学习新知识和技能的机会，但这些活动的实际效果受到质疑。例如，一些教师指出，由出版公司主办的会议更多是一种社交活动而非深入的学术探讨，而且一些培训课程与日常教学实践脱节，难以转化为课堂教学的实际改进。

因此，高校英语教师引入专业学习共同体（PLC）至关重要。与传统的自上而下的培训方法不同，PLC 依赖于教师之间的合作，强调基于建构主义的学习。在 PLC 中，教师不是被动的知识接受者，而是积极的、参与式的学习者。他们通过共同教学、互相评估、观察同事的教学实践以及在专业社区中反思自己的教学方法，共同解决问题和提高教学质量。

PLC 模式鼓励开放的对话、反思和持续的专业成长，将有助于打破教师的孤立，建立支持性和协作性的专业环境。通过这种方式，教师可以共同探索新的教学策略，挑战现有的假设，并通过实践改善教学效果。总之，PLC 提供了一个更加动态和互动的专业发展框架，能够满足教师持续成长的需求，并最终提升教育质量和学生学习成果。

二、高校英语教师学习共同体建设途径

（一）组织建设

在教育机构中，组织结构和领导方式对教师专业发展具有深远影响。传统的等级式学校结构往往设定了一种权力行使模式，这在很大程度上限制了教师的自主性和专业成长。在这种结构中，权力和决策通常集中在少数高级领导者手中，而教师则大多成为各种政策和专业发展活动的被动接受者。研究指出，这种高度集中的领导模式阻碍了共享领导的实践，因为它强化了一种依赖关系和对单一领导者的期望。在这样的环境中，教师往往缺乏参与决策的机会，这导致了教师缺乏动力，进而影响了教师的创新能力和专业成长。特别是在中国的高等教育体系中，这种现象尤为明显。

为了克服这些挑战，分布式领导模式应被引入教育机构。分布式领导不是将权力集中在单一领导者手中，而是在组织内部分散，允许多个成员在其专长领域内承担领导职责。这种模式鼓励教师参与决策过程，提高他们的责任感，并促进专业发展。在分布式领导的框架下，领导力不再是基于职位、年龄或头衔，而是基于个人的技能、知识和对学生学习成果的贡献。这种转变促使教育机构向更扁平、更具协作性的结构转型，教师可以在其中拓展自己的能力，共同创造所需的成果，并持续学习和成长。

对于高校英语教师而言，这意味着他们可以在各种学术团体中承担更多的领导角色，无论是在课堂教学、语言学研究、文学研究、跨文化研究还是教育理论研究等领域。通过这种方式，教师不仅可以发挥自己的长处，而且可以通过非正式的领导角色，如主持研讨会、分享研究成果或教学策略，影响和激励同事。

此外，分布式领导还促进了一种文化，教师可以自主地驱动自己的专业发展，而不是依赖上层结构的指导。这种自我驱动的专业发展模式鼓励教师成为改变的参与者，而不仅是接受者，从而实现教师专业成长和教育质量的整体提升。

总之，通过实施分布式领导，教育机构可以打破传统的等级限制，激发教师的潜力，促进一个更加协作、创新和自我驱动的专业发展环境。这不仅有助于提高教学质量，而且有助于培养学生成为适应未来社会的有能力的个体。

（二）观念转变

心智模型在塑造我们的认知框架和行为方式中起着决定性作用。这些内在的信念和假设不仅影响我们对信息的处理和解释，而且深刻影响我们的互动和决策过程。例如，个体对信任的内在态度可以极大地影响其社交行为和人际互动。那些倾向于相信他人基本善良和值得信赖的人可能更加开放，更愿意接纳新的社交联系，而那些持怀疑态度的人则可能更加保守和封闭。

在中国的高等教育体系中，特别是针对高校英语教师，存在一种普遍的心智模型，即强调个人竞争而非团队合作。长期以来，教师处于一个相对孤立和竞争激烈的工作环境中，这种环境助长了一种独立而非协作的职业心态。团队学习和集体智慧被视为挑战和负担，而不是发展的机会。这种心态不仅限制了教师个体的成长，也阻碍了整个教育集体的进步，因为它忽视了最宝贵的资源——同行之间的知识和经验分享。

为了克服这些障碍并促进一种更加协作和共享的专业文化，教育管理者和决策者需要采取积极措施重新塑造教师的心智模型。首先，需要投入时间和资源加强对团队协作和集体成长重要性的认识。这可以通过组织专业发展工作坊、团队建设活动和共同的教育项目来实现。其次，协作和团队精神的价值应该被纳入学校的愿景和使命中，确保它们不只是附属的选项，而是教育实践的核心。

此外，激励机制也需要从表彰个人成就转变为奖励团队努力和集体成果。这种转变将鼓励教师从竞争对手变为合作伙伴，共同为提高教学质量和学生学习成果而努力。通过这样的努力，可以逐步建立一种新的教育文化，教师不再孤立工作，而是成为一个积极互动、相互支持的学习社区的一部分。这种转变不仅能够提高教师的职业满意度，而且将极大地提高教育质量和促进教育创新。

（三）高校英语教师学习共同体的活动组织

在教育共同体中，教师专业发展活动正经历着根本性的转变，这一转变反映了教育研究的最新趋势。传统的"坐式"研讨会和一般性讲座正逐渐被教师主导、针对具体教学挑战的探索性学习所取代。以下5种创新方法突显了这一转变的实质。

1. 新老教师结对指导

这种模式促进了新教师与经验丰富教师之间的知识和经验交流。通过相互观察课堂、协同备课、交流教学反馈和共同学习，新教师能够快速适应教学环境，同时资深教师也能从新教师的视角中获得新的启发。这种互动不仅扩展了教学策略，而且提高了教师的自我效能感和对教学的热情。

2. 合作学习

教师通过与同行以及外部专家的合作，对教育理论和实践进行深入探讨，从而实现专业成长。这种协作模式鼓励教师主动参与，通过团队讨论、共同规划和实践反思，教师能够对教学内容和方法拥有更大的掌控权。例如，教师可以共同研究新的教学策略，然后分享其对学生学习成效的影响，基于数据进行反思，并协同制定改进措施。这不仅增强了教师的学科专业知识，而且促进了教学方法的创新。

3. 同行听课与反馈

通过观察同事的课堂教学，教师可以互相学习、提供建设性反馈，并共同探讨教学改进策略。这一过程包括合作备课、课堂观察以及基于观察结果的讨论和策略改进。通过这种循环式学习，教师的教学技巧得到提升，教学质量也随之提高。

4. 集体备课

鉴于高校英语课程的教材和学生水平常常相似，教师可以在备课阶段实行合作。在团队会议中，教师共同讨论课程设计，分享教学资源和策略，不仅节省了备课时间，也丰富了教学内容和方法。

5. 学术研究团队

教师根据自己的专长，如课堂教学、语言学、文学、跨文化研究、教育理论等，组成专题研究小组。这种跨学科的合作方式为教师提供了展示其专业优势的平台，同时也促进了学术研究的深入发展。

这些创新的教师专业发展活动强调了教师主导、实践参与和同行合作的重要性，它们不仅有助于解决具体的教学问题，而且促进了教师个人和集体的专业成长。通过这样的实践，教师不再是知识的被动接受者，而是教育改革和学术发展的积极推动者。在这个过程中，教育共同体得以建立一种持续学习、共同成长的文化，从而为学生提供更高质量的教育体验。

第三节 高校与中小学合作的专业学习共同体

在过去的十年中,中小学和高校之间建立了一种新型的伙伴关系,这种关系基于学生学习成果、专业发展和行动研究的共同目标,强调平等、互惠和共同责任。但是,尽管这种合作模式在理论上具有革命性,但在实践中实现它却遇到了重重障碍,特别是在中小学教育环境中。中小学往往采用传统的教育模式,即便面对各种改革和创新的尝试,也很少有根本性的变化。这种现象的根源在于,传统的教学文化和实践已深深植根于这些学校的基础结构中。为了建立和维护成功的学习共同体,学校必须倡导并实践协作和创新——这两种价值观往往与中小学的现行政策和文化相冲突。研究揭示,许多教师并未接受有关如何协作解决学生学习问题的专业培训。长期以来,他们习惯于在封闭、独立的环境中工作,这种工作方式加深了他们对现有教学模式的依赖,也减少了他们尝试新方法的意愿。更重要的是,保守的学校文化,无论是默默接受还是公开抵制,都在无形中抑制了创新和协作精神的萌发。保守的学校文化不仅限制了教师之间的交流,而且阻碍了知识和资源的共享,这直接影响了学习共同体的效能和进步。要克服这些障碍,学校和高校必须共同努力,不仅要在结构和政策上进行改革,而且要在实践中培养一种支持协作和创新的文化。

这需要通过专业发展计划加强教师在团队合作和创新教学策略方面的能力。此外,学校领导层应积极推动这种文化转变,通过鼓励教师参与决策过程、提供合作教学的机会,以及建立一个开放、支持性的工作环境。只有当这些元素到位时,学习共同体才能克服现有的文化障碍,实现其改善学生学习成果的终极目标。

一、高校与中小学合作内涵

学校与高校间的伙伴关系在教育领域的文献中已经被广泛地探讨和分析,尽管其定义多种多样,但核心理念通常聚焦于跨机构合作的重要性。这种合作被视为一种战略联盟，旨在通过集体努力解决教育领域的共同挑战，同时也满足各自机构的目标和需求。一个经常被引用的定义将学校—高校伙伴关系描述为"不同教育机构之间精心策划的合作模式，旨在通过共同解决问题增强各自的利益"。这种伙伴关系要求参与者采取结构化的方法，共同规划并实施工作计划，以实现既定的目标。这不只是一种行政安排，而是一种战略性的合作，强调共同责任、资源共享和相互依赖。

在教育改革的语境中，学校—高校伙伴关系被广泛推崇。例如哈德森（Hudson）等人在研究澳大利亚三所学校实施STEM教育的过程中，强调了领导力在塑造有效伙伴关系中的作用。他们指出，成功的高校社区伙伴关系需要激发所有潜在利益相关者参与，促进团队之间的协作，明确对教育改革的承诺，并合理分配领导职责。索尔基德森和斯科特·斯泰因（Thorkildsen & Scott Stein）进一步阐述了这种伙伴关系的基本原则，强调了相互尊重和互惠的重要性。他们将成功的伙伴关系视为一种"共生关系"，特点是各方的紧密结合，在这种关系中，关注点包括相互的关心、服务的互惠、持续的合作，以及对平等伙伴关系的坚定信念。因此，学校—高校伙伴关系不仅是表面上的合作，它是一种深层次的、战略性的联盟，基于共同的目标、相互的尊重和共同的责任。这种伙伴关系的成功依赖于各方的真诚参与、资源的有效整合以及对持续改进和创新的共同承诺。通过这种方式，教育机构能够共同应对当代教育面临的挑战，实现教育质量和成果的持续提升。

二、高校与中小学合作的专业学习共同体

教师专业学习共同体（PLC）在教育领域已成为促进教师专业发展和学生学习成果的重要策略。当涉及高校与中小学的合作时，PLC扮演着桥梁的角色，不仅强化了教育实践者之间的联系，也促进了知识、技能和经验的共享。在这种合作模式下，高校与中小学共同参与一个持续的、结构化的学术对话，旨在提高教学质量、优化课程设计，并通过共同研究、实践反思和资源整合应对教育挑战。

在高校与中小学的专业学习共同体中，成员们共同承担责任，致力于学习的持续改进和创新。这种合作基于三个核心原则：首先，尊重每个成员的

专业知识和经验，认识到每个人都可以为共同体的发展作出贡献。其次，强调团队合作和集体智慧，通过定期会议、工作坊和合作研究等活动，促进知识和最佳实践的交流。最后，致力于基于数据的决策制定，通过分析学生的学习成果、教学评估和其他相关数据，指导教育实践和策略调整。此外，这种跨机构的 PLC 也强调成员间的互助学习。高校教师可能提供最新的教育研究成果、理论成果和先进的教学方法，而中小学教师则分享实际的教学挑战、案例研究和解决方案，从而实现理论与实践的有效结合。这不仅增强了教师的专业成长，也有助于形成一个支持性的学习网络，鼓励创新和风险承担。值得注意的是，成功的专业学习共同体还需要领导力的支持和组织结构的优化。学校和高校领导者应致力于创造一个开放、包容的学习氛围，支持教师参与决策过程，并提供必要的资源和培训。同时，通过灵活的组织结构满足成员的需求和确定优先事项，例如设立专门的协调员、提供时间和空间资源，以及确保持续的财政和行政支持。

总之，高校与中小学之间的专业学习共同体是一个动态的、互动的网络，它依赖成员的积极参与、领导者的坚定支持和适应性的组织结构。通过这种合作，教育实践者不仅可以提升自己的教学技能和专业知识，而且能共同推动教育质量和效果的持续提高，最终实现学生学习成果的优化和教育目标的达成。

三、高校与中小学合作的专业学习共同体功能

教师专业学习共同体（PLC）在高校与中小学之间的合作中扮演了关键角色，它不仅促进了教师专业发展的深度和广度，而且强化了教育理论与实践之间的联系。这种合作模式通过集体学习、共享实践和反思性对话，为教师专业成长提供了一个富有成效的平台，同时也为学生学习成果的提升铺平了道路。

在高校与中小学合作的专业学习过程中，教育理论与实践的融合成为一个显著的目标。这一框架允许理论与实践的主体在同一环境中相互作用，确保高校教师的教学研究和理论创新深深植根于实际的教育场景中。这种环境促使教育理论在实践中得到"重生"，同时也使师范生能够深入中小学的教

学第一线，理解并应用条件性知识和本体性知识，体验并掌握实践性知识。这一过程不仅促进了教育理论在师范生个体中的内化，也使在职中小学教师能够通过合作获得理论的指导，将教学经验转化为教学认知。

此外，高校与中小学合作的专业学习共同体为高校教师提供了更多深入中小学的机会，这不仅丰富了他们的教育教学经验，也帮助他们找到教育理论与实践的结合点。这种互动为高校设置更具针对性和有效性的教师教育课程提供了条件。通过这样的共同体，高校可以邀请中小学教师作为师范生的指导教师，实现双导师制的教学模式。同时，优秀的中小学教师也可以被邀请进入高校课堂，直接为师范生授课，这一做法标志着教师教育方式的重大转变。

更进一步，通过建立集"理论研究—实践训练—反思提升"为一体的教育教学研究实践基地，高校与中小学合作的专业学习共同体正在改变师范生培养制度中理论学习与实践训练结合不紧密的现状。这不仅提升了师范毕业生的职业竞争力，也为他们的全面发展提供了坚实的基础。

高校与中小学合作的专业学习共同体的实施标志着从传统的"象牙塔"式教师教育模式向更加包容、协作的教育模式的转变。在这种模式下，高校与中小学共同参与教师的培养过程，打破了以往教育隔离的壁垒。这种转变为师范生创造了一个全景式的教育实习基地，使他们有机会进行更多的观察、咨询、实践和反思。

总而言之，高校与中小学合作的专业学习共同体通过促进理论与实践的无缝对接，为教师专业发展开辟了新的路径。这种合作不仅丰富了教师的教学经验，提高了教育质量，也为师范生的教育实践和职业发展提供了宝贵的资源。通过这种模式，我们可以期待一个更加协同、创新和高效的教育环境，从而培养出能够适应未来挑战的教育工作者。

第七章 高校英语教师教学的行动研究

第一节 行动研究概述

一、行动研究的概念与发展历史

"行动研究"是近年来在国外广泛采用的一种重要研究方法。它强调教师的主动参与，将教学理论与实际教学经验相结合，旨在改善教学实践的研究方法。通过这种方法，教师能够直接参与并探究课堂教学的各个方面，促使教学实践更加贴近学生需求，从而提高教学质量。

（一）行动研究的兴起

在传统观念中，"行动"和"研究"通常被视为截然不同的领域。将它们有机结合起来的初期实践可以追溯到美国联邦政府负责印第安民族事务的官员柯利尔（Collier）。他启动了专家与民众合作，一同研究并解决印第安民族的问题，取得了显著成效。

但是，真正推动"行动研究"发展的人物是美国社会心理学家勒温（Lewin）。20世纪40年代，他在研究中发现，同仅听取专家报告的家庭主妇相比，与专家一同民主讨论和集体研究的主妇更能够成功改变膳食习惯。基于这一发现，勒温提出了"没有无行动的研究，也没有无研究的行动"的观点，强调了行动和研究之间的密切联系。这一理念奠定了"行动研究"的基础，他还提出了行动研究方法的基本操作模式，即"计划—执行—审查—新计划"，将其看作是一个不断循环、不断发展的过程。

在教育领域，行动研究的概念首次出现在20世纪50年代。当时，美国哥伦比亚高校师范学院的院长柯瑞（Corey）积极倡导将社会科学领域的行动研究方法应用于教育领域。柯瑞于1953年出版了一本名为《改进学校实践的行动研究》的书籍,其中详细探讨了如何在教育领域运用行动研究的方法。在这一时期,教育领域的行动研究在理论和实践层面都经历了显著的发展。

(二) 行动研究的衰落

20世纪50年代末至60年代,教育领域的行动研究出现了衰落,这可以归因于20世纪50年代末苏联成功发射了人造地球卫星,引发了美国教育改革的浪潮。这场改革强调了一种研究—开发—推广的模式,其中理论的构建和开发由专家和学者负责,而实际的教育实践和效果评估则由教育工作者和专业人员执行。这个模式强调了理论和实践之间的分工,与行动研究的核心理念不相符,因此直接影响了行动研究方法在教育领域的发展。因此,在20世纪50年代末,随着研究—开发—推广模式在欧美教育领域的广泛应用,行动研究逐渐式微。

在这个时期,行动研究的主要特点包括专家起主导作用,教师的研究活动受到了限制和监督。研究注重实验性和学术性,侧重于开发通用的教育模式,而忽视了解决教师个体实际问题的需求。行动研究更加侧重于理论构建和学术研究,而不是解决基层实践中的具体问题。这一时期的特征是专家主导、实验性强、学术性突出、通用性优先,对教师的参与和实际需求缺乏充分的关注。

(三) 行动研究的复兴

在20世纪70年代,行动研究在英国迎来了一次复兴,随后在美国和欧洲国家得到了蓬勃发展。这一复兴是因为20世纪50年代末的研究—开发—推广模式在教育领域的失败。从20世纪60年代中期开始,英国中小学教育领域掀起了一场由教师主导的教育改革浪潮,这一运动被称为"教师即研究者"运动。在这个运动中,斯腾豪斯(Stenhouse)发挥了重要作用,他组织了人文课程计划,为行动研究提供了一个成功的典范。

此外,斯腾豪斯人文课程计划中的另一位核心人物,约翰·埃利奥特(John Elliott),于1972—1975年期间设计并指导了福特教学计划,这也为行动研究的发展提供了有力支持。这一时期的"教师即研究者"运动以教师积极参与并解决课堂和学校实际问题为特点，重新激发了对行动研究的兴趣，使其再度兴起并在全球范围内扩展。

斯腾豪斯强调了教师在教育领域中具有研究的权利和条件。他认为，教师的研究本质上是关于实际问题的，因此可以看作是一种行动研究。他主张教师应该积极参与提出、发展和分享关于教学的理论认知。他认为，只要给予他们思考和研究的机会，教师可以发现和发展隐藏在教学实践中的教育理论。

在《什么是学校中的行动研究》一文中，斯腾豪斯明确指出，行动研究的焦点不在于传统纯理论研究，而是关注教育领域中教育决策者、校长和教师在日常实践中所遇到的实际问题。

凯米斯在澳大利亚进一步发展了斯腾豪斯的思想，强调行动研究应该由教师研究共同体通过自我反思进行，而专家的角色应该是协助教师形成自我反思的研究共同体。这意味着行动研究的重点是在教师之间建立一个协作性的学习社区，通过互相反思和分享经验改进教育实践。这一方法强调了教师在自己的教学领域中的专业知识和经验，使其成为研究和改进的主要推动者。

到目前为止，行动研究在西方国家如美国、英国、澳大利亚等地受到广泛重视和推广。在德国、新西兰、日本、新加坡、瑞典、挪威等国家，行动研究作为一种研究方法已经被广泛采用，受到教育理论学者、教育研究人员，尤其是教师群体的热烈欢迎。

行动研究的复兴阶段具有一些明显特征。首先，它强调减少对研究过程的外部控制，更加注重教师在研究中的主体地位。其次，行动研究不仅旨在解决教育问题，更重要的是促进教师的专业化发展，使他们成为教育领域的专家。

在中国，外语就教育领域的行动研究仍然相对较新。但是，一些学者如吴宗杰在较早的时候就已经对行动研究的背景、概念、特点和意义进行了全面的论述，并积极探索将行动研究引入职前外语教师培训中的实际应用。他不仅将行动研究纳入了英语教学课程，而且根据浙江师范高校的实践经验提出了适合中国环境下行动研究的实践方法。此外，吴欣在吴宗杰的研究基础上，着重研究了如何在英语教师职业培训中培养学员进行行动研究的基本原则和模式。这表明在中国,特别是在外语教育领域,行动研究正逐渐崭露头角,并受到越来越多的关注和探讨。

20世纪90年代初,北京师范大学王蔷教授通过中英合作外语教师培训项目,将行动研究引入国内,作为一个关键的课程模块,纳入了北京师范大学英语硕士研究生课程。其目标是通过这一行动研究模块,在研究生课程的第二学年中进行教师的高层次师资培训,以取得令人满意的成果。行动研究模块与教育实习和英语教学法等课程并列进行,旨在培养学员成为具备自主意识、分析能力和批判性思维的教师。这些学员将具备卓越的课堂教学技能、课堂教学研究能力以及职业自我发展的能力。

黄景强调了高校在职外语教师进行行动研究的紧迫性,强调了外语师范院校的教师不仅需要培养未来教师的教学和研究能力,而且自身也必须具备这种研究能力并积极从事研究工作。黄景于1992年担任了一个中英合作外语教师培训项目的中方负责人,负责指导培训中的教师进行行动研究。作为该领域的专家,黄景总结了行动研究的核心特征:它旨在培养教师的创新能力和课堂教学研究技能,强调反思的关键作用,注重教师对其教学环境、学生的认知水平和需求的理解。行动研究追求变革,即改善现有状态、提高教学质量,从被动的教学方式过渡到积极主动的追求,使未来的教师能够自主发展、不断更新自己,以促进教师、教学和科研的协同发展。此外,1992—1993年的北京师范大学中英合作外语教师培训项目研究报告也指出,行动研究使教师和学生受益,实现了双赢的局面。

在国内,彭金定提出的"五步双向教学反思动态互补实践研究"模式是在总结国外行动研究基本模式的基础上进行创新设计的。他成功地将这一模式应用于英语课堂教学中。同时,郑敏和陈凤兰详细报告了他们在中学英语阅读教学中采用教学行动研究的实际情况。此外,王蔷从她多年的行动研究实践中出发,有力地阐述了行动研究课程对培养具有创新精神的研究型外语教师的积极影响。

需要指出的是,在我国外语类核心期刊上发表的文章,大多数是关于文献综述或经验性思考的,真正基于课堂教学第一手材料的研究相对较少。教学实验或教学改革项目通常持续几个月,而为期几年的相对较为罕见。很多教师参与教学改革项目时，希望一次性解决所有课堂教学问题，而不太愿意通过反复的循环探究进行持续改进。此外，参与行动研究的人数相对较少，外语教学中的行动研究在国内还未形成完全独立的研究领域。团队合作的力量有待进一步加强。但是，这种现状也意味着在我国庞大的外语师资队伍中，行动研究仍然有着巨大的发展潜力和希望。

二、行动研究的原则

行动研究的核心原则首先强调问题解决的过程。在进行行动研究时，我们着眼于解决实际问题，通过系统性的调查、数据收集以及数据转变为可验证的证据，以找到有效的实践方向。其次，行动研究的基本准则包括关注真理、社会正义、同情心和多元性。这意味着行动研究旨在深入理解问题，与当前社会和个人的价值观保持一致，创建更公正的秩序，并通过不断学习、实践、反思和共享经验，寻求改进工作方式并达成目标。最终，行动研究有助于我们更好地了解自己在工作中的角色以及如何共同创造一个更良好的工作环境。

行动研究提供了一个可操作的途径，可以让个人在现实生活中以具体的方式实现自身的价值观。它不是对抽象目标的探索，而是对具体问题的深入研究。实际上，我们在日常生活中经常以一种非正式的行动研究方式行事。在许多工作环境中，我们会思考可能的解决方案，并尝试实施，再评估其有效性，根据评估结果进一步完善实践。举例来说，在职业学习中也蕴含着一种非正式的行动研究。我们意识到自己在做什么，实际上就是在进行行动研究。现如今，许多工作场所鼓励员工进行正式的行动研究作为他们职业发展的一部分。

在进行行动研究时，行动研究者抱持着坚定的信念，相信个体具有能力创造自身的价值观，也有潜力影响和提升周围人的认知和发展。他们努力寻求一种方法，能够容纳多种不同的价值观，发现其中潜在的差异，以达成共同合作和生活的方式。这种共同合作和生活需要个人付出艰苦的努力和投入，以便更好地理解他人的观点，识别和改变自身对他人的偏见，同时发现他人的潜在成长和发展潜能。通常情况下，人们可以按照以下原则进行行动研究。

（一）问题性与可行性原则

行动研究将问题本身作为其调查的核心，强调通过反思和实践深入理解问题的重要性。在这一过程中，研究者会逐渐塑造自己的思想，并创造出独特的价值观，同时也会认识到与合作者之间的关系的重要性。

此外，行动研究强调研究者必须充分考虑他们自身的主观和客观条件。这不仅意味着行动研究的目的是改善参与者的观念和工作条件，而且涉及研究方法必须与周围人的观念和工作条件相协调。

从某种意义上来说，行动研究的重要特点在于它的实践性。它并非一种纯抽象的学科，而是一种将理论与实践结合的方法。行动研究一直关注着现实生活，它依赖于人们在实际经验中所遇到的问题，从而深入探讨这些问题。行动研究的重要性在于它与人们的实际生活紧密相连，其意义在于将研究与现实生活联系起来。

最终，行动研究被视为一种可行的方法，通过该方法，研究者可以审视自己的行为，评估其是否合适，是否令人满意，并提供足够的证据来支持其行为方式。行动研究鼓励通过实践不断改进和完善自己的行为，以实现更好的结果。

（二）实践性与应用性原则

行动研究通常没有事先设定的固定假设。它起初可能是基于某种看法或观点，然后在研究的过程中，研究者会不断关注实际实践，以核实是否达到预期的目标。这种方法鼓励教师在他们的教学实践中主动发现问题、深入研究问题，并积极寻求解决方案，以不断改进他们的实践以及对实践的理解。行动研究的出发点和终点都是实践的改进，以满足教育需求。

行动研究涉及教师深入思考他们当前的实践，这也可以看作是一种自我反思的过程，通过研究自己的实践，教师逐渐从实际经验中学习，不断探索新方法和技巧提高教育质量。行动研究也是一种自我评估的过程，教师在专业背景下通过此方法研究如何改进他们的教学实践。行动研究的目标是不断提高实践，使其更有效，并通过自我反思和实践改进实现这一目标。

行动研究的特点之一是其循环性质，通常会包括多个循环阶段。根据语言学家大卫·纽南（David Nunan）的建议，这个过程可以分为七个关键步骤：启动、初步调查、提出假设、采取干预措施、进行评价、总结结果以及发现规律。这一方法被广泛应用于教师行动研究中。

教师通过这种方法，不仅解决了实际问题，而且改善了教育教学现状，提高了教学质量，并促进学生学习、实践能力和创造能力的发展。行动研究的成果不仅是在教师个人层面有意义，而且具有广泛的推广和应用价值，可以为整个教育领域提供有益的经验和教训。这种方法使教师能够积极参与自己教育实践的改进，并不断寻找最佳的教育策略和方法，以满足学生的需求和提高教育质量。

（三）主动性与合作性原则

无论是独立进行研究的还是与专家合作时，教师都应认识到行动研究的必要性，并且动力必须来自教师自身的内在动机。这要求参与研究的教师需要经历一种角色的切换，需要能够安静地思考、沉着地处理挑战、忍受研究过程中的孤独，以及克服可能出现的挫折。在教育行动研究中，失败是允许的，但情感不能代替理性，主观判断不能替代客观事实，主观臆断不能取代客观数据。

行动研究强调合作和支持，因此，参与者之间相互尊重和平等合作至关重要。行动研究鼓励友好的合作，倡导探讨问题而非竞争，鼓励辩论而非辩解，以及支持批评而非批判。

此外，行动研究的核心是主动进行自我反思。在传统的研究方法中，研究者通常是观察和收集其他人的数据，而在行动研究中，研究者将自己的实践作为研究对象，这是一种对自我进行深入探讨的过程。行动研究的特点在于与同事和他人一起合作，无论他们在研究中扮演什么角色，都强调合作和相互支持，而不是评判谁对谁错，这是非常重要的。

（四）科学性与动态性原则

教育科研的先决条件是确保其具备科学性，尽管教育科学的本质是经验科学。在这一领域，需要特别注意经验与科学的辩证关系，即如何在经验的基础上发展科学的认知。为了实现这一目标，有必要强化操作程序中各个环节之间信息的及时反馈。从系统论的角度来看，行动研究可以视为负反馈类型的一种，因此缩短信息反馈的过程对于系统能够依靠反馈信息及时修正或调整由于外部干扰引起的偏差至关重要。

教育科学的行动研究是一个复杂而多变的动态工作过程，其本质贯穿于教师的日常工作。因此，教师需要不断对行动过程中的问题进行深入反思，并在学校生活和实际课堂教学环境中进行实地调研。专业研究者也可能介入教师的研究问题，发现并解决研究过程中出现的新问题。在专业研究者的指导下，教师可以灵活调整计划、完善行动，使教育教学工作逐渐演变为一个不断改进的研究过程。

总体而言，通过对自身实践的审视，将教育科研置于问题解决的框架中，有助于明确所做工作是否与个人目标和意图一致，以及是否能够达到预期目标。在这个研究背景下，通过为教育的发展贡献力量，将研究过程融入理性而富有成效的工作中，实现研究和行动的协同发展。

三、行动研究的特点

不同学者对行动研究的特点提出了不同的看法。勒温认为行动研究有如下特点：参与、民主，同时对于社会科学和社会变革作出贡献。纽南则突出了合作的意义，将其视为行动研究的理想特征。

（一）行动研究的主要特点

1. 实践者的行动

行动研究是由实际从事相关领域工作的人主导和参与的研究，强调了实际操作经验的重要性。

2. 工作场所的导向

行动研究紧密关联于具体工作场所的需求和问题，旨在解决实际工作中遇到的挑战。

3. 寻求提高的行动

行动研究旨在改进和提高现有实践，而不仅是理论研究。它强调了改进和创新的重要性。

4. 以特定情境为出发点

行动研究通常从特定的情境、问题或挑战出发，关注在特定背景下的改进和变革。

5. 采用灵活的试验和改进方法

行动研究采用多样化、灵活的方法，以不断尝试、调整和改进实践，使其更有效。

6. 接受没有最终答案

行动研究认识到在复杂的社会环境中，很少存在唯一的答案，因此强调持续学习和适应。

通过严格公正的过程加以验证，行动研究依赖于系统性和透明的过程验证研究结果，确保其可信度和可重复性。

综合而言，行动研究是一种以参与、合作、改进和实际操作为特点的研究方法，旨在解决实际工作中的问题，并为社会科学和社会变革作出贡献。

行动研究的最显著特点是在自然条件下进行实践研究，将日常工作、改革和科研紧密结合在一起。这种方法允许教师或从业者自主操作，并在实际实践中进行反思。这一过程通常涉及四个关键步骤，即计划、行动、观察和反思。前两步（计划和行动）是具体的实践阶段，与日常工作任务密切相关，这使行动研究成为一种可以融入正常工作流程的方法。后两步（观察和反思）则构成反思阶段，通过观察实践的结果，评估任务的完成情况，并深入分析原因，以制定改进实践的对策。这一不断迭代的过程有助于指导下一阶段的实践，从而不断提高工作效果。

（二）教育行动研究的三个核心特征

1995年，英国东盎格利亚大学教育应用研究中心的研究强调了教育行动研究的核心特点，其是通过三个关键文献总结出来的。这三本文献分别是斯腾豪斯的《课程开发与研究导论》、埃利奥特的《指向学校变革的行动研究》，以及卡尔和凯米斯合著的《走向批判——教育、知识与行动研究》。

上述文献中共同呈现出教育行动研究的三个核心特征，即"参与""改进"以及"系统"与"公开"。尽管不同的行动研究者可能对行动研究有不同的定义，但它们基本上都在这三个特征基础上进行解释和理解。

因此，对于行动研究的理解不能仅停留在之前提到的特点上。真正的行动研究必须同时具备这三个特征：首先，它是"教师研究"，强调参与，教师或从业者积极参与研究过程；其次，它是"实地研究"，强调改进，通过实际实践改善问题；最后，它是"科学研究"，采用系统方法，确保研究过程透明和公开，以促进知识的共享和学习。这三个特征构成了行动研究的核心本质。

1. 参与

"参与"是指行动研究中的积极参与和参与者的重要性。在大量教育行动研究中，教师的参与至关重要，这也催生了教育界的"教师成为研究者"的概念。凯米斯特别突出了"参与"这一概念，将其作为行动研究的核心目标之一，与"改进"并列。在这一概念中，强调了教师在研究的各个阶段（包括计划、执行、观察和反思）中都应积极参与，以确保他们的声音被充分听取。

教师的"参与"研究是行动研究的首要特征之一。这意味着教师从他们的教学实践中提炼研究课题，并在实际工作中进行研究。此过程通常涉及教师与专门研究人员的协作，以强调行动研究所推崇的"教师成为研究者"和教师成为"反思性实践者"的角色。这种研究方法的目标是确保研究成果能够被教育从业者理解、应用和推广，以解决实际问题并对社会行为产生积极影响。

使用行动研究的主要动机在于解决学校中实际存在的问题，而实现这一目标的关键是改变教师的态度和行为。最有效的方式是通过教师参与协作团队共同探讨问题和解决挑战。在同一所学校中，教师通常面临共同的问题，因此许多教师，甚至所有教师一起参与行动研究，形成了一种协作性的研究氛围，促进了团队成员之间的互动和知识分享。

行动研究建立在特定理论假设的基础上，其中之一是教师和管理人员具备解决自身发现问题的能力。这种方法认为，通过合作，教师和管理人员可以相互支持，共同解决问题，并推动各自的专业发展。由于行动研究与理论和实践之间的联系密切，因此它被普遍认为是将教育理论与实际操作紧密结合的理想方法，充当了理论和实践之间的桥梁。

行动研究方法实际上是一种真正的合作关系，其中从业者和支持者都意识到，虽然他们在责任和专业知识上可能存在差异，但他们在核心价值观上是一致的。所有参与者都被看作是平等的，他们通过挑战和实际行动不断改进自己的工作，并在互相批评和支持的环境中共同成长。这种互动模式对于教师的职业发展产生了深远的影响，推动了他们不断提高自身教育实践的质量。

2. 改进

行动研究旨在提高教育教学实践的质量，其核心目标是解决教育领域的实际问题，重点关注个体或团队的实际工作实践和改进。早期的行动研究，如勒温，将其视为实现"民主"教育的途径，强调解决人际关系中的不平等和偏见等问题。一旦行动研究引入教育领域，其主要应用领域是改进学校的课程和教学实践，这被柯瑞称为"改进学校实践"的研究。为凸显行动研究在改进教育实践方面的作用，柯瑞将其研究的核心思想直接命名为《以行动研究改进学校实践》。

随后，一系列研究者如埃利奥特发表了《指向学校变革的行动研究》，施瓦布（Schwab）则发表了《指向变革的实践性行动研究》等论著，这些作品都强调了行动研究的目的是推动学校变革，提高教育实践的质量，与柯瑞的主题紧密契合。

行动研究强调解决实际问题，尤其强调在教育领域中的"改进"，这个概念在后来演变为更富有深意的含义，包括"批判"元素。凯米斯于1985年将行动研究的目标界定为"改进"和"参与"，其中"改进"不仅意味着改善教师的教学行为，更深刻的意义在于改变教师对这些行为和相关制度的理解。

这种改变需要教师将以前根深蒂固的教育观念和信念放到怀疑的位置，

使其成为批判性思考的对象。教师必须审视自己的观念,同时对教育体系和规范进行深刻反思。这种批判性思考和反思的结果将推动行动研究朝向"批判的行动研究"方向发展。

尽管"批判的行动研究"被认为是 20 世纪 80 年代行动研究的新方向,但实际上,行动研究一开始就具有批判性的特质。这表明行动研究所追求的"改进"早就内在地包含了"批判"的元素。

然而,一个关键问题是,教师是否能够轻松地通过批判性思考改善他们的教学行为和观念。这并不是一个容易的任务,因为它要求教师放下旧有观念,接受新的思考方式,并面对矛盾和挑战。因此,尽管"批判的行动研究"是必要的,但实际上,它可能是一个具有挑战性的过程,需要时间和努力才能实现真正的改进。

行动研究常常需要触及并引发相关制度的变化。虽然有些教师进行行动研究看似是为了改善他们的教学方法和观念,但实际上,他们往往需要向校领导和教育行政部门呈报他们的研究成果。一旦这些成果需要制度性的变革和更新,往往会引发反对和保守的态度,这正是行动研究面临的重要挑战。

行动研究建立在实践的基础之上,为教育领域提供了有益的理论贡献。行动研究的成功取决于教师是否能够克服制度性的限制,从而推动他们的教学方法和教育观念的改进。此外,行动研究也需要进行理论性的探讨,以深入理解行动的过程和效果,这种理性思考对于持续改进至关重要。

3. 系统公开

行动研究着眼于解决实际情境中的具体问题,强调了现场研究的程序。这意味着研究过程中要灵活运用多种工具,例如问卷调查、访谈、记录日记以及深入个案研究等,时刻关注研究的每一个步骤。随着反馈的产生,需要作出相应的调整和变化,甚至重新审视所研究的问题,然后继续深入研究并公开研究成果。

斯腾豪斯是英国的课程研究专家,他在讨论行动研究特征时,不仅强调了教师成为研究者的角色,而且提出了一个关键性问题,即何为教育中的"研究"?他的回答是:"研究是一种有系统、持续、有计划且自我批判的探索活动，这种探索应该接受公众的批判审视。"或者简单地说，研究就是一种公开而系统的深入探讨。

"系统"在这里的含义实际上是强调行动研究需要采用的科学方法。其包括阅读相关文献，吸取他人的经验和知识，而不只是凭个人的主观看法解决问题。科学方法是行动研究的核心之一，它要求系统地收集和分析数据。正是这种系统性的数据收集和解释使行动研究与一般的随意性问题解决或经验总结区分开来。行动研究之所以具备"研究"的资格，是因为它遵循了一定的科学研究规范。

因此，行动研究者需要具备一定的理论视野和科学精神。当教师自身在理论准备方面不足时，外部研究者的介入成为必要，他们可以作为促进者参与行动研究，担任教师的"批判的朋友"角色，为教师提供基本的理论假设和研究方法。这也是为什么行动研究通常涉及外部研究者的原因。

维护行动研究的科学性是斯腾豪斯的一个重要观点。他特别提醒人们，行动研究作为一种研究方法，必须满足研究的基本要求。其包括研究的系统性和持续性，而不是零碎的或偶然的思考。虽然对于教师来说，过分强调系统性可能会带来挑战，但如果他们期望他们的行动研究是真实和有效的，那么系统性研究就是必不可少的。

另一个重点是行动研究的公开性和系统性。公开性意味着教师需要向公众传达他们的研究过程和成果，而不是私下做研究。斯腾豪斯认为，真正的研究应该具备公开发表的资格。他认为未经公开发表的研究难以得到公众的批评和改进，因为研究被视为一种共同体的活动，而未公开发表的研究对他人几乎没有帮助。

公开发表研究成果的价值在于它为批评提供了机会，这有助于改进研究。此外，公开传播研究成果也有助于促进知识的增长，人们可以借鉴他人的研究成果指导他们在特定领域的进一步研究。因此，行动研究的关键之一是确保研究得以公开发表，以便促进学术对话和知识的共享。

所以，只有确保研究活动能够公之于众，行动研究的成果才能迅速应用并融入公众讨论的一环。与其他研究方法的不同之处在于，行动研究不孤立地研究某个特定因素，也不脱离赋予这一因素意义的情境埃利奥特强调，如果行动研究想要成为一种有效的研究形式,参与者就必须以书面形式呈现他们的活动,并且这些书面报告应该以适当的方式公开发表,以便接受公众的批评。

换句话说,参与行动研究的教师需要把写作视为一项责任和权利,通过书面报告提升他们的反思水平。这不仅有助于确保研究的有效性,还会使研究成果能够为公众所理解、接受,并进一步促进学术的交流和讨论。

四、行动研究的类型和范围

(一)行动研究的类型

1. 根据研究的焦点和方法分类

(1)科学验证型行动研究。

在这种类型的研究中,行动者采用科学方法,如测量和统计分析,验证假设和理论,以解决实际实践中的问题。这可以包括小规模的试验研究或大规模的验证性调查。

(2)实际问题解决型行动研究。

这一类型的研究着重于解决实际实践中的问题,不仅使用科学研究方法,而且包括参与者个人资料,如日记、录音和照片等。研究的目的是解决实际问题,而非仅建立理论。

(3)批判性自我反思型行动研究。

这种类型的研究强调通过批判性理论和自我反思引发行动和改变。实践者在研究中追求自由、自主和解放,以提高实践的质量和意义。

2. 根据参与行动研究的主体以及主体之间的关系进行模式分类

(1)合作模式

在这种模式下,专家与实际工作者共同合作,共同投入研究。专家和实际工作者协同努力,共同制订研究计划和执行实践行动。

(2)支持模式

这一模式中,专家充当咨询者的角色,为实际工作者提供支持和建议。专家的作用主要是帮助实际工作者形成理论假设、规划实际行动,并提供评价。研究的动力源于实际工作者自身,他们自主选择研究问题和决策行动方案。

(3) 独立模式

在这一模式中,实际工作者独立进行研究,无需专家的协助。他们通过批判性思维深入思考自己的研究,采取相应行动改善和转变实际情境。这种模式强调实际工作者的自主性和自我反思的重要性。

3. 根据参与者对自己行动的反思分类

(1) 行动中认识

实际从事某项工作或活动的人,可能并不清楚他们所拥有的实际经验和知识,也无法用明确的语言表达出来。他们的知识是内隐的,这意味着他们在实践中积累的知识不一定能够被清晰地描述出来。例如,在某个领域中的专家通常比新手更能够在行动中精确运用相关术语,因为他们将他们的实践知识内隐地融入了行动之中。这种方式是对实践者例行式行动进行的研究,通过观察和反思了解其无法清楚地用语言表达的内隐知识。

(2) 行动中反思

这种方式强调了目标和手段之间相互关联的构建。参与者会根据他们在实际行动中的需求,实时地反思并调整他们的行为。这种反思是与实际工作情境直接相关的,不需要依赖书面语言或外部交流。它涉及将思考过程紧密融入行动中,以便更好地理解和探索事物。

(3) 对行动的反思

在这种方式中,参与者将自己的行动从实际情境中分离出来,以明确的语言构建知识和理解。这种反思过程有助于参与者更深入地分析自己的行动,并有助于规划变革。将内隐知识明确化,尤其是通过口头表达,可以提高知识的可传达性,使其更容易分享和传授。

(二) 行动研究的范围

行动研究的范围通常包括以下三个方面:

其一,本体论。本体论关注了我们对自身、世界和现象的看法,以及我们的基本信仰和哲学观点。

其二，认识论。认识论涉及我们如何理解知识，包括我们如何获得、组织和应用知识的方式。

其三，方法论。方法论涉及我们如何进行研究和行动，包括采取哪些方法、技术和策略解决问题或实现目标。

行动研究中，接受他人的批评被视为一项职责，这反映了本体论的一种观点。行动研究者应当不断审视自己的实践，这意味着坚持对自己的行为进行坦诚的批判，以识别哪些行为是有益和有建设性的，同时也要了解需要关注和改进的方面。这涉及一种理念，将个体的学习和行为与社会利益相结合。

从认识论的角度看，行动研究涉及人们如何理解知识，以及他们如何理解他们所进行的研究过程。传统的科学研究常将知识视为独立的实体，就像存放在图书馆的书籍一样，这种观点强调了知识与实践之间的分离。但是，在行动研究中，知识更多地被视为一种活动和过程，它是与实际行动和社会环境相互交织的。这种观点强调了知识的实际运用和对社会的影响，与传统科学探究的观点有所不同。

在行动研究中，知识被视为一项不断演化的活动，而不是静态的或完全的实体。这种观点认为人们可以通过他们的日常生活和学习经验构建知识，而知识的生成是一个不断发展的过程。知识的本质是动态的，它会随着时间和经验的积累而演变，不断产生新的理解和认知。

在这一观点下，现实被看作是一个不断进化的过程，充满了令人惊讶和无法预测的因素。因此，没有永恒的答案，因为答案本身会随着时间和情境的变化而失去意义，而新的问题会不断涌现。行动研究者常常提出问题，如"我不知道未来会发生什么……"这表明他们的关注点在于不断挑战既有知识，而不是固守旧有观念。

学习被看作是从经验中获得的知识，包括对实践的反思。这种学习过程涉及审视自己的行为，判断它们是否与个人价值观相符，然后根据反思的结果决定未来的行动。如果实践被认为是有益的，行动研究者会思考如何进一步发展不确定的未来。如果实践被视为不够理想，那么他们会考虑如何改进和提高。

行动研究的目标是不断提高自己和他人的学习和生活质量。它的核心关注点是如何改进当前的实践，以更好地为他人服务。这是一个不断反思、提出新问题、挑战既有知识的过程，以实现个体和社会的共同利益。

这观点不仅适用于个人行动研究者，而且适用于所有从事行动研究的人。它突破了传统的"被动接受指令"的方式，没有人规定你必须按照特定方式行事。相反，它强调了双向互惠的伙伴关系，鼓励每个人都提出问题："我应该如何改进我当前的做法？"这种思考方式赋予每个人责任，不仅对自己的生活和行动，而且对社会作出积极贡献。

有人认为在社会和专业环境中，一些固有的方式使生活和工作变得困难，这些方式得到了那些满足于现状的人的支持。在这种社会结构下，这些模式似乎不可改变，因此个人往往选择保持沉默或不愿质疑。但是，行动研究者提出反驳，他们认为这并非不可改变的宿命。首先，我们必须相信可以改变现状，否则就没有必要努力寻求提高生活质量的各种途径，如医学研究、探索和冒险等。只有怀抱希望，我们才能够将一些愿望变成现实。

总的来说，这一观点强调了自主性、责任感和信念的重要性。它鼓励人们主动反思自己的行动，挑战现有的局限，以创造更好的未来，既是对个体的提升，也是为社会的进步作贡献。

教育研究的实践性取得了广泛应用，特别是对于那些从事问题导向的行动研究的学者而言。在这个过程中，人类社会需要建立共同的信仰，以便在共同的原则和利益之下实现一定程度的凝聚和共识。

虽然我们不可能在一切问题上完全一致，分歧是不可避免的。但是，我们可以通过对话和谈判解决这些分歧，更好地理解自己和他人。通过个体的长期努力，行动研究作为一种特殊形式的教育研究，可以帮助我们改善教育领域所面临的问题。这种方法将实践与研究相结合，验证了行动研究作为一门无私的科学的可行性。

五、行动研究与传统研究的区别

习惯上，我们常将"行动"和"研究"视作两个截然不同的领域。前者侧重于实践者、从业人员的实际操作活动，而后者则主要涉及受过专业培训的专家、学者、研究员的学术性探索工作。它们在理论基础和行为目的上各有侧重，看似并无密切联系。

传统上，教育研究和教育理论主流趋向于实证主义，强调将"基础研究"作为教育基石的传统学科，如心理学、历史学、社会学、哲学等。这种观点认为理论和基础研究能够有效解决实践中的问题并提供指导方向。在基础教育领域，实践者在研究过程中遇到难以解决的问题时，往往会寻求外部专业研究人员的帮助。但是，尽管外部专家能够熟练运用社会科学的语言和方法提供解答，但在解决教学实践中的问题方面，仍然存在一定的距离感。对于教育实践者来说，这些答案往往只是在表面上解决问题，无法根本解决。因此，人们开始重新关注教师自身，以寻找解决问题的途径。

相对于传统的教育研究，行动研究确实具有显著差异。教育研究方法论专家高尔（Gall）在《教育研究方法导论》中总结了10个关于行动研究、正规教育研究和随意性问题解决法之间的差异。后来，他在《应用教育研究：教师实用指南》中将行动研究与传统研究的差异调整为9个。

但是，值得注意的是，高尔等人一直对正规研究与行动研究的差异持有一种较为复杂的看法。1963年他在书中说，虽然行动研究相对于"正规研究"显得不太强调"控制性"和"精确性"，但相较于"随意性问题解决法"，行动研究却表现出更强的"科学性"和"精确性"。

当后来的研究者引用高尔的资料时，他们通常只关注"正规教育研究与行动研究的差异"，而忽略了与"随意性问题解决法"的比较。这种选择性引用有时会误导人认为行动研究缺乏"精确性"或"科学性"，但是实际情况并非如此。行动研究在特定背景下强调实践和解决问题，因此其方法和目标与传统研究有所不同，但并不意味着它不具备科学性或精确性。这些差异反映了不同研究方法的定位和重点。

教育领域的实践者最适合深入研究他们在日常实践中所面临的具体问题。这是因为教育理论虽然有其重要性，但有时难以直接解决实际教育领域的具体问题。随着人们对教学实践的关注增加，人们逐渐认识到教师作为亲历教育实践的主体，他们具备了研究自身实践的独特资格和能力。这种自我研究的过程不仅能够改善教学实践，而且有助于提高教师的专业技能和知识。

因此，教师应被看作教育和研究过程的积极参与者，他们不仅可以识别问题和挑战，而且能积极寻找解决方案，而不只是被动的观察者或局外人。这一理念在行动研究中得到了特别强调，从最初的"教师即研究者"，逐渐演化为"教师是行动研究者"，再到"教师是解放的行动研究者"。这一演变过程突显了强调实践者积极参与研究，主动解决问题的教育方法。

受人类学研究方法启发，教育和教学被看作是在特定社会背景下发生的人际交流和情感互动的复杂活动。这种领域涉及的因素极为复杂，其中包括个体高度主观的情感和思想因素。与自然科学不同，教育研究难以通过中立的立场和对变量的控制实现绝对客观性。按照人类学的观点，研究人的行为现象时，不能提前设定理论框架，也不能强行将某种理论套用于研究。相反，研究者需要从事实和现象中自然地寻求理解，考虑到研究对象的情感、思维和价值观，并以当事人的视角审视问题。因此，实际参与其中的人最适合成为研究者，因为他们能够最好地理解和体验自身经历，也能够自然地融入研究环境。与此相反，外部观察者难以达到这种深入了解的程度。外部研究者的介入有时可能扰乱参与者的自然状态，影响实践活动的真实性。

传统的研究方法中，研究者和参与者之间通常存在某种权力关系。这种微妙的关系可能会影响参与者的自信心，使他们难以坦诚地表达自己。在这种情况下，教育研究很难得到真实的支持者，同时参与者也自己难以积极地寻求问题的解决方案。传统研究通常有明确的学术目的，所产生的理论往往可以被应用于实践中，即理论被视为指导实践的工具。在这种方法中，研究对象的变量通常是可以被操控的，在一定的控制范围内进行研究。而行动研究则更注重通过实践活动产生新的理论，进而指导具体的实践做法。

行动研究的方法强调了实践者的主动参与，促使他们成为解决问题的主体，从而提高了研究的质量和实践的有效性。

传统研究通常采用经典的科学方法，通过定量数据和因果关系的分析验证知识的合理性。这种研究方法注重客观性，旨在建立普遍适用的规律，被认为是科学研究的良好实践。与此不同，行动研究是一种独特的研究方法，强调个体实践和自我反思，以解决特定问题和改进实际工作。行动研究者通常从自己的经验出发，以了解问题，并采取措施改善自己的实践。

行动研究有其独特的身份和方法论，旨在确认自我标准和判断标准。它将理论和实践相结合，注重自我反思，并将实际行动与研究相融合。传统研究通常是研究其他人的问题，而行动研究是自我调查，研究者探索和解决自己面临的问题。这使行动研究成为一种自我导向的研究方法，着重于实践者对自己生活和工作的思考，以理解他们的动机和决策背后的原因。

（一）行动研究和传统研究的不同

1. 研究主体

传统研究通常由独立的研究人员或团队执行，研究其他人的行为和现象。在行动研究中，研究者是实践者自己，他们研究自己的实践，并尝试改进。

2. 研究场所

传统研究可以在各种场所进行，通常强调实验室和控制条件。行动研究更注重实际的工作场所和实践环境，关注日常生活和工作中的问题。

3. 研究手段

传统研究侧重于数据收集和分析，包括定量方法和实验设计。行动研究使用多种数据收集方法，包括定性研究、自我观察、反思日志等，强调深入理解实践问题。

4. 研究目的

传统研究旨在推导普遍规律和一般性结论。行动研究的目的是解决实际问题，改善个体或组织的实践，以满足具体需求。

总之，行动研究强调个体实践和自我反思，旨在改善实际工作，而传统研究更注重一般性知识和科学原则的建立。这两种方法在研究目的、方法和研究者的身份上存在显著差异。

（二）行动研究的重要方面

行动研究是一项有着独特特点和方法的研究方式。以下是关于行动研究的重要方面的另一种表述。

1. 研究者身份

行动研究可以由各种与教育相关的专业人士进行，包括一线教师、教育专家、学者等。这意味着不仅专业研究者可以从事行动研究，而且可以由实际教育工作者进行。

2. 研究场所

行动研究通常在学校或课堂情境中进行，这些环境使研究者能够有效地控制各种变量。这有助于确保研究结果的可靠性，并允许直接观察和干预教育实践。

3. 研究方法

行动研究采用了多种方法，包括质性方法，以深入描述和理解教育事件；同时也使用了量化方法，以揭示不同变量之间的因果关系。这种综合方法有助于更全面地掌握教育问题。

4. 研究目的

行动研究的主要目的之一是理解特定情境下的教育实践，以改进和提升实践的质量。同时，它还有助于推动教育领域的创新，提出可推广的理论和观点。研究者还有机会将他们的研究成果出版为学术论著，分享他们的见解和发现。

5. 弹性和适应性

行动研究具有灵活性，适用于不同的教育背景，特别是学校和课堂情境。这种方法的灵活性允许研究者根据实际需要进行调整和改进，并在现场的实验和革新中展现出其强大之处。

6. 实证性

行动研究以观察和行为数据为依据，这使其成为一种具有实证性的研究方法。通过数据的收集、记录、讨论和评估，研究者可以更好地了解问题并采取有针对性的行动。这与主观或印象主义方法相比，更有助于建立可靠的知识。

问题源自实践：行动研究的问题通常源自教育实践者的日常工作经验和感受。因此，研究者需要广泛搜集信息、发现问题，并深入研究这些问题。这使研究更加贴近实际工作，并可根据实际需求进行调整，不一定需要具有广泛的代表性。

传统的研究方法通常要求研究者控制教学环境,以便操纵各种变量,但实际的教学活动往往具有其独特的进度和方式,难以轻易干预。此外,传统研究的结果往往能够建立教育理论的理论框架,但却很难为教育改革提供具体的实用建议。许多专业研究者依赖于间接的数据来源,其主要目标是发表学术论文或专著。即使他们与学校有联系,但他们在实践中通常充当旁观者的角色,进行的是"关于教育的研究",而不是"为了教育的研究"。

传统研究的特点包括研究主体通常是理论研究者,而不是实际从事教育工作的人。其研究的主要目的是描述和解释教育现象,而不是直接改进教育实践。传统研究方法通常与教育实践相对独立,研究者往往扮演旁观者的角色,因此研究成果可能不容易为广大教师所理解、应用和接受,因此其实际影响有限。这一情况不仅影响了研究对实践的指导作用,还可能制约教育理论的进一步发展。

与传统研究方法不同,行动研究更注重在实际教育场景中进行研究,通常采用合作的方式。行动研究的特点之一是它通常不会对个体或集体施加强制性的干预,而是监督研究过程。行动研究的成果通常更容易与他人共享,不会对他人构成威胁。因此,行动研究因其与实际教育实践的密切结合而受到广泛欢迎。

第二节 行动研究对教师专业化的意义

一、行动研究有助于教育信念的形成与发展

教师行动研究对于个人和专业发展至关重要。我国的高校英语教师多数教育背景是英语语言和文学专业,但他们在面对新课程的需求时,常常发现自己的知识结构有限。此外,高校英语教师常常面临教学工作的高压和焦虑,需要承受超负荷的教学工作,同时缺乏足够的认可。他们也必须迎接高校英语教学改革和专业发展的挑战。因此,相关部门需要密切关注高校英语教师的处境,提出相应的策略,以减轻他们的压力和焦虑。

近年来,在我国的外语教学研讨会上,人们已开始讨论高校英语教师在高等教育中的地位、资格,高校英语教师在职教育和评估政策,以及他们的社会经济状况等问题。这表明人们对于解决高校英语教师所面临的挑战和问题有了更多的关注和讨论。

(一)高校英语教师普遍面临的问题

一方面,教师反映他们的学生在英语能力方面存在不足,尤其是在书面学术英文写作方面遇到了困难;另一方面,教师欣赏学生的积极品质,包括独立思考能力和积极进取的精神。但是,教师并没有提供针对教学与学习问题的具体解决方案。换句话说,由于缺乏面对面的学生互动和合作,以及真实的学术写作和教学环境,教师在这方面面临挑战。总体而言,大多数高校英语教师具有丰富的经验,但仍处于学习的阶段,他们普遍面临以下问题。

第一,高校英语教师在教学中存在两个主要问题。一是他们通常不太清楚自己的确切角色以及学生的真正需求,导致教学缺乏明确的指导,往往呈现出一种被动接受式的教育,学生更多地依赖教师。二是他们倾向于过于强调学习的最终结果,而忽视了学习的过程。这导致他们花费大量时间在纠正表面错误上,而忽略了不同专业水平学生之间的差异。

第二,在当今快速发展的世界中,教育界面临着各种挑战,包括资源短

缺、部分教师未受过专业培训、监管问题以及庞大的班级规模等。有经验的教育专家强调，我们需要采取更长期的视角，建立全面且人性化的高校英语教师教育体系，这应成为教师培训的重要组成部分。

第三，针对高校英语教师教育，我们可以看到教育观念的一些关键变革。首先，教育重点从短期培训逐渐转向了继续教育和教师专业发展。其次，强调了教师的研究和关注教师教学实践的重要性。最后，强调了教师作为教育变革的媒介，他们在培养学生方面扮演着关键的角色，这需要更多的支持和认可。

(二) 教育变革的变化特征

第一个变化是从短期培训迁移到了持续的教师专业发展。根据兰格（Lange）的观点，这一教师发展的整体框架必须紧密与21世纪的教育特点相结合，其包括教师将成为"知识型"的，适应高度动态和流动性的环境，以及以人为中心的教学方法。这三个方面对于教师的专业成长具有重要的影响，因此需要特别关注。

他鼓励教师要有勇气承认自身的需求，敞开心扉，积极探讨问题，并追求平衡。他认为，通过积极面对焦虑和压力，教师可以更富活力地解决问题。最终，成功教师的关键特质之一是不断学习，无论是从生活还是从教学中，他们都具备解决问题的能力。

兰格强调了教师的角色不只是传授知识，更应该是教育的推动者，鼓励教师在他们的专业发展计划中融入终身学习的理念。他认为，教学的成功与实践、冒险、自主性和灵活性密切相关，因此教师应该鼓励学生积极尝试、验证、创新和创造，同时对学生的学习负有责任。

此外，他提出了以专业领域为基础的教师发展模式，强调采用问题为本、经验共享、发展、批判和开放式的教学方法。这一方法有助于建立一种相互尊重和理解的学习伙伴关系，使每个人都积极参与个人和集体的学习，从而更好地满足学生的需求。

第二个变化是对教师研究的强调。在探讨语言教师教育的现状和问题时，我们意识到对于教育的共同利益，教师研究的分析和评价是相互依存的。最终，我们强调了在当今教育变革中，教师应及时调整自己的角色，无论是在宏观层面上提出系统性建议，还是在微观层面上提升教学实践能力，只要教师能够适应角色转变，这将有助于提升他们的教学效果。这也意味着，教师需要具备足够的灵活性，以实现有效的创新。

回顾20世纪70—80年代，西方国家就教师教育展开了广泛辩论。哈钦森和沃特斯（Hutchinson & Waters）合著的《特殊用途英语》出版物中提到以学习为核心，将教师看作是专业用途英语（ESP）学习者的观点。ESP教师需要调整自己以适应相对陌生的新环境。关于这一调整，他们建议ESP教师可以从通用英语（EGP）教师转变为ESP教师。在这个过程中，关注两个关键点：①教师需要了解新的知识领域；②教师需要提升自己的层次。后者，哈钦森和沃特斯提到ESP教师必须具备成为有效教育者的能力。

为了满足高校英语教育在学术和专业领域的需求，吴一安提出了一系列建议，这些建议涵盖了教师培训、课程设计和教学方法。这些建议还包括涉及教学研究的其他方面，强调了以下三个核心领域的重要性：高校英语教师在职培训、英语教学科研设施和探索的发展，以及本科层次专业教师在职教育。这一系列建议与中国高等教育体系中的高校英语的作用、教育设施现状、高校英语教师的历史背景以及学生和课程状况相一致。

通过行动研究，教师能够对自己的教育教学实践进行深刻反思。他们将自己的行为客观地置于观察之下，批判性地审视自己在教育教学方面的信念、教学方法的应用，通过行动研究不断探索，以获得对教育教学更准确的理解。这不仅有助于促进教育教学质量的提升，而且有助于教师个人的发展和专业自主性的解放。更为重要的是，通过不断进行研究，教师逐渐将自己融入教育过程中，摒弃以往的被动态度，展现出一种积极主动的精神，将教育视为一项无穷无尽的事业。只有在积极融入教育并结合理性思考的过程中，教师才能充分发挥出创造力。

二、行动研究可推动对自身实践的研究

行动研究是一种有助于人们学习和改进的方法。它强调与他人互动的重要性，着重于建立更有益的教育关系。正如美国著名教育家和心理学家杜威

在1993年所言，教育的目标是不断进一步的教育，也就是说，教育是一个永不停止的成长过程，旨在持续提升个体。坚持进行教育研究与学习具有深刻的教育意义。

当人们采用行动研究时，他们的主要目标是改进自己的工作，因为工作通常需要与他人协作。这意味着人们需要不断改进彼此之间的理解，以更好地协同生活和工作。在这个过程中，所有参与者都有机会成长和发展。行动研究通常被定义为提高个人理解，以改善社会问题。这意味着要提高个体和集体之间的关系，进而推动教育过程的改善。与某些基于经验主义的预测和控制理论不同，行动研究强调教育是一种共同成长的过程，而不是一个经验丰富的人告诉另一个人如何做事的过程。

教师应当积极地进行科学性的研究，以调查和改进自己的实践。通过采用行动研究，教师可以不断提升教育与实践的质量，寻找推动先进思维水平的方法。这一过程有助于促进个体和社会的共同成长，从而实现教育的真正意义。

行动研究鼓励教师主动观察、描述和解释自己的学习和教育实践。通过这一过程，他们能够发现实践中的问题和不足，并采取措施改进自己的教学方法。这种方法具有很强的系统性和组织性，因为它要求教师深入思考自己的教育实践，将其理论化，从而对社会秩序产生积极影响。

那么，教师如何能够认识和发挥自己的潜力，以从实践中获取知识并提高自己的教学水平？这需要一种新的理性认知，鼓励教师积极发展他们的能力和信心，同时分析和理解自己教育实践中的不足之处。实现这一目标需要学校管理者提供支持，同时也需要教师自己认识到他们的潜力，并积极发挥个体优势。这个过程中的研究必须由教师自己进行，因为他们拥有塑造自己潜力的决定权，并可以通过集体的合作力量实现这一目标。

行动研究有助于推动教师自身实践的深入研究，尤其是培养他们的反思和反省能力。这使教师能够审视未经验证的理论，深入理解学校和教学环境的复杂性，并最终提高教育质量，促进专业成长。

第一，行动研究的知识观是民主的，它将教师置于知识的制造者的位置，每个人都有资格创造知识，决定研究的主题和过程，确保研究的透明性，鼓励每个参与者贡献自己的观点和见解。

第二，行动研究强调合作，注重每个人的实际经验以及对实际情境的影响，促使教师思考自己与其他教师以及整个教育专业之间的关系。这有助于打破个人主义和孤立思维的限制，进一步深化理论和实践之间的联系，使课程和教学问题融入日常工作中，使教师能够从实践中汲取启发，将自身知识作为分析的对象。

第三，行动研究具有暂时性、连续性和循环性的特点，它是构建教师专业知识的关键过程。这意味着它可以灵活地应对问题，不断迭代和改进研究方法，使研究与实践之间保持密切联系，确保持续的学习和发展。

在行动研究中，研究者常常会面临内外矛盾，例如他们可能发现自己实际行动与理想行动之间存在不一致，这可能引发对自身意图和行为的质疑。在这种情况下，教师应该鼓励开放性的对话，将教学与研究视为一个不断讨论、交流、辩论的过程。

行动研究的价值在于帮助教师质疑那些过去被默认接受的观念和假设。它使教师能够更全面地了解学校教育，从多个角度，包括教学、政治、社会和伦理等层面发展自己的意识。此外，它还有助于教师将自己置于整体教育环境中，进一步采取行动解决问题。

凯米斯明确强调，行动研究的目标是建立一个批判性的社区，使教师能够系统性地审视和反思自己的行动，并不断改进和提高。这种研究方法被视为一种解放的行动，旨在批判性地审视构成教育实践的各种因素，包括社会和历史背景，同时也促使教师与其他实际工作者和研究者共同协作，以共同应对不公平和不合理的教育形式。行动研究者需要深入探究自己的实践，理解具体情境，这些实践和情境将成为反思的主体和客体，从中汲取启发，以找到改进工作的最佳途径。

从机构层面来看，教师应该关注两个关键领域的变化：教师自身的发展和课堂教学。传统的在职培训可以帮助教师提升教学技能，但通常无法提供足够深入的分析和理解，以应对日常问题。因此，教师需要通过实际实践促进自身的专业发展，扮演更具资格的教师角色，并积极投身行动研究，以提高自己的专业水平。有时候，教育理论知识可能无法直接应用于实际教学中，但教师应该深入了解学生的需求、期望、动机、问题和担忧，以更好地满足他们的教育需求。

三、行动研究可提高教学和科研能力

行动研究是实际工作者以解决实际问题和改善工作为目的进行的研究活动。对于教师来说，通过研究自身的教学环境，他们不仅能解决实际的课堂挑战，而且能够从研究过程中获得宝贵的经验和见解。埃利奥特提出，课程的概念和模式的有效性并不完全依赖于科学验证，课程理论是通过实际实践中的验证而产生的。因此，教师的专业发展与课程的发展密切相关，二者相辅相成。

为了促进自主性的行动研究，教师需要更深入地学习相关理论知识，并将其融入实践中。教师的自主学习与理论学习的结合，有助于更好地实施行动研究，尤其是在课程和课堂创新方面。对于外语教师而言，他们需要以这种理论支持为基础展开行动研究，因为这不仅是应对专业英语教学挑战的需要，也是为了推动自身专业化发展的迫切要求。

另外，科研素养、知识水平和研究技能是所有专业领域从业者共同具备的特质。在提升教师的专业素养时，重视培养其研究能力至关重要。教师的研究能力首先体现在他们对自身的教学实践以及周围的教育现象有着高度的反思和洞察能力。他们能够敏锐地发现问题，理解新现象的内涵，并不断改进自己的工作，形成有理论依据的见解。这正是行动研究对于教师所提出的要求。

教师的研究工作是与他们的日常实践密切结合的，因此研究技能也成为实现高质量教育的必要条件。鼓励教师积极参与教育行动研究对于这一点尤为关键。通过参与行动研究，教师不再只是知识的传授者，而是变身为研究者，积极推进教育改革和教育创新。这使他们对教学产生更为挑剔的洞察，导致他们重新审视教学方法、态度和行为方式，从而对实际教育情境有了全新的理解，也使他们更深入地认识到教学活动的本质。

在实际教育实践中，有些教师虽然已经工作多年，但却一直在不断地重复着相似的教学活动，并没有对教育教学方法做出实质性的改进。这主要是

因为他们只是单纯地执行教学任务，而没有将自己视为教学的研究者。行动研究正是为了解决这一问题而产生的。行动研究是一种集体性的研究活动，其价值在于帮助教师获取可应用性知识，培养更加合理的教育观念和态度，从实践经验中吸取教训，将研究成果与实际教育现象相结合，以满足现代社会对教育的不断变化的需求。

四、行动研究可满足专业能力发展的要求

教师的个人成长与专业发展是相互关联的，这涉及理论知识和专业技能的双重学习。教师的职业发展和个人成长过程本质上是自发的，自我引导的，以及需要不断进行自我评价的。

个人成长是一个自发的过程。在任何学习活动中，培养个体的意识都被视为至关重要的第一步，而教师行动研究已被证明是提高和建立个体自我意识的一种高效策略。美国学者利奥·范·利尔（Leo van Lier）强调，意识是学习的起点，是一个人学习过程中的基本原则。意识可以分为两个层面：认知层面和价值观层面。认知层面包括注意力集中和感知，而价值观层面则包括对自己在做什么以及为何这样做有清晰的认识。这将促使个体更自觉地参与学习并进行反思。奥·范·利尔解释说，如果一个人没有足够的意识，就无法有效地学习新知识，因为个体的意识与其过去的经验紧密相连。

斯腾豪斯提出了教师行动研究在个体发展中的潜力，强调了三个主要方面的意识：概念和态度的认知，学习者的认知，以及相关发展的认知。个体的概念知识和信仰构建了其思维模式和行为方式，这在行动研究中尤为重要。当一位教师开始进行行动研究时，他已经具备了自己的概念框架和价值观，这是通过早期的学习和教育经验所形成的。在某些情况下，这种自我认知和行动研究能够更加有效地推动个体的发展。

安德希尔（Underhill）提出了自我意识的三种类型，即表现意识、潜在意识和发展意识。

第一个问题涉及如何更好地理解我们对学习者、同事和我们自己的"当前行为和态度"。这是为了减少我们所期望的行为与我们实际行为之间的"差距"。

第二个问题涉及如何发展更多的潜在选择。这意味着我们努力探索和开发未来可能的行为和态度选项。

第三个问题是关注我们如何在实践中作出更高质量的选择。通过循环反思，我们可以改进我们在高校英语教育领域中的思维、态度和行为，使其更加有效和有益。

安德希尔提到了两种问题类型，即"高产出"和"低产出"。高产出问题是那些涉及挑战当前信念和态度的问题，这是有风险的，因为它们要求我们质疑自己的现状。低产出问题则是那些不挑战我们现有状况的问题，它们风险较低。安德希尔的观点强调，行动是内在意识和自我激励的源泉，它们对于个人和专业的发展至关重要。

研究发现，与那些不进行行动研究的教师相比，参与行动研究的教师在提高自我意识方面更为成功，这对于他们个人的职业发展会产生积极影响。以高校英语教师为例，他们通过行动研究能够改善自己的分析能力，提高自我发展意识。通过强调反思和自我评价的研究，他们逐渐培养出更为坚定的个人职业价值观，并通过自我评估和认知不断提高自身的专业水平。此外，研究还表明，采用反馈策略可以增强教师的自我意识，这有助于建立教师的自信心。根据麦克尼夫的观点，教师的行动研究有助于培养他们的"自我满足感"，提高对自己职业发展的满意度。

安德希尔的研究强调了教师反思在自我成长和专业发展中的重要性。他认为反思包括两个关键来源，即个体教师的自我观察和从研究小组或同事那里获得的反馈。后者需要建立在信任、诚实和尊重的基础上，以创造一个积极的心理气氛，有助于教师的成长。这种氛围通过关心、理解和信任的人际关系促进，帮助教师感到更加安全，鼓励他们坦诚地面对自己和他人，减少虚伪。此外，它还使教师愿意支持他人的发展，形成共同的承诺。

安德希尔的"心理气候"理论有助于激发教师发掘自身潜力和提高自信心。这一理论在教师行动研究中已被证明是非常有效的，因为行动研究侧重于个别教师的教学方式，其激发了他们的兴趣，挖掘了他们的潜力，提高了学习质量。更重要的是，教师在这一过程中亲自参与，因此更有动力和意愿进行深入的探索，从而具有更高的实际价值。

行动研究强调了教师作为教学领域的研究者，旨在提升其专业能力、促进个人和专业发展，以及加深他们对教学和学习的理解。它将教师的基本知识作为出发点，关注教师在课堂中的兴趣和关注点，以解决教师和学生的实际问题。这一方法整合了课堂中微妙的细节，将其与研究联系起来。行动研究专注于教师在日常课堂工作中的实际实践，通过合作、观察、记录和分析，提高教师的批判性思维，缩小理论与实践之间的鸿沟，为教师提供更多关于教室内实际发生和原因的信息，以帮助教师更好地理解教与学的过程。

　　教师的个人发展与专业成长密不可分，而行动研究被证明是一种对教师学习和发展非常有影响力的方法。研究显示，教师参与行动研究不仅能够拓展他们的理论知识和实践技能，而且能够显著影响他们的态度和课堂行为。实际上，积极参与行动研究与被动观望的教师表现出截然不同的特征。

　　教师参与行动研究有助于他们深化自己的教学理念和实践方法。通过行动研究，教师能够系统地观察和分析教学过程，了解自己的教学策略对学生发展的影响。麦克尼夫指出，行动研究不仅能够改变教师的态度，增强他们的自信心，而且能够培养教师从多角度思考和解决问题的能力。特别是，教师通过数据收集能够更好地了解教学的实际效果，从而作出更明智的教学决策。

　　行动研究的影响不仅限于个体教师，还波及整个学校。教师通过行动研究不仅能够发展个人潜能，而且能够与同事分享研究的过程和成果。他们可以通过参加研讨会、专题讨论会，以及撰写简报、发表刊物、交流电子邮件等方式，展开真正意义上的合作研究。这种交流与合作激发了教师追求卓越、寻找更好教学方法的动力。同时，在个人层面上，教师致力于改进自身的教学方法，追求成为更好的教育者；而在集体层面上，他们学会了有意识地与同事分享知识，促进了团队的合作和共识达成。教师能够更加自信地提出自己的见解，促使持续的专业发展。

　　综上所述，行动研究不仅是一种提升教师专业水平的途径，也是推动整个学校教育质量提升的重要工具。通过深入参与行动研究，教师能够不断丰富自己的教学知识，提高教学质量，为学生提供更优质的教育服务。

第三节　高校英语行动研究的研究方法

一、问卷

调查问卷在行动研究中扮演了重要的角色，用来获取那些不容易通过直接观察获得的信息。它们也常常用于各种研究目的，包括了解人们的信仰、态度、动机、成就和经历。此外，在行动研究中，问卷调查可以用来追踪趋势和趋势的证据。

在行动研究的早期阶段，常常使用以下类型的问卷。

预测试问卷：这些问卷用来调查教师的具体信仰、态度和创新，以确定它们是否会对教师的信仰和态度产生影响。

问卷调查报告：这些问卷用于评估研究的相关性和适用性程度。

兴趣问卷：这些问卷用于发现项目的参与者（可以是合作或个体）在哪些领域具有最大的兴趣和潜力贡献。

问卷调查的主要优点在于其方法简便，能够节省时间，而且数据整理和统计相对容易。问卷提供了有用的信息，但需要小心操作，因为滥用问卷可能导致不准确的结果。问卷也可以提供详细的数据，以帮助确定特定实践是否具有实际价值。但是，问卷调查的一个限制是，往往无法确保所有发放的问卷都能被回收，这可能会影响数据的代表性。

（一）问卷类型

问卷调查法是一种收集研究材料的方式，也被称为书面调查或填表法。它通过向被调查者发放简洁明了的调查表格，让他们填写对特定问题的意见和建议，以间接收集信息。问卷调查的形式通常分为开放式、封闭式和混合式三种。

1. 开放式

开放式问卷也被称为自由回答问卷，其中包含那些不要求被调查者按照特定结构或选项回答的问题。这种问卷的主要特点是它允许受试者自由表达他们的看法，而不受限于事先定义好的回答选项或结构。开放式问卷一般不被单独使用，而是与封闭式问卷结合使用，特别是在需要深入了解某些问题或主题时。

开放式问卷的优点在于它提供了广泛而深入的资料，允许研究者探索受试者的个人观点和意见。这种问卷也有助于获取特定调查对象的特殊见解，同时可以提供有关研究的附加信息，用于验证和丰富其他数据来源。有时，通过分析开放式问卷的回答，研究者还可以提出新的研究问题，进一步深入调查，从而促进研究者与受试者之间的互动和交流，使研究更具深度。

劣势包括不适合那些受试者的问卷，他们可能文化水平有限，难以用文字表达自己的观点，又因为开放式问卷的回答不受预定选项的限制，所以难以进行简单的统计分析。

2. 封闭式问卷

封闭式问卷，也被称为结构型问卷，是把问题的答案事先加以限制。这种问卷的特点是问题被设置和排列成结构化的形式，提供了一组有限的答案选项供受试者选择。

优点是提供了有限的答案选项，封闭式问卷适用于各种不同背景和阶层的受试者，而且容易进行量化和数据统计处理，因此它被广泛使用。

不过，封闭式问卷的缺点在于，由于答案选项受限，难以探索和发现特殊的问题，也难以获取深入和详细的资料。

3. 混合式

混合式问卷通常以封闭式问题为主体，然后会附加一两个开放式问题。

（二）问卷组成

一个正式的调查问卷通常包括三个主要部分。一是问候和填写说明，这一部分通过亲切的语言向被调查者打招呼，介绍问卷的目的，以营造友好氛围，鼓励他们积极参与，同时提供填写指南，以确保数据的准确性。此部分还应包括安抚语句，以消除被调查者的顾虑，并感谢他们的合作。

二是调查内容，这是问卷的核心部分，包括问题标题、有关被调查者的信息以及具体的调查问题。在设计这一部分时，需要考虑问题的标题，编写前言，理解被调查对象的背景，并使用清晰明了的语言。确保每个被调查者都能轻松找到适合他们的选项，设计问题时要全面并多角度考虑，适当减少开放性问题的数量，并具体化这些问题。问题的排列应有条不紊，首先从容易回答的问题开始，然后逐渐过渡到更复杂的问题。最后，建议进行一次预测，以确保问卷的顺利执行和数据的质量。

三是结语，通常包括感谢被调查者的合作和参与。

（三）问卷反馈

问卷反馈在研究数据中扮演着至关重要的角色。就像录音是一个合适的工具用来记录和发展项目活动，问卷反馈则是用来评估每个项目活动的实际效用和有效性。在创建一个简短的问卷反馈时，可以采取多种方式获取反馈，这有助于了解被调查者的立场、信仰和态度。这种形式的问卷反馈通常被证明是有效的，同时为整体评估他们的学习和其他事务提供了有益的综合反馈。

为了方便整理结果，可以使用题目的形式对反馈的定量和定性进行分析。此外，集体反馈也可以包括对教师的评价，而这不应影响教师的自我反思和批判性评价。在撰写调查结果的反馈报告时，应确保尊重客观和可信的观点。

进行问卷调查反馈的相关研究步骤和发展工具可以分为以下3个方面。

1. 信息定位

①初期的个人文献阅读反馈表，用于记录专业活动的录音反馈。

②随机抽样的非正式教师访谈，以获取有关反馈问卷的反馈意见。

③研究和专业发展活动记录。

2. 报告问卷反馈

用于记录关于专业发展活动的反馈。

①参与者的研究记录（例如日记），以捕捉他们的观察和反思。

②课堂观察笔记，记录课堂活动和互动。

③会议摘要、论文等，以记录参与的会议和研究活动。

④主持人的会议记录，用于了解会议的进行和讨论。

⑤项目文件，包括备忘录、公告和讲义等。

3. 总结性反馈

①评估项目结束的采访，以获取最终的总结性反馈。

②后续主持人的会议记录，记录后续讨论和反馈。

③主持人和教师之间的正式和非正式书面沟通。

④此外，需要注意形成性反馈与总结性评价的区别，形成性反馈与活动相关，而总结性评价需要考虑定位阶段的所有活动。在定位阶段，可以利用样本的反馈表生成形成性和总结性反馈问卷的样本。

收集参与者的总结性反馈通过问卷评估项目是必不可少的步骤。首先，调查涵盖了价值观和信仰，要求参与者以"同意"或"不同意"的形式表达意见。这一部分的目的是启发后续的"教师评价"部分。

在评估项目的影响时，调查也会探讨在项目数据之间可能存在的限制和制约，包括项目发起人可能犯的错误。受访者还被要求详细阐述他们的总结性反馈意见。

另外，在实地考察结束时，还需要计划设计一个学生问卷调查，旨在了解学生对于课堂创新的看法。

采用问卷反馈的方式需要收集大家对教师的信任、反思和探索精神的评价，这是一种被广泛认可的有效方法。问卷反馈为教师提供了有价值的数据。此外，双向书面反馈策略需要参与者持续获得数据分析和报告，但是，口头反馈策略和问卷调查数据可能缺乏一定的信任度。

对于问卷调查结果的分析，通常会运用比较分析、相关分析、因果分析等方法。同时，利用柱状图、饼状图、折线图、散点图等可视化工具能够更生动地展示问题，取得更好的效果。

二、访谈与观察

（一）访谈

访谈是一种科学研究方法，通过口头交流的方式，行动研究者与受访对象之间进行对话，以搜集数据。这是一种最古老和最广泛使用的数据收集方法，在教育和社会科学研究中占有重要地位。行动研究强调参与者之间的合作和协作，探究人的思维、情感和语言交流，因此访谈被认为是一种高效的研究方法。

在访谈中，主要是通过面对面的口头交流进行，相较于问卷调查，受访者不会受到太多的限制或拘束。他们可以生动地叙述事件或现象的经过，真实而自然地表达他们的观点和看法。此外，在访谈过程中，研究者有机会进行解释、引导和追问，因此可以深入研究复杂的问题，获取新的深层次信息。此外，通过观察受访者的非语言行为，如动作和表情，也可以用来验证回答的真实性。

在进行访谈时，必须考虑受访者的心理状态和接受度，重要的是精心准备采访的内容和方法。总之，访谈是一种有目的、有计划、有准备的交流方式，一直围绕研究主题展开。这与日常非正式的交谈有明显的区别，日常交谈通常是非正式的、没有特定目的，并不需要详细准备，交流方式也较为松散。访谈采用口头提问的形式搜集数据，涉及直接的面对面互动，与书面问卷调查不同，后者不需要直接互动，因此这二者具有各自的特点和优势。

该方法有两个关键特点：首先，它是一种有计划和目标明确的研究性对话，旨在围绕特定研究主题进行。这与日常闲聊截然不同，后者通常不具备特定目标，不需要事先准备，对话方式较为随意。其次，访谈调查采用口头提问的方式搜集信息，要求研究者与受访者面对面交流，彼此影响和互动，形成一种密切互动的环境。相较之下，书面问卷调查则不要求直接互动，因为问题以书面形式呈现给被调查者，这导致了两种方法各有其独特的特点和优势。

1. 访谈的技巧

因为行动研究具有灵活性、开放性等特点，选择和应用不同形式的访谈方法需根据研究的特定问题、目标、研究对象、情境以及所处的研究阶段进行调整。有时候，结合多种访谈形式的使用也是明智之举。

在准备进行访谈之前，需要采取一系列关键步骤，包括精心选择访谈对象，明确访谈时间和地点，建立稳固的访谈关系，设计详尽的访谈提纲，全面了解受访者的背景，并确保访谈内容客观，避免给受访者暗示或引导。

访谈是一种双向的沟通和社会交往过程。在访谈过程中，应运用各种技巧以确保信息收集工作顺利进行。其包括观察受访者的反应，根据实际情境提出合适的问题或调整话题。有时，受访者可能会误解某些问题，此时，研究者可以根据需要重新提问，或者提供必要的解释和提示，但要保持在适当的范围内。

采用开放性的问题是进行访谈的良好选择，因为相较于封闭性问题，开放性问题能够提供更为丰富的数据，从而更好地满足研究的需求。但是，在某些情况下，使用问卷调查也是一个明智的选择，具体取决于研究的目标和要收集的信息。

当进行访谈时，可以遵循以下技巧和步骤：开始、提问、倾听、回应、记录和结束。在开始阶段，重要的是顺利建立联系和应对潜在的抵制。其包括确保与受访者建立良好的亲近感，可以通过适当的称呼、整洁的外表、自信的自我介绍、诚挚而热情的邀请以及自然巧妙地消除对方的疑虑来实现。言谈和举止应根据受访者的特点和偏好进行调整，同时保持轻松、幽默、机智、客观和实际。

在提问阶段，应注意提出具体、清晰和开放性的问题，以确保访谈有助于研究目的。问题应按照访谈提纲逐渐深入和复杂化地提出，确保问题之间的过渡自然，以维持对话的流畅性。对话应在轻松、友好和愉快的气氛中进行，以使受访者感到轻松、自在，愿意分享信息。友好的沟通、认真的倾听和适时的回应是至关重要的。此外，可以运用不同类型的追问技巧，如详尽性追问、解释性追问、系统性追问、假设性追问、情感性反问和积极的正面追问，以更深入地了解受访者的想法和情感。

在交谈过程中，不仅要关注语言信息的传达，而且要重视非语言信息，包括观察受访者的行为、姿势和表情。倾听是访谈的核心，是建立真正联系的关键。访谈者应全身心地聆听，积极接受和理解受访者的信息和情感，并与他们平等对话，以确保理解他们的内心世界。访谈者应尊重受访者的发言，不随意中断，同时容忍他们的沉默，理解其原因并做出恰当的回应。

最后，在记录阶段，访谈者需要有效地记录所需的信息。主要包括：文字记录——受访者的陈述和言辞风格；观察记录——有关环境和受访者的外貌、神情和行为的信息；方法记录——有关访谈方法的信息；内省性记录——有关访谈者自身特征的信息，如性别、年龄、职业、外貌、言行举止和态度。这些因素可能影响访谈过程和结果。这些技巧有助于确保访谈的有效性，以获取有用的信息并建立积极的对话关系。

2. 对教师进行访谈

这种研究方法旨在深入了解教师的过去经验、信仰和价值观，以及他们的职业生涯。它采用深度访谈的方式，对参与教师发展计划的教师进行详尽的评估，以了解他们的观点和看法。在这个过程中，重要的是要关心和考虑到受访者的情感，因此研究人员需要具备出色的采访和沟通技巧。

深度访谈是一种互动过程，旨在加强双方之间的沟通和相互理解。其中一个关键优点是建立信任和具有保密性，这有助于促进受访者坦诚地分享他们的不同观点和动机。此外，深度访谈也强调了在采访过程中，受访者也可以成为学习者，从中受益。

在深度访谈中，采访者需要密切关注整个对话过程中的关键时刻，以根据受访者的反应进行调整。这有助于建立信任和亲近感，降低情感对抗，并促进更真诚的回应。

此外，深度访谈还可以通过基线研究以及与教师的深入交流加强教师的信心，从而建立更牢固的信任和融洽关系。这种方法非常有价值，因为它有助于有效减少情感冲突，同时促进了坦诚的回应。在访谈中，还应该对所获取的信息进行回顾和细致的分析，以确保充分了解所研究的事件和情境。

访谈教师涵盖了多个关键主题，其中包括教师的个人和专业背景，他们的态度、学习和教学经验，以及对教育概念、知识和方法的认知。此外，还涵盖了培训和专业发展方面的问题，如自主学习、合作精神、主动性和反思。责任感和问责制也是访谈的主题之一，重点是鼓励教师对自己的工作进行评估和反思，了解何为卓越的教育实践，以及哪些方面需要改进，以提高他们的学习方法。

此外，访谈还关注了教师对于创新的态度，以及他们的信念和对团队合作的价值观。最终，还包括了一系列与提问技巧和人际关系技巧相关的问题，以确保访谈的质量和有效性。

这些访谈提供了项目的有力证据,即帮助教师理解教师专业发展的需求和挑战,同时也可以促进同事之间的交流。通过批判性反思,教师能够更好地理解什么构成了卓越的教育实践,并提高他们的学习方法,从而不断改进自己的工作。

3. 对学生进行集体访谈

学生在 ESP 课程中扮演了关键的受益者角色,因此他们的观点对于确定课程的需求、验证课程的相关性和可行性至关重要。

在进行学生访谈时,教师需要意识到学生可能因为面对教师而不敢完全自由地表达他们的观点。在这种情况下,教师应该采取适当的措施,以便学生能够更自在地分享他们的看法。其包括随机抽样学生,以了解他们真正的需求和期望。另一个选择是使用录音设备对学生进行面对面的采访,这有助于捕捉他们的声音记录,以便进行详细分析。

学生的集体访谈是教师获取信息的主要途径,但在某些情况下可能会受到限制,不可能面对每位学生都进行个别访谈。在这种情况下,教师可以利用下班时间与学生进行电话沟通,这种方式可以弥补因时间或其他限制而导致的交流不足。这种电话接触有多种作用,包括帮助学生理解教师的问卷调查、征求他们对项目的意见,以及获取他们对教师研究进展的反馈,以便更好地应对出现的问题。

电话沟通已经被证明在研究和发展领域中具有重要价值,研究人员应该与参与研究的学生进行访谈并收集他们的综合反馈。此外,在行动研究中,建议使用音频录音记录学生集体访谈的内容,包括他们的讨论、互动和对话,以便用于研究。这些录音需要仔细聆听,通过这些录音,可以积累更多数据,根据需要修改研究战略和程序,并生成新的假设。

随着现代科学技术的快速发展,录像设备已变得越来越常见。科研人员越来越倾向于利用录像收集数据。录像可以准确地记录声音和图像信息,可以反复回放,有助于更容易地发现和解决问题。

(二)观察

在行动研究中,观察是一种最为广泛应用的方法,通常可分为两种类型:

参与性观察和非参与性观察。卡尔和凯米斯强调了这两种观察方法的区别。在参与性观察中，观察者试图积极融入研究环境，着重关注事件的发展过程和对环境的影响；而在非参与性观察中，观察者以更为客观的方式记录事件，不积极参与其中。

在行动研究中，选择使用哪种类型的观察方法通常要根据多个因素决定，如研究的目标、参与者的意愿、特定活动中的角色、研究问题的性质，以及研究者自身的观点和技术能力等。观察方法可以被视为一种发现过程，它帮助研究者更有效地了解研究环境和过程。

在行动研究的各个主要阶段，对教师进行观察是常见的做法。这种观察的主要目的是寻找迹象，表明从研究项目中得出的方法是否成功地被应用到了教师实践中，尤其是在涉及专业英语教学创新和其对教室文化的影响时。尽管教师观察的方式有一定限制，但它提供了一种无法通过其他方法获得的洞察角度。

1. 参与性观察

参与性观察是一项有助于行动研究的重要方法。它要求研究者不是站在旁观者的位置，而是全情投入被研究的活动中，与研究对象的文化互相融合，建立一种自然而不受拘束的关系。这种观察方式通常在被研究对象不自觉或不设防的情况下进行，这使观察者能够更好地捕捉到被研究对象真实、本能的行为和反应。

举例来说，当研究者参与计划会议时，他们不只是旁观者，而是积极参与讨论，与教师一同探讨协作的作用和责任，以口头报告的方式分享情况。在行动研究研讨会上，研究者能够与教师建立更亲近的关系，清晰传达行动研究的目标和价值，并为教师提供有益的建议，促进交流合作。这种参与性观察有助于深入理解研究对象的内在动机和情境，为行动研究提供了更为全面和深刻的洞察。

2. 非参与性观察

非参与性观察是一种研究方法，它不要求研究者积极参与研究对象的活动或角色。相反，研究者保持观察距离，仔细记录被研究者或群体的行为，重点关注他们的行为模式而不干预或改变这些行为。这种观察方法注重隐蔽性，研究者努力不引起研究对象的注意，以捕捉真实且未受外部干扰的行为和反应。

3. 观察法的优点与局限性

观察法的应用具有一些独特的优势。首先，它允许研究者在自然环境中进行观察，这对于研究教育和教学活动非常重要，因为这些活动通常发生在复杂多变的环境中，难以受到人为干预或控制。通过在自然环境中观察，研究者能够获取更真实的数据，反映了实际情境中的情况。其次，观察法相对于其他数据收集方法，如问卷调查，具有更丰富的内容。研究者不仅可以记录被观察者的言语信息，而且可以捕捉非言语行为，如面部表情、手势和动作，这些也是重要的信息来源。

总之，观察法是一种强大的研究工具，能够在自然环境中捕捉行为和情境，为研究者提供深入了解研究对象的机会。它可以通过多种方式记录，包括音频、视觉和书面形式，而书面形式可能是最常见和有力的记录方式。观察是实践的第一步，它帮助研究者了解现实世界，为后续研究和分析提供了重要的基础。

观察法存在一些限制，具体表现在以下四个方面：首先，观察所产生的数据通常是定性的，难以进行量化分析。这意味着研究者通常只能描述事物的性质和特征，而难以进行具体的数量化测量，限制了研究的精确性和可比性。其次，观察受到观察者的主观局限。观察者只能观察到他们所能看到的范围，这可能导致信息的片面性和不完整性，因为他们可能错过了一些重要的细节或事件。再次，观察通常限于狭小的范围，因此所获得的信息可能不足以涵盖整个研究领域，这可能导致结论的局限性，因为研究者无法获得全面的数据。最后，在参与性观察中，观察者置身于研究环境中，他们的存在可能影响到被观察对象的行为，导致产生非自然的结果，从而威胁观察和研究的真实性。这些限制需要研究者在使用观察法时特别注意，以确保研究的可信度和有效性。

三、三角测量与验证

三角测量和验证是一个重要的研究概念，它强调了从多个不同角度和来源进行观察和验证以获得更准确的数据和结论。这个概念源自地理测量中的三角测量方法，其中要确定一个点的精确位置和距离，需要同时从不同的角度测量。这个思想被引入行动研究中，以改进研究方法和结果的可信度。

埃利奥特是一位英国行动研究专家，他提出，行动研究者应该不只通过不同的技术研究同一问题，而是应该从不同的观察角度，让不同的人分析和评价同一个现象、问题或解决方案。他认为，行动研究者之间的观点一致性和差异性对研究结果至关重要。

詹妮斯克（Janesick）进一步发展了这个思想，提出了不同类型的三角验证方法，包括数据三角（利用各种数据来源）、三角理论（使用多个角度解释相同数据集）、方法论的三角验证（采用多种方法研究同一问题）和跨学科三角验证。这些方法旨在提供更全面和可靠的研究结果。

总之，这一概念强调了多角度、多来源、多方法的综合应用，以增强研究的可信度和深度。不同的观察和验证方法可以互相补充，帮助研究者更全面地理解复杂的现象和问题。

在研究和教育领域，通常采用多种方法和技术来确保数据的准确性和研究的可信度。其包括三角测量、反复的同行验证、互相审阅分析以引导数据的收集和分析。同行验证本身被认为是一个有价值的活动，因为它能够提供来自多个视角和专业领域的意见和反馈。

霍尔金斯（Hopkins）强调，研究中的参与者应该相互倾听和交流，以便从同事、专家和教师的不同视角审视学习者的反馈，从而丰富研究项目的价值。这种多方面的反馈可以提高研究的深度和质量。

作为学习者，知识获取不只是接受信息的认知活动，而是实践的一部分。因此，教育不只是传授知识，还包括教导学习者如何应用知识。

在这个背景下，教师的工作评价不应该仅依赖于个人主观意见，而应该积极倾听同事和验证组的审视。行动研究的目标是改善教育并使其对他人更有益，而这通常需要采用对话形式的方法，其中教师研究和验证他们的发现，以促进自我行动研究的发展。

那么，如何确保教师的判断是合理和正确的呢？这就需要进行验证。验证是确定知识主张的一个关键过程。首先，需要明确验证的内容是什么，要验证哪些方面。其次，需要确定谁进行验证，其可以包括同事、专家、学生等。最后，需要思考如何进行验证，使用哪些方法和工具确保数据和结论的准确性和可信度。这一过程有助于提高教育领域的质量和效力。

（一）什么是验证

验证意味着让其他人相信你所提出的观点和知识主张。研究的目的在于推动知识进步，通过将这一知识应用于研究获得更深入的了解。验证过程不是由外部验证者完成，而是由参与者自己验证他们的教育经验。验证并不是一个研究项目的终点总结，而是一个不断进行的过程，其中陈述观点是验证知识的有效方式。总之，验证知识的过程超越了传统的检查和报告撰写，它包括对话和实际生活情境的展示，是一种充满活力的教育方式。这种方法鼓励积极参与和开放的讨论，有助于推动知识共享和进步。

（二）验证什么

通过亲身经历积累知识，同时展示对变革过程的深刻理解。解释如何从实际经验中形成个人理论，这是一个不断演进且复杂的过程。验证个人实践理论需要跳出传统的分析范式，这对于一些传统思维者来说可能不太容易，有些人甚至可能不愿接受这种知识。但是，适应新的思维方式是必要的，因为现实世界要求我们不断拓展我们的理解。

个人知识主张可能是合理和有效的，但很难被证明为绝对真实，尤其是在缺乏特定确凿证据的情况下。如果从业者声称他们改进了他们的实践，他们需要提供支持这一主张的证据，说明实践的哪些方面得到了改进，以及依据何种标准进行了评估。因此，行动研究是一种谨慎的探究方法，要求从业者系统地研究如何改进实践，并提供证据以证明实践的改进。

（三）谁来验证

在确定谁来验证我们的工作时，我们应该选择那些能提供建设性反馈而非怀疑态度的同事。我们需要欢迎他们以科学探究的方式评价我们的工作，以确保工作质量。因此，在行动研究中，我们应该在计划阶段就建立一个合适和严谨的验证过程。这个过程需要涉及同事和同行，以确保我们的研究在开始阶段就具备了必要的可信度和可靠性。

1. 自我验证

在我的职业生涯中，我对自己持严格的自我评价态度。其包括不断审视、质疑和检查我的思维方式。我也明白要尊重他人的价值观和观点，即使我可能不同意他们的观点，我会尝试以不同的方式来说服他们，但我也会尊重他们有权拥有自己的看法。

2. 同事验证

研究者容易陷入自我误导，错误理解事实，因此需要外部人员对其工作和知识主张进行评估，提供坦诚的反馈和建议。外部评价的价值在于能够为研究者的工作提供客观判断，并协助其改进工作。批评是评估研究质量的基本工具，因此建议在行动研究的早期阶段就邀请一个或两个同事作为验证的重要伙伴。

在行动研究过程中，建议邀请一个或多个关键同事全程参与项目。他们应该深入了解研究内容，提供建议和批评，研究者应该认真倾听他们的观点。因为有时研究者自身难以察觉潜在问题，需要依赖他人的远见提供新的视角和建议。

3. 验证组验证

在研究过程中，建立一个由 4~10 人组成的验证团队，旨在为我们的研究提供反馈和评估。这个团队定期听取我们的研究进展报告，审查我们收集到的研究数据。虽然他们可能对我们的具体研究领域不太熟悉，但他们具备专业知识，能够对我们的研究报告的有效性进行评估，并提供关键的反馈意见。我们非常重视验证团队的意见，认真倾听他们的建议，积极寻求广泛的意见，以便改进和加强我们的研究工作。这些反馈将指导我们制定下一步的研究行动，确保我们的研究取得最佳效果。

（四）如何验证

在验证过程中，我们应该提交一份详尽的研究报告，以便全面描述研究的学术严谨性和研究情况。报告应该回答一些关键问题，例如：研究是否有效地描述了教育过程？我们的主张是否有足够的证据支持？我们所陈述的标准是否有具体例子加以说明？

在行动研究中，验证的过程有助于人们将其工作视为一种问责制的形式，追求卓越的专业责任。通过采用行动研究方法，我们可以了解我们正在做什么，已经做了什么，以及如何将潜在的最佳实践转化为新形式。尽管教育领域的知识是基于具体事实的，但知识的生成和传播一直是人类知识的广阔领域。

教育研究的验证过程是一种推动我们对知识最终理解的过程，同时也是帮助研究者了解自身、探索和研究的方式。在工作中，人们常常会遇到冲突，解决这些冲突是至关重要的。通过有效解决工作中的冲突，我们可以更好地理解和适应彼此的差异。这些思想已经成为行动研究思想的核心，因为行动研究不只是一种方法，它还能引导人们通过协作和冲突进行相互了解。

因此，行动研究不是一种特定的方法，而是一种问题解决的实践形式。一位参与行动研究的教师曾说："我最终开始接受了我在解决问题时的方法，这并不是一条确定的路径，而是一种找到更好方法的过程。"麦克尼夫也表达了相似的观点，她认为研究是一个回答问题的过程，有时问题本身并没有确定的答案，我们只是尽力去解决问题。

四、自由与控制

"自由"涵盖了为成年教师和学习者提供学习和发展机会的概念，同时强调了他们能够自主选择行动的权利，但也需要对他们的选择承担责任。在教育和研究领域，自由被视为一种负责的明智选择，鼓励研究者和学习者在特定背景下自主决策。尽管教师在教育机构内受到一定程度的控制，但在自己的教室里通常享有相对较大的自由度。区分教学和学习环境中的固有设置以及受到特定体系或机构的人为限制和约束的问题对于教师研究至关重要。

前者鼓励自主性，而后者可能会削弱教师的创造力。

给予成人学习者和教师更多自主权有助于激发积极性。当自由受到尊重时，这有助于满足人类的基本需求，无论个体所处的环境如何贫瘠，都可以实现"自主"和"个性化"。这意味着在教育中，如果对教师过多地进行干预和规定，教育将失去其本质；但如果教师和学习者拒绝所有形式的约束，教育也将无法实现，因为这将导致混乱。

监控行动强调研究者要对自己的实践以及他人的实践进行监督。但需要明确的是，研究者的焦点在于自我反思，其中包括他们自己如何影响他人的实践。主要包括如何制订解决方案，如何监测自己的行动，如何观察和描述事件的发生，如何评价解决方案，以及如何理解数据和知识的含义。

（一）监控自己的行动

监控自己的行为涉及研究者的行动和思维的记录，因为这对于研究者来说是至关重要的。研究者需要不断审视他们是否达到了设定的研究目标，以及是否需要采用不同的方法和策略。监测是评估行动的一个重要环节，可以采用研究日志的方式，有条不紊地记录自己的活动和思考。同时，强调需要密切留意研究过程中发生的任何变化。

此外，监控行动可以通过邀请他人提供数据来实现。其可以包括书面或口头反馈，也可以邀请同事或观察者来观察行动，并提供反馈意见。最好的做法是让同事或验证组来核实数据，并听取他们的修改建议，以帮助研究者更好地调整下一步的行动策略。

（二）监控他人的行动

其他人参与你的研究，这可以通过监控他们的行为和思维来实现，也可以邀请他们参与对你自身的研究，例如提供日记或记录。如果你的研究直接牵涉到其他人，例如提高学生的学习质量，你可以监测他们的学习过程，以确定你的干预是否对他们的学习产生了影响。但是，在进行此类监控之前，必须获得他人的明确许可。

当你监控他人或邀请他人监督你自己时，必须确保你的方法和观点在合理的道德和法律范围内。监控他人的行为和观点可以为研究提供有益的数据，因此应该从多个角度考虑这些数据，以获得全面的理解，并与他人合作达成合理的协议。

另一个重要方面是整理他人的研究数据。这可以帮助研究者获得有关正在进行的项目的及时反馈。初始分类和排序数据是一个良好的起点，但随着研究的深入，可能需要制定新的分类并增加新的变量。

总结上述讨论的核心含义是，自由和控制在教育领域（包括教师发展）中都有其重要性。我们的挑战在于如何在这二者之间建立适当的原则和平衡点。这要求谨慎权衡研究的需要和尊重他人的隐私与权利。

五、数据分析

数据是指研究者从不同来源获得的各种信息，这些信息可以包括人口统计特征，例如年龄、性别、种族、宗教信仰等，也可以包括来自商业渠道或由研究者设计的测验工具的分数，以及口头访谈或书面调查问卷中的回答。同时，教师记录的学生成绩等信息也被视为数据。在实施行动研究计划时，研究者需要仔细考虑要收集哪种数据。为了收集这些数据，研究者需要使用特定的工具，例如纸笔测验、调查问卷或评估量表。数据分析方法通常依赖于研究的理论基础、研究设计、研究目标以及所提出的研究问题。这些因素一起影响了数据的收集和分析过程。

在行动研究中，数据表示着系统性地观察和记录人们的行为，以获得相关信息。这一过程涉及用多种方法整理和分析数据，最终得出新的见解，进一步分享这些研究成果。目的是产生独创性的发现，即那些之前未被认知的信息。为了确保结论具备可信度，研究者依赖于从数据分析中得出的结果，而非仅依赖于个人观点。

数据收集包括广泛的信息来源，不仅包括直接观察行为的原始数据，而且包括来自不同渠道的反馈和意见。如果研究结果与研究者的期望不符，如何证明这一点呢？这时需要采集额外的数据，使用各种方法如日志、笔记、录音、录像、调查、态度问卷、图片等获取更多信息。同时，可以采用不同时间点和方法采集数据，以便比较它们，以检测是否存在变化，以及这些变化是否能够影响事物的发展。对于大多数研究者来说，更多的数据通常被视为更好的选择，因此他们常常在研究初期着重于数据的收集。

数据分析在教育领域的行动研究中扮演着至关重要的角色，有助于教师从他们的教育实践中汲取宝贵的反馈信息。这一研究过程通常以一个自然的循环为基础，将数据涵盖一个或多个周期，并且根据研究问题的性质决定研究的时长。行动研究包括多个明确定义的阶段，其中最突出的包括问题确定、实地研究、数据收集和分析，以及结果报告和总结性评估。

研究者相信，在行动研究中，数据分析通常是可行的、合理的，也是真实的，因为它有助于理解和改进教育实践。同时，在教师进行行动研究的过程中，数据分析本身也成了一个有益的评价工具，有助于形成初步评价并最终得出终结性评价。

数据分析的类型多种多样，包括归纳性分析（从数据中提取共性特征）、演绎性分析（从理论和框架出发推断结论）、比较性分析（对不同数据源进行比较）以及因果关系分析（探究因果联系）。这些分析方法协助研究者在数据的基础上确定研究问题、解释观察结果，最终制定行动计划，形成了一个不断循环的研究过程。

（一）通过数据资料进行教学行为反馈说明

从"来自参与者"到"参与者的反馈"是一个基本的研究和发展策略。作定期报告，听取人们的意见，得到建设性的而非破坏性的意见，并亲自寻求验证，向前推进整个项目，这是中期分析过程的一部分。

课堂观察是有用的，霍普金斯提出了反馈标准，分三个阶段进行课堂观察，其中包括"会议规划""课堂观察"和"反馈讨论"。霍普金斯指出，首先应该解释来自教师观察的课堂数据；适当的反馈标准是科学研究的有效途径之一；反馈是基于调查研究的事实数据；反馈可作为一个双向讨论的一部分。

（二）对相关问题进行分类说明

目前，在定性研究领域，研究者采用多种广泛的方法收集各种类型的数据，包括录音、采访、会议记录和日记等。这些数据经过系统性的收集和分析并进行验证。这个过程通常需要反复检查和审视数据，因为这有助于识别哪些信息来源是不可靠的，从而能够有针对性地分析数据，解决研究中最具挑战性的问题。

休伯曼（Huberman）提出了"方法的透明度"这一理念，强调在定性研究中需要清晰、明确地报告数据收集和分析的过程。这种透明度有助于确保研究者和其他人可以验证和预测研究的结论。此外，它还鼓励进行数据的二次分析，以深入理解和解释研究结果。

在进行定性研究时，有一些重要的方面需要特别关注。其包括抽样方法的选择、举一反三的策略、数据的分类结构，以及如何证明研究决策的有效性。此外，研究者还应该考虑"方法论转变"，即在研究过程中可能需要灵活地调整研究方法。还有一些其他关键因素，如给予研究参与者反馈，进行同行审查，以及听取与研究领域相关的建议。

总之，定性研究是一个复杂而细致的过程，要求研究者保持透明、坚持原则，并不断审视和改进研究方法，以确保研究的质量和可靠性。

在研究中，我们要依赖项目设计和理论概念引导我们的探究。这一过程包括确定研究的各个阶段、设定阶段性目标以及明确定义等方面。我们使用多种方法，如访谈、参与观察和记录日记，来验证我们的新假设。同时，我们运用演绎方法和问卷调查收集数据，然后进行分析、归纳和比较。

数据分析是一个复杂的过程，需要高度的教育背景和洞察力，以及深思熟虑的决策能力。我们努力从多个角度审视问题，特别注重对问题的描述、分析和解释。在整个研究过程中，我们始终保持着明确的目标，例如研究假设教育质量可以达到何种水平，以及如何实现这一目标。通过观察现实情况，我们进行数据分析，以明确问题的本质。

最终，我们采用以目标为导向的方法进行评估，不断寻求新的思维和自我反思，以达成研究目标。这个过程要求我们不断审视自己的方法和假设，以确保研究的质量和可靠性。

六、撰写行动报告

行动研究报告的主要特点在于详细阐述和解释特定情况，包括通过图像、视频、口头交流等方式进行说明。这类报告需要对个人实践方法进行解释，并对研究工作的意义、影响以及可能带来的深远教育潜力进行归纳和总结。

(一) 为什么要撰写形成行动研究报告

撰写研究报告实际上涉及两个重要方面的知识传递。首先，它为教育从业者提供了一个平台，展示如何将学术理论应用于实际教育实践。其次，它促使研究者不断评估他们的思想和方法，接受他人的批评，从中汲取有效的见解，以及展示如何在实际行动研究中应用这些理论。此外，研究报告的编写也有助于与更广泛的社群分享研究成果，传达其发现的见解和研究的重要性。

撰写研究报告的价值在于，它不仅是一个表现研究成果的工具，同时也是一个研究者清晰界定行动研究的目的和意义的过程。在报告撰写的过程中，研究者需要详细描述他们在研究中遇到的问题，以及他们采用的解决方法。这种反思和描述过程有助于研究者更深入地理解他们的研究对象和问题，可能还会揭示出新的问题，从而改进和完善研究的质量。此外，通过与其他人分享研究成果，研究者还能够促进知识的传播和共享，为教育领域的进步作出贡献。

(二) 行动研究报告的结构和内容

行动研究的成果展示以及相关研究报告的撰写是一个充满挑战的任务，因为研究者需要在两个关键方面取得平衡。一方面，他们必须满足学术界的规范和标准，确保研究报告符合传统的研究要求。这包括明确定义研究问题，提供详细的研究背景和文献回顾，设计合理的研究方法，清晰地描述数据收集过程，以及建立成功的标准，以将其研究成果转化为可信的证据。此外，研究者还需要在报告中突出他们的研究如何验证了这些证据，并指出可能的新研究方向，以推动学术领域的进展。另一方面，研究者也需要保持行动研究的独特性和吸引力。他们不应仅满足于呈现数据和事实，而应该通过"小故事"或案例生动地展示他们的研究。这可以帮助读者更好地理解研究的背景和动机，以及研究者为什么关注这个问题和他们所采取的方法。通过文字的形式，研究者可以表达他们关注的核心问题，以及他们的研究如何影响实际情况的发展。此外，他们还应该清晰地表达如何判断他们的结论是合理、公正和准确的，从而增加研究的可信度。

总之，出色的行动研究报告需要在规范性和故事性之间取得平衡，既满足学术界的要求，又传达行动研究的魅力和个性。这种平衡可以帮助研究者更好地传达他们的研究成果，吸引读者的兴趣，同时确保研究的质量和可信度。

1. 行动研究报告的"规范格式"

一些教师愿意进行研究工作但不愿意编写研究报告，主要原因在于他们可能缺乏关于如何编写教育行动研究报告的基本规范和方法，这使他们感到困难和不自信。这一困境可以通过专门的培训解决，让教师掌握撰写教育行动研究报告所需的技能。实际上，学会编写教育行动研究报告并不是一项复杂的任务，对于一些教师而言，可能只需要花费一点时间就能够掌握编写这类报告的技巧。

在进行研究时，教师首先要熟悉经典的行动研究报告格式，然后逐渐开始自由撰写和表达观点。否则，由于不知道如何编写行动研究报告，教师可能会失去进行行动研究的信心。

行动研究报告有多种不同的风格和形式，但经典的行动研究报告通常包括三个主要部分：问题与假设、过程与方法以及结果与讨论。这三个元素实际上构成了教育实验研究报告的基本结构。经典的行动研究报告之所以与实验研究报告相似，原因在于行动研究本质上可以看作是一种准实验性的研究方法。

2. 行动研究报告的一般形式

虽然行动研究报告在结构上与传统的实验研究报告有共通之处，包括问题陈述、假设设定、方法描述和结果讨论等核心要素，但它们在一些细节和特点上仍呈现出独有的特色。

（1）研究的问题与假设

"问题与假设"部分包括三个关键元素：首先，问题的提出，这是研究的出发点，例如研究者可能发现学生对英语学习不感兴趣且英语成绩不理想。其次，简要的文献综述，这一步骤涉及回顾相关研究，了解已有的工作如何处理类似问题，到了什么程度，以及仍需进一步研究的方向。最后，研究的假设，研究者通过借鉴他人的研究和思路形成自己的研究计划或假设，例如研究者可能提出一种新的教学方法，如将传统的"听说领先"英语教学改为"听领先"英语教学，并假设这种方法有助于提高学生的学习成绩和兴趣。因此，行动研究的主题会被明确定义，例如："听领先"对学生英语成绩和英语学习兴趣的影响。

（2）研究的过程与方法

行动研究的过程和方法可以概括为以下三个要素。

研究过程的描述：其包括详细报告研究的时间、地点以及参与者的信息，如研究进行的学年级和班级，以及班级中男女生的比例。此外，研究持续的时间也需要被记录。这些细节在行动研究中至关重要，因为它们有助于确保研究的可信度和真实性。研究者需要让公众相信研究是在实际的学校环境中进行的，而不是虚构的或伪造的。

改革方法的解释：这一要素涵盖了研究者采用的具体改革措施或方法的详细描述。举例来说，如果研究关注"听领先"英语教学方法，研究者需要详细说明这种方法与传统教学方法的不同之处，包括新的元素和创新措施。此外，研究报告中还需要反映研究过程中可能出现的分支和循环，这些反映了研究的多轮性质，每一轮都有特定的改革和评估。

数据收集和分析工具：在行动研究中，研究者使用不同的工具收集和分析数据。通常，学生成绩的变化可以通过考试或测验（如试卷）进行测量。此外，为了了解学生的学习兴趣，研究者可能会采用面对面访、谈问卷调查等方式进行调研。这些工具是用来测量和解释研究结果，以便评估改革方法的有效性。

这三个要素共同构成了行动研究的方法和过程的基础，有助于确保研究的透明性和科学性。

（3）研究的结果与讨论

研究的结果与讨论包括以下三个要素：

学习成绩的变化：研究者会分析学生的学术成绩在研究前后的变化。这可以通过比较研究之前的初始测试（前测）和研究之后的测试（后测）实现。为了更全面地阐述这一变化，研究者可以进行多维度的分析，例如前测和后测的平均分对比，前测、中测和后测三次测量的平均分对比，前测和后测的及格率对比，前测和后测的优秀率对比，以及男女学生学术成绩变化的对比分析等。

学习兴趣的变化：此要素涉及研究者考查学生的学习兴趣是否在研究中发生了改变。这一变化通常难以直接测量，因此研究者可能会采用访谈或定制的问卷探究学生的情感体验，尤其是关于教育行动研究（或教育改革）的感受。此外，鼓励学生记录日记或周记，以便在研究结果和讨论中包含代表性的学生体验。

预料之外的结果：这一要素探讨研究中是否出现了与预期不符的结果。研究者需要对这些意外的发现进行深入的讨论，解释其可能的原因和影响。其可以涵盖各种不同领域，例如学术成绩、学习兴趣或其他与研究相关的因素。对预料之外的结果的讨论有助于更好地理解研究的复杂性和潜在影响。

这三个要素以及相关讨论构成了研究结果和讨论部分的核心内容，有助于呈现和解释行动研究的主要发现和洞见。

3. 走向叙事的行动研究报告

"叙事研究"指的是研究者以故事的方式描述自己在研究过程中经历的一系列教育事件。其包括问题是如何提出的，以及在解决问题的过程中研究者是如何思考和反思的。研究者设计解决问题的方案，但在实际执行中可能会遇到障碍，这使问题的解决并不总是顺利的。如果问题没有被解决或解决得不够好，研究者会考虑新的策略或者可能出现新问题。

在叙述这些教育事件的过程中，研究者进行了思考和反思，这使研究变得更具教育性质，不仅是经验的呈现，而且包括对经验的反思。特别是当研究者将学生的访谈内容或学生的日记经验纳入行动研究报告中时，研究报告呈现出了一种"叙事的行动研究"风格。这种研究报告将以往的、更形式化的论文或解释性文本转化为一种更具叙事性质的文本，类似于散文、手记或传记，更加口语化。这使读者或听众更容易亲近，通过认同研究者的经历实现知识的传播和推广。

（三）行动研究的质量判断标准

行动研究代表了一种从传统研究方法向被冠以"新兴研究方法"的转变。传统研究仍然占主导地位，因此行动研究报告往往需要符合传统标准。这些标准主要强调研究的技术性方面，包括系统性的数据采集、分析和解释过程。研究报告应该以一种连贯的方式呈现似乎分散的研究交流过程。

虽然技术标准至关重要，但它们是定性的，是经验的补充。此外，还有其他标准可以进行协商，这些标准可能包括一些思考的方式：研究者是否试图证明他们相信的事情？他们是否尽责地证明他们的知识主张？他们是否试图展示他们如何改变了自己的思维方式和实践，以及如何影响和教育他人？这些方面强调了行动研究的更深层次目标，超越了技术性要求，更关注知识的建构、自我反思和社会影响。

这些标准可以帮助我们评估研究质量，以及确定工作关系改善是否取得了有效成果，从而作出专业判断。理查兹（Richards）提出了六项原则，作为评估新的行动研究报告的指导：第一，对工作进行反思和评价，同时提出新的研究问题。第二，对所涉及的现象进行评价，以了解其变化趋势。第三，鼓励参与者形成协作行动和学习，共享资源。第四，接受与创新实践相关的不可避免的风险。第五，要理解研究的多元性，并愿意接受不同观点的存在。第六，证明研究中理论和实践之间的转化是和谐的。

语言的规范性是研究报告的基础，行动研究报告应该反映人们的实际研究和经验。

麦克尼夫认为，行动研究报告应该提供有价值的解释，而不仅是对实践进行观察和描述。换句话说，虽然行动研究报告可以采用数量化的方法收集必要的数据并进行统计分析，但最好使用简单的百分比进行基本的统计分析，然后大量采用教育事件和故事描述行动研究之前和之后的变化。行动研究报告应具有创新价值，具有广泛的适用性，并严格遵循系统、规范和科学的标准，这是判断行动研究报告是否符合要求的主要标准。

第八章 高校英语教学的反思性教学

第一节 反思性教学理论

一、杜威的反思性思维和教学创新

杜威，一位杰出的美国哲学家和教育学家，为反思性思维和反思型教育提供了深刻见解，其影响至今仍然深远。

在20世纪初期，杜威强调了教育过程中双重视角的重要性，包括长期目标（远程）和短期目标（短程）。这意味着教育需要同时考虑未来的愿景和即时的需求，使教学和学习更有针对性。此后，反思成了杜威研究的核心主题。

杜威认为，反思性思维是最有效的知识获取方式。它被定义为对任何信仰或假设进行积极主动、持之以恒、深入思考的过程，考虑其支持理由和趋势，以得出更深层次的结论。这与盲目遵从传统和权威的常规思维截然不同。常规思维通常受传统、权威和情感冲动的影响，而反思性思维要求对问题进行重复、认真和持续的思考。它并不是孤立地思考，而是将思维从经验到行动结果再回到最初的假设和猜测的过程。

杜威的反思性思维理论为教学创新提供了理论依据。它鼓励教师摆脱单纯的本能和僵化的教育方法，使其行动更具深度思考、预见性和计划性。这有助于提高教育质量，并促进学生更有意识地参与学习过程。

反思性教学是杜威的贡献之一，它强调了教师在课堂中的思考和行动，以实现明确的目标。这种教学方法包括批判性反思，教师通过深入分析问题提高教育质量。这种反思并非停留在表面层次，而是着眼于更深层次的问题，涉及如何做、做什么以及为什么这样做的探讨。

在反思的过程中，教师可能会发现新问题，这有助于激发创造力和不断改进教学方法，从而将教育实践提升到新的高度。教师在真实的教学环境中面对疑惑和挑战，这促使他们提出实际问题，并激发了他们进一步研究的动力。他们会采取行动，收集信息，进行实地观察，设计解决问题的方法，并在实际教育环境中验证这些方法。这个过程不仅积累了宝贵的教育经验，而且最终有助于教师形成自己的教育理论，成为创新教学的基础。

然而，值得注意的是，要通过教学反思实现创新，教师需要具备深厚的教育理论知识、广泛的教育前沿了解，以及对教育问题的敏感意识。这种方法有助于提高教育的质量，使教学更具目标性，从而更好地满足学生的需求。

二、舍恩的教师个人实践理论和反思性教学

教师个人实践理论是由美国学者唐纳德·舍恩（Donald Schon）首次提出的概念。在教学过程中，教师通常受到两种不同类型的理论影响：一是公共理论，即被广泛传播、共享的理性认知成果，它们通常以语言和文字的形式存在于公共领域；二是教师的个人实践理论，这是教师在个人头脑中储存的、从个人教学实践中得出的理性认知成果。

教师的个人实践理论是一种隐含在他们课堂教学和生活经验中的认知。它包括教师的行动知识、策略性知识、实践知识以及教学隐喻等。这些个人实践理论是基于教师的内化、吸收，以及对公共理论的结合和批判性分析的结果。只有经过这样的过程，教师的个人实践理论才能得以提升，并在真实的教学情境中发挥作用。

实际上，教师在日常教学中一直在运用各种不同的个人实践理论。这些理论不断地影响和指导着他们的教学方法和决策，帮助他们更好地应对不同的教学挑战和学生需求。通过不断地反思和整合个人实践理论，教师能够提高教学质量，更有效地促进学生的学习。

反思性教学是将公共理论转化为教师个人实践理论的关键方法。教师在这一过程中被视为积极的反思型实践者，其教学实践对个人实践理论的形成至关重要。根据唐纳德·舍恩的观点，反思性教学包括两个关键方面：一是

对行动的反思，其包括在课前的计划和思考，以及课后对课堂教学的审视；二是行动中的反思，即在教学过程中对突发问题的应对和调整。这两种反思活动相互补充，有助于塑造教师的个人实践理论，并推动其专业发展。

反思型教师通过不断审视自己的教学实践，特别是在发现实际行动与预期目标存在差距，或者在面对难题和挑战时，他们迅速做出反应，试图解决问题。此外，他们还在课后对问题的根本原因和应对方法进行深思熟虑。此种反思过程涵盖了对已有知识和经验的批判性评估。

对于那些涉及复杂问题的情况，反思型教师通常与同事进行讨论，分享心得，使问题的分析和观察更加系统化。有时，他们将问题作为长期研究课题，并将通过反思产生的研究成果应用于实际的教学环境，以验证其可行性。通过这一过程，教师对问题的理解逐渐深入，他们不断地调整自己的行动计划，以确保实际行动与预期目标一致。

随着时间的推移，教师积累了丰富的个人实践知识，他们开始认识到反思性教学有助于使教学理论更加系统化，并使其经受实践检验。这些个人实践理论反过来指导和提高了他们的教学质量，促进了专业成长。因此，反思性教学是一种不断进步、反复循环的过程，有助于教师不断提高自身的教学实践水平和专业素养。

三、反思性教学的特征、取向和层次

（一）反思性教学的特征

与传统教学相比，反思性教学有如下5个显著的特征。

1. 主体性

主体性意味着教育的变革和教育理念的演进需要教师自己有意识地做出努力。在反思的过程中，教师是自我反思的主体，是反思性教学的创造者。教师的责任感和对专业发展的积极追求是推动反思性教学的原动力。只有当教师致力于关注教学效果，持续不断地更新自己的教学观念，才能主动地发现问题、总结经验，深刻分析问题，并积极寻求问题的解决方案。

2. 情境性

每天，教师都面对着充满不确定性、复杂性和令人困惑的教育现实。反思性教学是一种在这种不断变化的教育环境中不断监测和调整教学活动的方法，以确保教育实践的合理性。这是因为教学现实经常受到多种因素的影响，因此教育理论和传统教学方法往往无法完全适用。在这种情境下，教师需要通过反思来超越自己，积极创新教学方法和模式，以不断提高教学质量，并推动个人的专业成长。

3. 探究性

反思性教学是一项不断追求提高教育质量的过程，教师在其中不断寻找教学中的难题和机会，并以深入的分析和剖析解决这些问题。通过主动、有意识的思考和实践，教师将自己变成了教育领域的研究者，不断探索新问题和寻求创新策略，以不断改进他们的教学方法和提高学生的学习成果。这种探究性的教育方法使教师能够更好地适应教育环境中的变化，满足学生的需求，并持续提高他们的专业水平。

4. 内隐性

反思型教学通过教师反思积累的个人实践知识通常是隐性知识，它包含了教师的个人经验和情感，不容易传达给他人。虽然可以通过写反思日志和进行行动研究等方式记录和分享反思过程，但更多情况下，这些知识存在于教师的内心，难以完全呈现给外界。

5. 批判性

反思性教学要求教师具备批判性思维。这种思考方式自身包含了批判性，不是一味接受和机械应用专家理论，而是以批判性的态度审视问题，深入分析，保留精华，剔除不足。

在英语教学中，反思性教学是提升教学质量的重要工具。反思型英语教师需要具备各种能力，包括认知能力、教学反思能力、设计创新能力、执行能力、教学观察能力、语言表达能力、互动能力、团队管理能力、表现和操作能力、研究能力。

随着教学经验的积累，英语教师这十项能力会有不同程度的发展，表现出不均衡的状态。为了实现英语教师的全面发展，需要英语教师持续努力，在教学实践中不断探索。实施反思性教学是实现英语教师专业可持续发展的重要方法之一。通过对教学过程的反思，能够发现问题的本质原因，并深入探讨和分析这些问题，从而更客观地评估教学，了解自己的教学方案，认知自己的教学实践，促进对教学活动有更深入的认识和理解，实现教学实践和教育理念的和谐统一。

(二) 教学反思的取向

王春光和张新贵以美国学者泽茨纳和雷斯顿（Zeichner & Liston）的工作为基础，提出了反思性教学的五个传统取向，用于描述反思型教师的不同教学关注点。这五个取向包括学术性取向、社会效能取向、发展主义取向、社会重构主义者取向和一般性反思取向。

①学术性取向强调反思教师对教学内容和教学方法的审视，以提高他们传授知识的能力。

②社会效能取向强调教学理论研究成果的权威性，认为这些成果可以指导教师实践。当教师能系统地学习和运用这些成果时，教学一定能够成功。

③发展主义取向强调以学生的自然基础为前提，注重对学生的语言和文化背景、思维水平、兴趣爱好以及应对特殊任务的能力等进行反思。

④社会重构主义者取向将反思型教师视为承担重大社会责任的人，将学校教育和教师教育视为推动社会朝着更加公正和人道的方向发展的两个最重要因素。

⑤一般性反思取向认为只要教师更多地思考并具备目标意识，他们的教学行为就一定能够得到改进。

这五种取向基本概括了反思型教师在反思性教学实践中的不同关注点和角度。不同专业发展阶段的教师在反思教学时会侧重不同的取向，例如教学内容、教育理论、学生的特点和教学伦理。这些取向共同构成了评价成熟的反思型教师的反思内容的标准。

(三) 教学反思的层次

教学反思的不同层次或教师反思的不同水平源自哲学家哈贝马斯

(Habermas)对三种不同的认知兴趣的区分,即技术性兴趣、实践性兴趣和解放性兴趣。范梅南(Van Manen)以哈贝马斯的认知兴趣理论为基础,将教师的反思分为三个水平,分别是技术性反思水平、实践性反思水平和批判性反思水平。

技术性反思关注的是技术合理性,即关注如何有效地实现预先设定的目标和任务,但并不一定考虑这些目标是否合理或者是否有更好的方法。在这个水平上,教师通常侧重于应用关于学科知识、学习理论和教育方法等方面的规则和技术,而较少思考与教育实践相关的更广泛的社会和伦理问题。

实践性反思涉及教师对学生的学习动机和目标的反思,以及对学校、班级和社会环境的反思。这个水平强调了教师对自身经验的理解和诠释,以及与外部权威知识的结合。教师在这个水平上认为自己和学生可以是知识的创造者,而不只是知识的应用者。

批判性反思是反思的最高水平,通常只有专家和资深教师才能达到。它要求处于这一水平的教师不带个人主观偏见对课堂上与伦理、道德标准直接或间接有关的教学事件进行批评质疑。

这些不同的反思水平反映了教师在反思教学实践时的不同关注点和思考层次,从简单的技术性问题到更复杂的实践和伦理问题。这种层次化的反思有助于提高教育质量并推动教师专业化的发展。

可以理解为,教师的反思水平包括技术性反思、实践性反思和批判性反思。技术性反思侧重于教育方法和工具的应用,实践性反思则关注如何更好地与学生互动和适应实际教学环境,而批判性反思则涉及教育更深层次的问题,如社会不平等和道德伦理。

不能简单地将反思水平与教师的专业能力挂钩。专业能力不足的教师不一定只进行技术性反思,而专家教师也不一定只从事批判性反思或忽视技术性反思。事实上,教师的反思水平可以受到多种因素的影响,包括个人教育经历、教学背景、教育哲学等。

李莉春强调教师的反思应该涵盖技术性、实践性和批判性三个层次,并且这三个层次在教育中是相互关联和相辅相成的。她指出,教师在实际教学中不仅要关注如何运用教育技巧和工具(技术性反思)以及如何适应具体的教学环境和互动方式（实践性反思），而且要提高对教育的更深层次问题的思考，如道德伦理和社会公平（批判性反思）。

这意味着，教师的专业发展需要全面，而不是单一侧重某一层次的反思。专业能力的提升要求教师在不同层次的反思之间建立联系，使它们相互促进，从而达到更高水平的综合反思，这样才能培养出具备更全面教育视野的教育者。这种有机整合的反思方式将有助于教师实现更具吸引力和智慧的教育实践。

第二节 高校英语反思性教学的发展

反思性教学是一种基于深刻思考和自我反省的教学方法，它要求教师在实践中不断探索、质疑和改进自己的教学方式。这种教学方法的核心在于理性和系统性地审视教学中遇到的问题，并通过多种途径寻找解决方案。教师应当视自己为教育研究者，积极主动地发现并分析教学中的挑战，采用不同的思考角度深入探讨这些问题。

为了成功实施反思性教学，教师可以采用以下四种策略：实践反思，即反思自己的日常教学实践，考虑如何改进和优化教学方法。叙事反思，即将自己的教学经验转化为叙事，通过讲述故事的方式理解和分享自己的教学见解。合作反思，即与同事或其他教育专业人士合作，共同探讨教学问题，并从他们的经验和洞见中汲取灵感。资源反思，即利用各种教育资源，包括研究文献、培训课程和教育技术，支持自己的教学反思和改进。

一、实践反思

实践反思是教师丰富和完善实践性知识的主要途经，是教师专业发展的重要组成部分。反思性教学鼓励教师主动参与自我评估和不断学习，以提高教学质量并满足学生的需求。这是一个系统性的过程，需要教师在日常实践中持之以恒地进行。

行动研究是一种强调教师在教学实践中积极思考、观察和调整的方法。通过行动研究，教师可以不断监控和改进他们的思维和行为，以更好地满足学生的需求。这种方法强调循环性的过程，其中教师不断发现新问题、制定假设、采取行动，然后再次反思并继续这一循环。

通过行动研究，教师能够在反思自己的思维和行为的同时，识别教育教学实践中的问题，并通过实际的教学实践解决这些问题。这有助于将教师从单纯的教学实践者提升为能够参与教学理论的创造和实践的教育者。行动研究是一种有效的教学改进工具，有助于提高教学质量和满足学生的需求。

二、叙事反思

叙事反思是一种方法，通过这种方法，教师可以将他们的教育经验以故事的方式呈现，包括事件、情感和反思。这些故事成为教师今后思考和改进的重要素材。这个方法的重要之处在于它让教师成为教育研究的积极参与者，使每位教师都有机会参与教育研究。

教育叙事是将我们的教育生活转化为富有教育意义的故事。这些故事可以揭示教育事件中微妙的细节，这些细节影响着学生和我们自己的成长。同时，通过叙述这些故事，我们可以探讨如何改进和发展我们的教育实践。这种以故事方式表达的教育叙事，不同于简单的故事讲述，因为它突显了复杂的教育生活中微妙的方面。这种反思性实践让教师能够积累实际知识，并提高他们的教育实践质量。因此，教育叙事的过程就是不断地回顾、观察、发现我们的过去、现在和未来的教育生活轨迹的过程。

进入教育叙事的领域，使教师能够与他们自己亲身经历的教育生活互动，加深对教育生活的理解，并丰富他们的认知。这种互动能够赋予教育生活更多生命的维度，因为这些经历中蕴含着教师个体的独特痕迹，这使故事变得生动、吸引人，充满生机。在教育叙事中，教师不仅能够发现和认同自己在教育领域的经验，而且能够深入了解自己的人生观、价值观，以及内在的心灵世界。因此，教育叙事成为改变教师日常教育生活单调和平庸的重要方式。

每位教师在自己的教学生涯中都会有许多值得思考、研究和回味的经验、人物和事件。有些经历不适合写成正式的学术论文，但教师不希望仅将它们作为简单的记载而止步。这时，编写教学叙事成为一种很好的选择。教学叙事不仅记录了教学行为，而且捕捉到伴随这些行为产生的思考、情感和灵感。

它们是个体的教育记录和经验，具有独特的保存和研究价值。

有经验的教师在谈论自己的教学经验时，通常会分享成功的实例和经验，但往往仅停留在表面行为层面，未深入思考背后的原因。教学叙事则促使教师反思他们的教育实践，通过选择特定的案例进行分析，明确成功背后的指导原则，从而提炼更为有效的教学行为。这对于改进当前的教育实践以及指导未来的教学具有重要意义。

教学叙事可以被看作是将教学经验转化为富有教育意义的故事，这些故事因为每位教师的独特经历和视角而具有多样性。因此，它们成为一种出色的教师间互相交流和探讨的工具，可用于促进教研活动和校本培训。

在这些教学叙事中，教师分享了他们在教学中遇到的挑战、疑虑以及如何应对这些问题的想法和策略。这为教育界的从业者提供了一个平台，可以在其中交流和讨论这些关键议题，有助于提高他们的专业素养和分析能力。

此外，教学叙事还有助于架起理论与实践之间的桥梁。它使理论学习与实际教学活动更加有机地结合，弥补了传统学习方式中纯粹追求理论知识而缺乏实际运用的不足。通过将实际经验转化为叙事，教师更深入地理解相关理论，将其应用到自己的教学实践中，从而提高了教育的质量和效果。

三、合作反思

在外语教育领域，合作反思被认为是外语教师提高教学质量和专业水平的关键方法。这一方法包括两种主要形式：一是参与式观察，即教师相互前往对方课堂，观察和分析同事的教学方法；二是合作教学，即两名或两名以上的教师共同授课。通过这种方式，教师得以相互学习、共同成长。

合作反思的理念最早由维斯特（West）于1996年提出，它强调团队成员公开反思团队目标、决策和沟通方式，以适应当前或即将面临的环境变化。在国外的心理学和管理学领域，关于合作反思的研究成果层出不穷。学者们普遍认为，合作反思是一种团队层面的过程，对于团队的创新和绩效发挥着重要作用。在高水平的合作反思环境下，团队成员能够充分考虑各种意见，培养创新性思维和批判性思考能力。在制定计划和决策时，团队成员会进行公开而深入的讨论，选择最有利于整个团队的方案，从而提高团队的决策质量。

特别是在复杂工作任务和不确定环境下，反思变得尤为关键。在这种情况下，通过合作反思，团队能够评价和调整工作方法，确保适应性和创新性，从而在竞争激烈的外语教育领域中保持竞争力。

合作反思是一个有着明确定义的过程，其中包括三个关键步骤：反省、计划和行动。其中，反省是合作反思的核心，它被广泛用于测量合作反思的有效性。在合作反思中，人们采取一系列行为，例如提出问题、规划下一步行动、积极学习、多角度探索、应用专业知识、整合内部知识、评估已完成的工作，并采用新的思维方式处理问题。这些行为共同构成了合作反思的过程。

合作反思可以分为三个关键时段：任务执行前反思、任务执行中反思和任务执行后反思。任务执行前的反思主要涉及团队目标、策略和程序的综合思考，包括对问题性质的深入思考。任务执行中的反思则用于监测团队是否按计划执行，确保团队在工作方面做正确的事情和以正确的方式进行。任务执行后的反思用于评估团队的成果和工作方式，以便未来改进。

大多数研究文献认为，合作反思是一种团队工作风格，难以在短时间内通过培训等手段形成。但是，也存在一些例外情况，一些研究者认为，可以通过引导和干预培养团队成员的反思能力，从而帮助团队更好地规划策略和提高绩效。合作反思的重要性不断引起学术界和实践界的广泛关注，特别是在复杂和不确定的工作环境中，它有助于团队应对挑战，提高绩效。

四、资源反思

资源反思涉及观看教学录像和使用教师档案袋等方法。这类似于练习舞蹈的人需要一面大镜子，以便检查自己的动作是否准确、形体是否流畅，以及与其他舞者的协调是否恰当。对于教师来说，仅依靠记忆和日记难以完全客观和准确地记录课堂活动，因此使用摄像机录制教学过程就像是给自己提供了一个"反思之镜"。在课后，教师可以观看自己的录像或其他教师的录像，这种"旁观者"的角度使他们能够注意到平常可能忽视或不够重视的细节，这是非常直观的反思资源。此外，课堂录音也是一种方便的方式，特别适用于语言课堂，它提供了翔实的信息，可用于分析教师和学生的语音、语法、词汇等方面的表现。

教师档案袋是一种组织良好的文件系统，教师使用它深入反思自己的教学观念和实践方法。这种档案袋采用专题分类的方式，帮助教师回顾过去的经验、记录当前的状况，以及追踪自身的进步和改进点。在这个长期积累的过程中，教师不断地整理和系统化自己的教育哲学、教学理念，探讨最有效的教学方法，分析影响专业实践活动的因素。

档案袋中包含多种内容，如教学大纲、阅读书目、课程描述、课后作业等详细信息，这有助于教师将自己的教学过程系统地展现出来。同时，档案袋还记录了教师进行同行观摩时的观察笔记，以及教学过程中的反思日记，其中既包括成功经验，也包括教学中遇到的失败和意外。此外，档案袋中还包括录像材料，教师可以在观看录像后撰写反思笔记，并保存同行观摩时的反馈意见。

教师档案袋还包括学习者的评估和反馈，这些反馈可以是专业实践活动中学生的作业、测验，以及教师在批阅和评定这些作业时的标注和批阅意见。通过这些详细的记录，教师可以更好地了解自己的教学效果，同时也为与学生和同事的交流提供了丰富的素材。这种系统化的自我反思和档案记录，为教师提供了一个持续改进、不断提高教学质量的机会。

在专业实践中使用的材料包括提供给学生的教材、课程大纲、工作表以及教师选用的参考书籍。此外，还包括教师在专业实践过程中所创作的各种文档，例如学术论文、教材材料，甚至在在线平台或博客上发布的文章。另外，档案袋也记录了参加的研讨会和培训活动，包括会议纪要、学到的知识和经验总结等。

档案袋是一个为教师提供了有益的自我评估和成长的工具。它有助于教师更好地了解自己的强项和需要改进之处。同时，它也促进了专业对话和能力的增强，使教师能够在教育领域中更好地分享经验、教训和最佳实践，从而提高整体的教育质量。

第三节 高校英语教师反思性教学的构建

一、高校英语教师教学反思的内容

高校英语教师教学反思的内容具体体现为对教师信念、教学过程、教学情境和对学生的反思。

(一) 对教师信念的反思

教师信念是指教师在长期的教学实践中积累和坚定的有关教育和学习的信仰、态度、价值观、期望以及理论认知。这些信念贯穿于他们的教育工作中，影响着他们的教学方式和方法。在高校英语教师教学的情境中，教师作为教学反思的主体，通过理解和内化外显知识以及自主构建隐性实践知识的过程，形成了自己的教师信念体系。

这一信念体系具有系统性，随着时间和经验的积累而不断演变，因此是动态的和发展的。教师需要通过反思自己的教学实践使这一信念体系不断合理化和优化，从而指导他们的课堂教学实践，成为教学中的重要灵感和支持。

高校英语教师的信念体系可以总结为关于多个方面的信念，包括他们对自身专业化的信念、对教师角色的认知、对工学结合教育模式的看法、对英语的实用性信念、对应用英语课程的理解、对项目式教学的态度以及对实践教学的信念等。这些信念构成了高校英语教师信念系统，为他们的专业发展提供了坚实的基础和指导。

(二) 对教学过程的反思

高校课程被设计成以实际行动为导向，它们的基础是学生未来职业的需求，这些需求被转化为具体的工作任务，作为学生学习的核心项目。这些项目构成了高校生学习的内容，同时也是教师进行教学的基本单元和指导材料。此方法强调实际应用与理论知识的结合，不仅塑造了学习方式，也影响了教育和教学的整体构架。在这种教学环境中，教育的核心是完成项目任务，学生通过实际项目的完成进行学习。

对教学过程的反思可以包括两个方面：一是事前的教学计划和目标的反思，二是事中的实际教学行为和学习过程的反思。这样的反思有助于不断改进课程的设计，确保它们与教学目标一致，提高教学质量，以便学生能够达到知识、技能、过程和价值观等方面的目标。

教学过程的反思着眼于课程和单元目标的制定，这种反思是根据舍恩提出的"对行动的反思"理论。它包括在教学实施前对计划的反思，以及教学实施后对教学目标实现情况的思考。作为一名反思型高校英语教师，我们需要在明确高校教育目标和专业培养目标的基础上，经常对课程教学设计和单元教学设计进行反思。其包括对课程教学目标、单元教学目标和课堂教学目标的设计、内容的选择、实施策略和评价方式等进行思考。教学过程的反思还需要对教学效果进行评估，以判断是否实现了教学目标，包括知识与技能目标、过程与方法目标以及情感态度与价值目标。教学反思的目的在于不断审视和调整课程和单元目标的设计，以确保教学设计合理，实现教学效果与教学目标的一致。

（三）对教学情境的反思

学者姜大源强调，高校课程应当建立在实际实践情境中，以过程性逻辑为核心，以培养个体的主观知识，也就是以个人经验的过程性知识为目标。在高校教育中，学生的智力特质通常表现为形象思维，他们倾向于有明确的目标选择知识，善于积累经验和与策略相关的过程性知识。而这类知识的习得更多地依赖于具体的情境和实践。因此，高校教学应主要侧重于情境教学，使学生能够在工作情境中将已有的理论知识和实践经验相结合，通过反思性思维内化这些知识，从而培养出个体的能力。这个过程可以概括为"获取—内化—实践—反思—新的获取"过程，通过这一循环，学生能够不断地提高他们的技能和知识。为了实现这一教学理念，高校教师需要特别关注教学情境的设计和建设，包括教室、实验室和实习基地的建设，以及为学生提供仿真的学习环境，让学生更好地将理论知识和实践相结合。

教学内容必须与相应的情境相互配合，以确保学生的能力得到有效的培养。考虑和评估教学情境的质量成为高校英语教师进行教学反思的核心方面。

因此，高校教师需要不断地反思和调整教学情境，以确保它们对学生的学习和发展产生积极的影响。这种反思过程是高校教师教学改进的一个重要组成部分。

（四）对学生的反思

在教育过程中，学生扮演了核心角色，他们是教学活动的主要参与者，也是我们所致力于帮助和服务的对象。在进行反思性教学时，学生的需求和特点应当成为焦点。有效的反思必须充分考虑学生的个体发展过程，包括身心成长、学习动机，以及他们已具备的知识和技能水平。高校生通常在形象思维方面表现出色，但在逻辑思维方面相对较弱。这意味着，他们通常更容易理解和应用实际过程和程序性知识，但对于纯粹学科性的知识可能需要更多的指导。因此，高校英语教师应该识别并理解这些差异，以在教学中平衡理论性和实践性的元素，以促进学生全面发展。只有深刻分析学生的需求和特点，教师才能确保反思性教学策略的有效实施。这种方法有助于定制更符合学生需求的教育体验。

二、高校英语教师教学反思的过程

赵明仁提出了教学反思的核心步骤，包括问题识别、情境描述、解释与分析以及采取行动。虽然高校英语教师在面对不同的教育对象、人才培养方式和教学环境时有其独特性，但实施反思性教学的一般过程可以总结为以下相似的阶段。

（一）在行动中观察——发现问题

当教师面对令人困惑、具有挑战性或引人入思的情境时，通常会展现出三种不同的反应。首先，有些教师可能采取逃避策略，这意味着他们选择回避问题，不去处理这些情境，而是将自己的注意力转移到其他事情上。其次，有些教师可能陷入沉思，沉浸在关于问题的各种想法和幻想中，而不是积极解决问题。最后，还有一些教师可能会下定决心坦诚地面对这些情境，努力理解、分析并寻找解决方案。

这三种反应都与反思性思维密切相关。因此，反思性教学通常是以问题为导向的,它的起点通常是当教学效果未达到或超出预期时,引发教师的困惑和好奇,从而激发了反思性思维的发展。

在高校英语教育领域,教师经常会面临一系列挑战,包括但不限于以下情况:首先,教师可能会发现自己设定的教学目标难以在实际教学情境中有效实施。其次,教师可能对教学情境资源了解不足,导致资源未被充分挖掘和利用。再次,教师可能发现他们已有的英语语言教育和职业技术教育方面的知识和经验在具体的教学中并不适用,无法解决当前的教学问题。此外,有时教师需要平衡英语语言知识和其他专业知识(如国际商务)的教授和培训比重。最后,还可能涉及理论与实践之间的比例问题。

这些问题一旦在教学中引发困惑,通常会激发教师进行反思,以应对和解决这些挑战。反思性教学就是以这些问题为出发点,通过深入思考和分析,寻找创新性的解决方案,以提高教育质量和满足学生的需求。

(二)描述问题情境——明确问题

在教学中遇到问题时,教师常常感到困惑,思维可能处于混乱或不清晰的状态。尽管他们可能已经有一些线索或方向,但问题尚未被充分明确,需要更详细的界定和描述,以便进一步深入研究。为了明确问题,一种有效的方法是对问题情境进行详细的描述,以使自己的经验和观察尽可能全面地呈现出来。这有助于将模糊的问题明确化,并通过深入了解教学情境使问题更加明晰和有针对性。这实际上是教师运用他们自身对教学情境的深刻认识澄清问题的过程。

(三)动用已有知识和经验——理解问题

反思能力强的高校英语教师通常会采取以下步骤解决问题:首先,他们会明确定义问题并将其置于教学的中心位置。其次,他们会分析和收集相关信息,以深入理解问题并形成问题的具体描述。最后,他们会利用已有的知识,包括英语教学知识、职业技术教育理论和个人实践经验,以及通过与同事讨论,综合比较分析,以找出问题的根本原因。在此基础上,他们会总结经验,并批判性地审视他们以往所采用的教学理论和方法。最终,他们会发展出新的思想和策略,以设计可能解决问题的教学计划。这一过程有助于教师不断改进教学方法，提高教育质量，更好地满足学生的需求。

（四）提出理论假设，验证假设——行动研究

在明确了问题并形成了新的理论和行动策略后，教师需要积极采取行动。这包括建立理论假设并设计验证方案，在教学实践中对假设进行验证。如果实践得到预期结果，新理论将得到验证和加强；反之，若结果与预期不符，教师将产生新的疑惑，激发进一步的反思，开始新一轮行动研究循环。

通过以上教学反思的基本过程，教师实际上成为一名研究者。反思不仅是教师行动研究的过程，也是教师构建个人实践知识、推动专业发展的关键途径。这种循环的反思和行动研究过程有助于教师不断提高自身的教学水平，并在实践中不断完善教学方法，以更好地满足学生的需求。

三、高校英语教师教学反思的方法

"吾日三省吾身"提醒我们，作为教师，也应该具备反思的能力。每位教师都会有相似的教学经历：在备课阶段，可能难以察觉问题；但在实际教学中，疏漏通常显而易见。即使是杰出的教师，也会遇到教学中的不完美之处，因此自我反思对于教师至关重要。它不仅是教学过程中必不可少的一环，也是提高教学效果的主要途径，同时也是积累教学经验的有效方式。持续不断地进行教学反思，可以帮助教师积累宝贵的经验和教训，及时发现新问题，提高自身教学水平，实现自我超越。

教师反思的核心是使教师意识到反思在教育领域中的重要性以及其对个人专业成长的推动作用。反思能力的培养着重于教师学会如何运用反思策略。在教育教学中，教师的反思是一种批判性思考，即教师通过回顾、诊断、自我监控等方法，对自己的教学行为、教学决策、教学方法以及由此所产生的教学结果进行审视和分析。这个过程有时会包括积极肯定已有做法并加以强化，有时也需要坚决否定并进行深入思考和修正。教师将自己的教学实践作为思考对象，审视和分析自己的行为和取得的成绩。本质上，这是一种个人与实践之间的有益对话，是对教育教学过程中各个方面问题的反省、思考、探索和解决。

(一) 教学反思的层面

教学反思可以贯穿教育教学中的多个层面，有教学实践中的反思，有理论学习的反思，也有同伴之间相互借鉴时的反思。

1. 在教学实践中自我反思

每当一堂课结束后，教师应当深刻地审视自己的教学实践。其包括评估哪些教学策略达到了预期效果，哪些精彩瞬间值得仔细分析，以及哪些意外情况让自己感到措手不以及。还需要考虑哪些方面的教学需要改进。同时，为了更好地保留这些有用的反思，教师可以专门记录以下 3 个关键点。

①总结成功的经验。每节课都存在着成功的内容，作为教师，需要成为教学的积极参与者，坚持记录并积累这些成功经验，以增加自己的教学经验，并逐渐形成独特的教学风格。

②探究失败的原因。无论课堂设计多么完美，教学实践多么成功，难免会存在一些疏漏或者出现知识性错误等问题。课后，教师应该冷静下来，认真反思，仔细分析并找出失败的原因，以便寻求解决办法，避免重蹈覆辙，使教学不断完善。

③记录学生的情况。教师需要善于观察和把握学生的反馈信息，将学生在学习过程中遇到的困难和普遍存在的问题记录下来，以便有针对性地改进教学。同时，学生在课堂上提出的独特见解常常能够拓宽教师的教学思路，教师应当及时记录下来，实现师生之间的相互学习，从而促进教学的互惠互利。

2. 在理论学习中自我反思

教师应该积极追求学习和掌握先进的教育教学理论，并主动应用这些理论反思指导自己的教学实践。在学习过程中，教师需要深刻地思考、认真理解，并将理论知识付诸实际应用。先进的理论常常能够为我们的教学带来新的启发，就像开辟了新的道路一样。要达到高水平的教学，需要具备深厚的理论素养和广泛的知识储备。苏霍姆林斯基曾经要求他的教师"每天不断地读书"，并"不断补充知识的海洋"。他认为这样做可以为学校教科书提供更广阔的背景，通过理论学习，教师更容易将所学的理论融入自己的教学理念中。

3. 在相互借鉴中自我反思

教师应积极参与相互听课和观摩同事的教学活动。这不仅有助于教师避免陷入自我封闭、自我膨胀，使自己变得狭隘和自满，而且能够让教师站在已经取得成功的"巨人"的肩膀上，获取更广阔的视野。尽量不要错过任何听课的机会，并且要关注教学中的微观细节。除了观摩同事的教学，还应深入研究特级和优秀教师的教学实录，从教学结构、方法、语言运用、板书设计、学生参与度、教学效果等各个方面进行客观公正的评价。教师应对所观摩和听课的每一堂课进行深入研究、思考和讨论，将这些经验用于反思自己的教学实践，应认真总结经验教训，吸取成功之处，并将其融入自己的教学中，最终实现创新。

（二）教学反思的常见形式和方法

教学反思通常以两种主要方式展现：自我反思和集体协作反思。自我反思是教师个体重新审视其教学实践的过程。通过自我反思，教师能够独立思考关于学习方法、教学策略、师生互动等方面的问题，这有助于培养教师的独立思考能力，最终帮助他们找到创新的问题解决方法。

集体协作反思则是以教师集体为单位建立的综合性反思系统。在这个框架下，教师一起合作深入探讨问题，通常能够从多个不同角度更全面地研究问题。教学反思可以采用多种方法和形式展现和实施。

1. 反思日志

反思日志是教师用来自我反馈的一种工具，通过记录教学日志和学习日志，教师能够深入思考课堂教学中遇到的问题，反思自身的教学方法和效果，从中获取新的见解。教学日志主要记录教师在具体教学过程中的感受和观察，有助于教师更好地理解教学问题，提高教学质量。学习日志可以是教师对自身专业知识的总结，也可以是学生对学习经验的分享。教师的反思水平和深度因人而异，因此养成写好反思日志的习惯，对于培养教师的反思能力非常重要。在高校英语教学中，可以通过集体备课和集体评课的方式，促进教师之间的交流，提高反思意识和深度。另外，坚持写反思日志也很关键，只有持之以恒地进行记录，才能为教师提供最为直接的反思教学经验的素材。

2. 同伴观察

写教学日志通常受限于教师自身的观察和反思，因此容易遗漏关键信息，这取决于个人反思水平和视角的局限。为了弥补这一不足，需要引入同伴观察，即教师互相参观对方的课堂教学。这种自愿合作的观课活动允许教师观察并记录同事的教学情况，然后在课后进行信息交流。

通过同伴观察，教师可以获取那些自己无法直接感知的信息，从而更全面地了解教学实践。这有助于提高教师的外语教学能力，同时也有助于他们深入科研和专业发展。此外，同伴观察促进了教师之间的互相理解和共鸣，提供了职业满足感和愉悦感。

3. 个案研讨

在课堂教学的个案研讨中，教师首先要了解当前教学的大背景，在此基础上，通过阅读、课堂观测、调查和访谈收集典型的教学个案，然后对个案作全角度、全方位的解读，教师可以对课堂教学行为作出技术分析，也可以围绕案例中体现的教学策略、教学理念进行研讨，还可以就其中涉及的教学理论进行阐释。

4. 行动研究

行动研究强调了教育中的反思和实践相结合。在这一方法中，教师通过研究自己在教学中遇到的问题，制定假设并采取行动解决这些问题。这种方法侧重于将理论与实际紧密结合，以课堂教学中收集的实际数据为基础进行研究，然后将研究结果直接应用于改进教学。

行动研究赋予了教师更大的主动性，使他们成为课程设计和发展的决策者。通过这一方法，教师能够更好地进行自我发展，不断提高专业水平，并为教育领域的进步贡献力量。行动研究也有助于培养研究型教师，他们不仅是知识的传授者，还是教育实践的研究者和探索者。这种方法强调了将教育理论与实际教学紧密结合，以不断改进和提升教学质量。

5. 微格教学

微格教学是一种基于微型化、规范化和声像化的教学方法，它要求教师使用摄像设备记录自己选择的教学方法或过程，然后以观察者的角度观看和分析这些记录，以寻找解决问题的方法。通过微格教学，教师可以重新审视自己在教学中的行为，发现其中的特点和细节，还可以与他人合作进行对话和讨论。此外，教师还可以选择观察和分析同事或其他教师的教学片段，以获取启发和灵感，以便反思和改进自己的教学方法。

6. 学生反馈

学生反馈是一种教育实践中的关键元素，它提供了有关学生学习体验和教学有效性的重要信息，有助于教师更好地理解和满足学生的学习需求。在高校英语教学中，有多种方式可以获取有效的学生反馈，包括与学生进行面对面的座谈，收集他们的评教意见，分析他们在练习和测试中的表现，通过问卷调查了解他们的观点，以及与其他教师进行交流，分享经验。借助学生反馈，教师有机会审视自己的教学方法、教学语言和专业水平，以提高自身的教育实践。通过分析学生反馈的数据，可以获取更深入、更明确的见解。在高校英语教学中，充分利用学生反馈有助于教师不断提高自己，改进课堂管理，建立更良好的师生关系，促进学生自主学习，从而提高英语教学的质量。

7. 合作研究

教师可以独立进行教学反思，但当教师能够加入一个协作的教师团队时，共同研究和解决典型教学难题，便能最大限度地发挥团队成员各自的专业长处，形成协同研究的合力。这不仅有助于提高整个团队的教学反思水平和行动研究水平，还能促进教师个体的专业成长。

8. 专家听课

可以设立一个由经验丰富的离退休教师组成的教学监督团队，或者邀请在相同教学领域具有卓越专业能力的专家进行课堂听课指导。另外，也可以聘请国内外著名学者观摩和评估全体英语教师的授课，他们将对教学中存在的问题进行深入分析和评价，以协助教师不断提升他们的反思能力和专业发展能力。

9. 教师评价

教师评价类似于教师听课，但其焦点不再只是简单地判断教学对错，也不仅作为考核的手段。相反，教师评价强调对整个教学过程中的教师行为进行观察、分析、评价、改进和实践的循环过程，以帮助教师不断提升他们的教育水平，以促进他们未来的职业发展。

对高校英语教师的评价应该涵盖多个方面，包括人际关系、跨文化交际能力、英语语言水平、语言教学方法、职业素养等。通过评价这些方面的素质，并提出相应的改进措施，可以建立一个有助于外语教师专业知识的发展和教学技能提升的平台。

10. 学术研讨会

这是一种学校支持和促进教师发展的方法，不同学校的教师可以在研讨会上分享自己在教学中遇到的问题，然后共同探讨解决方案，最终形成的解决方案可以为所有参与研讨的教师共享和借鉴。

在高校英语教育领域，有多种途径可以用来进行反思性教学。教师可以根据他们所在的学校环境和教育科研条件，选择适合的反思方法和策略，以便让反思成为推动他们自身专业成长的有力驱动力。

高校教育改革正逐渐摒弃传统教育方式，积极探索具有职业技术特色的教育理念和实践方法，培养适应现代高校需求的技术教育专家型教师。因此，高校英语教师在改革中需要打破传统的束缚，不拘泥于既有的教学理念和经验，而是积极发挥自己的创新能力，主动在教学实践中发现和解决新问题，不断发展个人的教育实践理念，提升自身的专业素养，提高教育效率。在这个过程中，反思性教学无疑为高校英语教育改革提供了一种新的方法。它为高校英语教师提供了一个融合理论知识和实际教育实践的平台，为提高教学质量开辟了新的途径。

第一，反思性教学是一种使教师在教学实践中不断审视、调整、整合和完善的教学方法。通过反思性教学，教师能够充分发挥自己的创造性和自主性。这个过程不仅是在教学环节中的实时调整，更是对教学经验和实践进行深入反思的过程。

教师在反思性教学中变得更加专业成熟。教师的个人教学经验成为他们获取教学知识的主要依据。这种自主性的发展过程使教师更加有动力进行教学创新,因为他们能够基于自身的经验和反思找到更好的教学方法和策略。

反思性教学赋予了教师更多的自主权和创造空间,使他们在教学实践中更加灵活和富有创意。

第二,反思性教学不仅提供了教师获取科学知识的机会,而且让教师在教学实践中成为知识的创造者。通过反思性教学,教师将自己的发展与教育问题研究相结合,将教学和研究融为一体。这种综合方法帮助教师在教学中不断发展自己的实践理论,甚至成为新教育教学理论的贡献者。

第三,反思性教学激励教师不断学习。这一方法强调了与具体工作环境相结合的教育实践,使教师能够积极解决实际问题,推动专业发展。通过反思性教学,教师培养了自己的专业认知和教育理论,并形成操作策略。他们不仅回顾、思考、评估教学经验,还积极寻求新理论和方法,并不断调整教学设计以满足不断变化的教学目标。教学反思是一个不断探索的过程,为了使教学更具合理性,教师需要保持终身的职业热情,并永不停止学习和研究。

第四,实施反思性教学有助于促进教师之间的互动与合作,以及培养校企合作能力。一方面,反思性教学不是一项孤立的活动,而是一个涉及多个教师的过程,它需要群体的支持与合作。教师之间的合作研究是反思性教学的关键组成部分,通过与同事的交流互动,教师可以相互鼓励、启发,从而提升反思的效果,加速个人专业发展。另一方面,高校英语教师需要具备校企合作能力,因为高校教育注重培养与行业相关的人才。因此,反思性教学不应仅局限在课堂和实验室中,而应将其视野拓展到更广泛的社会领域,特别是与相关行业的公司和企业进行合作。通过与企业的交流互动,教师可以提高他们的教学目标和教学过程的合理性,使教育更贴近实际需求。这种广泛的社会合作有助于教师更好地准备学生,使他们在毕业后更容易适应职场挑战。

第九章 高校英语教师教学日志的研究

第一节 高校英语教师教学日志的发展

一、教学日志的发展进程

尽管日志作为自我表达的方式在国内外拥有悠久的历史，但将教学日志引入教育研究领域，并将其作为研究对象以促进教师对自己教学的反思和专业成长，这一概念的历史相对较短。尽管历史较短，教学日志作为一种理论研究却有着深刻的历史渊源。

（一）自然主义研究与定性研究方法的影响

西方自然主义教育思想具有长期的历史性，并对现代教育理论的发展产生了深远的影响，具有现实性的重要意义。它经历了从萌芽到客观化、主观化再到心理化的四个发展阶段。人文主义教育家对自然主义教育进行了以人性为核心的论述，强调以人为中心，反对以神为中心，并赞扬人的意义、尊严和价值，注重人的地位和作用。他们将培养学生的学习积极性、独立思考能力和个性发展作为教育目标，并高度重视其实现过程。在刘黎明的研究中，他指出不同阶段的教育研究虽然有不同的角度，但在教育要促进人的身心发展方面却有一致的追求。这些教育学者通过各自独特的方式，论证了自然主义教育理论在时代中的重要意义，并塑造了自然主义教育的主要特征和取向。人文主义心理学对人的关注和研究吸引了众多古代和近代有教育智慧的人士进行思考和探索，开始关注学生、关注自身、关注主观感受。而教学日志则是一种有效的途径，通过关注自我和学生，实现个体的成长和自我实现。

定性研究方法是一种研究社会现象和事物的方法，它关注事物的特征和内在变化，并侧重于研究者的主观观点。这种方法强调在自然环境中开展研究，通过观察实际事件和情境收集数据，而研究者本人是最主要的工具。研究者会在自然环境中与参与者互动，与被研究对象建立长期联系，观察他们的日常生活，以直接了解他们的内心世界。这样可以获取被研究者在真实情境下的一手研究材料。

定性研究方法侧重于通过深入研究特定案例，积累以语言数据为主的信息，然后运用分析和归纳的方法探究这些数据。这种方法的焦点在于理解个体创造的意识以及观察自然环境中的人类行为。它不以中立或客观的方式进行，而是允许研究者将自身的情感和经验融入研究中。

在教育领域，这一方法的应用可以通过教育定性研究体现，其中教学日志具有特殊的价值。教学日志的编写可以被看作是教师对内心世界的自白，对自身教育行为的反思。通过反思自己的教学以及学生在课堂上的表现，教师可以同时发现自己和学生的优点和不足之处。通过对这些积累性材料的总结和分析，教师能够深刻理解自己的教育理念，并获得有关教学实践的新见解。这有助于不断提高教育质量和学习效果。

（二）后现代主义思想及现象学的影响

"后现代主义"一词最初出现于20世纪三十四年代的艺术、建筑学和历史学领域的讨论中。20世纪六七十年代，后现代主义兴起。后现代主义汲取了分析哲学、解释学和后结构主义的研究方法，为教育理论研究带来了新的元素，赋予教育研究崭新的视角。与现代主义不同，后现代主义强调了以语言范式替代以往的意识范式，并强调研究焦点应从认知主体和思维内容的探讨转向对语言学和社会主体之间的互动和关系的关注。这一倾向凸显了以往教育研究中被忽视的差异性问题，深入讨论了语言、权力和知识之间的关系。

后现代主义对教育领域产生了深远的影响，尤其在教学日志的发展方面表现得明显。教师在编写教学日志时更加注重关注学生个体之间的差异，敢于提出自己的教育观念和想法，用自己的语言表达观点，而不受传统教育权威的拘束。这体现了后现代主义在一定程度上有助于人的思想解放，强调了个体的表达自由和独立性。

现象学是一门哲学思潮，最初由德国哲学家胡塞尔（Husserl）创建，它在现代西方哲学中占据着重要的地位。现象学的核心理念是"回归到事物本身"，强调研究者应当直接关注和描述事物的现象，而不受先入为主的观点和理论干扰。这一思想吸引了一批哲学家，包括海德格尔、梅洛·庞蒂、萨特、伽达默尔等，他们共同探讨并发展了现象学的方法和理念，形成了20世纪欧洲大陆最重要的哲学思想运动之一——现象学运动。

在现象学中，关注的对象是"现象"，指的是那些通过感知所呈现给我们的事物或我们能够意识到的事物。范梅南是现象学领域的重要大师，他于1980年从荷兰引入了现象学和经验的重要性。他强调，从现象学的角度来看，研究的本质是提出关于感知和理解世界的问题。理解世界就意味着以某种方式深入参与这个世界，而研究则是有目的的行为，旨在使我们与世界更紧密地联系在一起，甚至融入这个世界之中。这种方法推崇直接的、不受预设观点的研究方式，以更好地理解和体验我们周围的世界。

教育研究的角度应当充分反映人们在日常生活中的教育经验。现象学的方法强调回归到生活的实际情境，采用还原的方式描述和解释各种生活现象的本质。此方法关注的焦点在于捕捉日常生活中各种多彩多样的经验，特别是那些嵌入具体情境中的意识节点。通过分析和阐释这些经验，现象学使晦涩难懂的生活体验变得清晰可见，易于理解。同时，现象学也将这些经验以生动的方式呈现，采用了与轶闻趣事相似的写作方式，既提供了经验所处的情境，又在描述中传达了经验的深层本质，从而具有了人类经验的通用性。这激发了读者参与对话，促使他们从现象学文本中深刻地反思这些经验。

现象学要求研究者深入生活，而非停留在抽象的概念世界中。研究者积极地探索生活经验的不同方面，同时努力排除无关的价值观和偏见，以揭示认知对象的真正本质。在现象学的指导下，研究者关注的是研究对象的实际经验，研究的目的是深刻理解我们日常生活经验的本质和意义。这为我们提供了一种以人文视角探索教育领域的方法论。

这些现象学的特点对于教学日志的研究有着积极的影响。教学日志着眼于真实的教学情境，强调以教师个体的意识为基础赋予教学经验意义。编写教学日志的目的在于帮助教师充分反思和理解他们在教学过程中的经验，突出了教师个人的原始经验。对于教师来说，最有效地探究生活经验的方式之一就是通过书写日志来描述自身的亲身经历，以冷静、明智的方式观察教学事件，从而提高他们在实际教学实践中的洞察力。

(三) 教育行动研究与叙事研究的深入

以前，学术研究通常被视为高校和研究机构专家的领域，而一线教师很少有机会从事研究工作。研究人员被期望以一种独立和客观的方式工作，越来越多的研究人员选择积极融入实际教育实践，将自己的主观经验融入研究中。这种趋势认为主观性观点和经验逐渐变得更为重要，教师和研究之间的联系也变得更加密切。

行动研究是一种广泛应用于教育领域的研究方法。美国学者对其进行了全面定义，指出它是一种在特定教育领域内进行的反思过程，旨在提高实际教学实践或个人理解，以满足实际需求。教学日志是行动研究的一种具体表达方式，由教师主导并记录研究成果。在此过程中，教师扮演着主要研究者的角色，以学校和班级内的教育相关活动为研究主题，以日常的教学情境为研究背景，并以改进教学实践为主要目标。与传统学科理论研究不同，行动研究专注于解决教师在实际教学中遇到的具体问题。

教师通过记录自己在教育领域的观察、经验和情感，然后深入分析这些记录，旨在获得对自身教育工作更全面的理解。这一过程的主要目标是解决教育实践中的问题。与此同时，行动研究强调对教育行为的反思和对行动结果的理性评估。它鼓励将研究过程与实际行动相结合，也就是说，在教育实践中，教师不仅是问题的解决者，而且是教育实践的研究者，最终可以形成自己的教育信念和教育理论。

编写教学日志是进行这种教育研究的一部分，它允许教师定期审视和反思他们的日常教育实践。通过不断审视和反思，教师能够发现存在的问题并逐渐形成自己的教育信仰和理论，从而不断提高自己的教育实践水平。

教育叙事研究学者克兰迪宁和康纳利提出了一种理念，强调了理解教育经验的关键作用，他们强调我们应该关注教育实践中的叙事性元素。这是因为叙事思维在经验的记录和传达中扮演着核心角色，它不仅是经验的主要表达方式，也是书写和思考的主要方式。

叙事研究方法强调多元文化视角，对于英语教师来说，这意味着通过文化的镜头研究教育问题，从而使他们能够更好地表达自己对教育实践的感受和理解。在这个过程中，教学日志成为英语教师主要的表达工具，帮助他们记录和反思自己的教育经验，以更好地理解和改进他们的教育实践。

（四）教育对话研究的启示

对话作为一种涉及人类生存的哲学命题，近年来在教育研究中备受关注。日本学者佐藤提出："学习活动不仅是建构客观世界意义的过程，更是一种探索与塑造自我的活动，以及编织自己与他人关系的活动。"学习活动中形成的三种对话实践涉及客体、自身和他人的关系。

在教学活动中，教师通过与他人（学生、同事等）对话、与客观世界对话以及与自己对话，不断地参与这种对话实践。与自己对话体现在教学日志的书写过程中。通过内部对话，教师改造自身的意义关系，重新构建内部经验。在与"他人"对话过程中，教师深刻体会到自身的长处和不足；与客观世界对话则表现在教学日志的书写与"他人"沟通的过程中。通过教学日志的记录，教师不仅认识客观世界，而且综合了自己的观点。在与他人交流的过程中，教师能够发现自身与他人的差异，使自己的认识更趋于客观。通过撰写日志，教师关注自身成长、学生需求、教学内容以及客观世界，从而实现教师自我专业发展的目标。教学日志的书写过程就是教师与自己、学生、教学和客观世界展开对话的实践。通过对自己的内部对话，教师重新审视和塑造自己的意义关系，不断调整内在体验。与学生、同事等他人的对话中，教师深入了解自身的优势和不足，而与客观世界的对话则通过教学日志的记录和与他人的交流中体现。

教育叙事研究者佐藤的观点强调学习活动是一种关于建构客观世界、探索与塑造自我的、编织与他人关系的综合活动。这种对话实践在教育中通过教学日志得以体现，促使教师更深入地认识自己、学生、教学内容以及外部环境。通过对话，教师的认知逐渐客观化，专业发展得以推动。

（五）互联网的应用普及对教学日志的影响

互联网已经成为教育领域中非常重要的工具，尤其在教学日志的传播和共享方面发挥了关键作用。它将教师从信息的获取者转变为积极的信息共享者。近年来,教师博客,也称为网络教学日志,已经迅速崭露头角。这不仅增强了教师的发言权,而且为他们提供了更广阔的平台,以分享在教学实践中积累的宝贵经验。

二、教学日志的概念与内涵

(一)教学日志概念的界定

"日志"这个词源自法语,最初用来描述个人一天中的活动、记录经验和观察,如飞行员的飞行日志或船长的航海日志。后来,这个概念被引入教育领域,用来记录学习者或教育者一天的学习、生活和专业发展情况。然而,关于什么是教学日志并没有一个统一的定义。美国学者布鲁克菲尔德(Brookfield)提出:"研究日志(又称教学日志、工作日志或教师日志)是一种教师对生活事件定期的记录,它有意识地、生动地表现了教师自己。它不仅仅是罗列生活事件的清单,而是通过聚焦这些事件,更多地了解自己的假定。"从布鲁克菲尔德的定义来看,教学日志是教师个人的记录文件。教师在一天的工作或一堂课结束后,以教学日志的形式记录自己在课堂教学过程中的感受和体验,这成为反思的基础。有些学者认为,教学日志是通过仔细观察课堂并在课后立即记录的报告,包括有关教与学的质性材料的收集过程。因此,教学日志不仅是对生活事件的记录,而且包括在教学过程中对自身有价值和意义的事件的记录,是对自己学习和工作的反思。如果没有对事件或观点的反思,它就不能被视为一份有效的教学日志。

教学日志是一种教师用来记录、总结、分析和反思自己的教学活动的工具。它是一份持续性和真实性的记录,涵盖了教师在课堂中的教学行为、所取得的成绩以及面临的挑战。通过教学日志,教师能够回顾自己的教学历程,审视成功和失败,并以此提高自身的教学能力。这个过程不仅有助于完善教学技巧,而且能够推动教师的专业发展。教学日志的核心在于对经验的记录、思考和改进。教师在写日志时,会主动提出问题并尝试找到解决方案,这有助于不断更新教学观念,增强专业素养,促进自我价值的实现。总之,教学日志是一个有助于教师自我成长和教学不断进步的重要工具。

(二) 教学日志的基本内容及类型

教育学者麦克纳（Mckernan）提出了一种有趣的角度，他认为教学日志的关键在于记录教师在教学中真正感到有价值的事件、思考和情感。这些日志记录能够捕捉到教学的实际场景，教师的个人见解、情感、教育理念以及这些方面的演变。通过撰写教学日志的方式，这些重要情景、观点和变化不会因记忆有限而遗忘，而可以得以保留和反思。

教师可以将教学日志看作是自己教学历程的生动记录，其中可以包括对教学的评价、期望的结果、未曾预料到的事件、教学成功的方面以及不满意或不足的地方。通过编写教学日志，教师自然而然地被促使对自己的教学实践进行深入反思，这使反思成为他们日常教育工作的常规部分。

为了写好教学日志，首要任务是明确记录哪些内容，而这些内容并不是提前规定的，而是对已经发生的教育实践的回顾和总结。通常来说，教学日志可以包含以下基本内容。

1. 教学理论与教学方法

教学理论涵盖了合理设计教学情境、实现学校教学目标的一套系统性理论体系。它包括了教学思想和方法的理论构建，融合了教育学和心理学的基本原理，并将其运用到实际教学中。教师通过将新的教育理念和思想与个人的教学实践相结合，从中发现问题，例如探索素质教育、创新教育、主题教育、研究性学习等新的教育理念，并查找在教学中存在的问题。

教学方法主要包括对教师自身教学方法的反思，也包括对学生学习方法的引导。这涵盖了对当前流行的教学方法是否适用于所有类型的课程，教师在教学方法上的创新，以及哪种教学方法有助于学生掌握教学内容等方面。

2. 教学内容

在备课过程中，教师会深入思考课程内容，这涉及他们要教授的内容、教学方法以及如何执行教学计划。教师不仅对课堂的内容和组织结构进行详细的设计和安排，而且要考虑到在教学过程中可能需要的即时调整。他们将清晰有条理的板书、教学中的失误和不足之处详细记录，以备后用。这样做不仅为未来的教学提供了参考，而且使教师能够在此基础上进行持续的改进和创新。

3. 自我意识与反思

自我意识与反思是教育领域中教师必不可少的素质。这包括教师对自身的优点和不足之处的认知。教师对教学活动的认知是一个反复循环的过程，因为每次的教学都伴随着成功和挑战。教师能够敏锐地捕捉到教学中出现的一些特别的瞬间，这些瞬间可能在课堂中突然产生，但却包含了有价值的教育洞察。如果不及时记录和反思，这些宝贵的灵感可能会被遗忘。通过编写教育日志，教师能够捕捉、记录并分享自己在与学生互动、协同知识建构的过程中所获得的洞见和创意，这彰显了教育领域中的智慧。同时，反思还包括对教学中的不成功之处的审视，也就是所谓的"败笔"。其包括未能清晰传达的概念、常见的学生错误，以及普遍存在的教学问题等。通过仔细分析这些问题以及其原因，教师能够确定改进的方向，提出切实可行的解决方案，以不断提高自己的教育实践。这个过程有助于帮助教师更好地理解自己的教育方法，以及在不断改进中提供更好的教育服务。

4. 学生情况

教师的自我反思涵盖多个方面，其中包括学生的学习成果，学生在课堂中的表现和反应，学生对授课内容的理解程度，学生的学习积极性和主动参与度，以及学生在课堂上提出的见解。此外，也需要考虑学生的纪律表现，课堂上出现的问题或突发事件等。在教学过程中，学生往往会有创新的想法和观点，而教师应该积极鼓励学生提出独到的见解。这种做法不仅有助于传播有效的学习方法和思维方式，而且有助于教师反思自己的教学方法。通过记录这些学生的见解和想法，教师可以将其作为宝贵的教育资源，用于今后的教学活动，从而不断拓宽自己的教学视野，提高自身的教学水平。这种记录和反思过程对于不断改进教学方法和进一步提高的教育质量至关重要。

5. 教学评价

教学评价包括督导学生对课堂教学正面和反面的评价，为教师提供了一个科学了解自身教学状况的窗口，使其明了自己在教学中存在的不足和今后努力的方向,通过记录与反思,为教师的专业发展提供一个很好的平台。

一直以来,教师撰写教学日志没有固定的格式和要求,他们可以根据自己喜欢的方式和感兴趣的内容予以记录,自由地展示自己的撰写风格以及特色。据现有研究看来,教学日志主要分为以下4种类型。

①点评式。这方法就是在课程计划中,针对实际的教学情况,以简洁明了的方式做注解和评价。通常用于教师在备课或上课期间的即时记录,以记录下其中出现的灵感或瞬间的洞察。

②提纲式。这种方式涉及对自己在课堂教学实践的深入分析,将教学内容、教学方法的应用、学生表现以及个人表现等方面的成功和不足——列出,以提供全面而系统的教学评价。通常在课后进行,有助于全面地评估自己的教学成果和不足之处。这种方式使教师能够更清晰地认识到他们在教学中的表现,包括成功和挑战,为未来的改进提供有力支持。

③随笔式。这种方式涉及教师具体地记录他们在教学中遇到的问题,并经过深思熟虑后进行反思。这种记录形式关注的是教师对特定问题或事件的情感和感受,以揭示他们的思维方式,深入了解他们的内在世界和情感体验。

④专题式。这种方法专注于在教学中识别最显著的问题,例如语言表达或课堂组织与管理等方面,然后进行深入的分析。通过反思自己的教学行为背后的教育理念,旨在确立正确的教学方法和行为。通常这种方式在课后进行,时间周期较长。

需要强调的是,点评式的教学记录适用于应急情况,而要提高教师的反思能力,促进他们的专业成长,建议使用提纲式、随笔式和专题式的教学记录方式。

(三) 教学日志的语言特征

教学日志是一种非正式的文体,具有其特有的语言特征。首先,它采用日常生活用语。教师在记录日志时不需要过分追求华丽的词汇,而是倾向于用通俗的日常用语表达自己对教学的情感和想法。这种写作风格有助于让作者自由表达自己的感受,同时也使读者更容易理解和产生亲切感,使他们更容易融入与他人的对话中。其次,教学日志通常以第一人称叙述。它是教师个人内心世界的真实反映，是情感的宣泄，因此经常采用以"我"为中心的叙述方式，这有助于教师理性地思考和评价教学中出现的问题。

教学日志的主要目的是改进教师的教学实践，促进他们的专业成长，最终使他们成为教育研究者。因此，在完成日志后，教师应该对其进行整理，并尽可能采用专业术语，以提高教育教学理论水平，从而实现专业发展的目标。

第二节 英语教师教学日志的意义

一、教学日志可促进专业成长

美国学者布鲁克菲尔德提出了一个重要观点，他认为研究日志（又称教学日志、工作日志或教师日志）是一种教师定期记录生活事件的方式，这些记录不只是简单的事件清单，而是通过关注这些事件更深入地了解自己的信仰和假设。这些日志记录的故事有助于唤醒教师的自我意识，推动思想的发展。它鼓励教师专注于每天发生的教学事件，并深入反思、审视和提炼这些事件的起因、发展和结果，从而形成独特的教育理念，有助于促进他们的专业成长。这种记录方式有助于教师更好地理解自己的教育实践，并促进思想的升华。

（一）撰写教学日志，促使教学意识的觉醒

教师是一个实践丰富的职业，他们的教学行为往往建立在已有的教育经验和假设之上。这些假设源自日常的教学工作经验，它们在教师的教学和管理中发挥着重要作用。但是，这些假设有时并不全面，可能出现偏见，甚至存在错误。

编写教学日志有助于激发教师对自己教学行为的反思和审视，帮助他们修正教育假设。在这一过程中，教师逐渐纠正了原本不准确或有偏见的教育观念，甚至可能意识到之前未曾考虑的教育观点。因此，撰写教学日志有助于唤醒教师对自己的教育觉悟，提高教育实践的质量。

(二) 撰写教学日志，促使教学思想升华

教学日志扮演着重要的角色，它是一种有助于教师反思的工具，用来回顾、分析、思考和总结已经进行的教学工作中的成绩和挑战。通过教学日志，教师可以加深对教育教学的初步认识，纠正不准确或有偏见的观念。例如，大多数教师都明白倾听可以让学生感受到理解和尊重，对于建立良好的师生关系至关重要，但是，通过教学日志的反思，他们可以更深刻地理解倾听不仅是尊重学生、了解学生的体现更是促进有效教学的关键前提的体现。

(三) 反思课堂中的问题，超越自我

教师的反思旨在解决日常教育教学中出现的问题，并旨在不断改进自己的教学实践。因此，教学日志的编写应该基于教师的个人教育教学经验，着重关注课堂教学。

反思是对教育活动的回顾和深思熟虑，其目的是改进教学。因此，日志的质量很大程度上取决于教师的回忆和分析能力。为了帮助教师进行有效的反思，有一位美国学者提出了三个有效的时机：事前预测事件、事件发生时的实时反思和事后回顾事件。这些时机有助于教师更全面地思考和改进自己的教学方法。

课前预测事件意味着教师在教学活动发生前，通过对即将发生的情境进行思考和准备。尽管无法完全预见课堂会出现什么情况，但教师可以考虑以下三个方面的问题。

首先，要明确本次课的目的和期望，思考希望在课堂上实现什么样的结果。教师可以根据经验判断可能出现的问题，并为此做好准备。

其次，要全面关注课堂中的各个方面，并及时记录相关信息。日志记录的目的在于帮助教师理清记录的问题线索，认识到各种可能发生的情况。

最后，教师需要深入了解即将发生的教学活动，并确定采取何种措施以确保教学顺利进行。因此，教学日志成为对课堂教学过程有效记录的工具。

行动中的反思是指教师主动观察并思考自己以及周围发生的事件，以深入了解这些事件的真相以及自身内心的感受和想法。这种反思过程通常被描述为将经验转化为学习的机会，即通过仔细探讨经历获取新知识和洞察。

在行动中的反思中，教师通过关注、干预和采取行动确保自己的行为与既定目标是否一致，以更好地应对不同情境。干预表示教师采取主动行动改变自身或周围环境，以更好地适应教学过程。

这个反思过程要求教师将自己视为反思的主体，同时将教学活动本身作为反思的对象，不断地进行积极的规划、检查、评估、反馈、调整和调节，以提高教学质量。

有效的反思通常发生在真实事件发生后，它不仅是思考的过程，而且涉及情感的参与。反思包括三个关键因素：回顾经验、情感参与和重新评估经验。教师的学习基础建立在丰富的经验之上，回顾经验需要教师深入理解获得经验的过程，因此在撰写日志时，重要的内容包括详细描述发生的事件以及寻找事件发生的原因。

回顾经验还需要关注情感和情感参与，因为积极的情感经验有助于加强反思和学习。因此，富有情感的日志能够更有效地传达经验和洞察。

通过对事件的反思和情感的涉入，教师可以重新评价经验，包括思考感受产生的根源、寻找新旧信息之间的联系，将新的见解融入自己的知识结构中。

撰写教学日志是让教师成为有意识的观察者，以便捕捉到值得反思和总结的事件以及师生的内心感受。通过发现自身的不足和解决困惑，教师能够不断提升自己。这种过程有点像"处处留心皆学问"，通过日志记录，教师能够更深入地了解教学活动中的各种经验和体验，从中获得宝贵的教训和洞察。

二、教学日志可促进教师间的交流学习

资源共享是指在某一特定领域或范围内，将资源进行共享和利用的一种的方式，这种方式可以使得资源得到更好的利用，提高资源的使用效率。对于教师来说，分享知识不仅有助于将自己的思维整理得更加清晰和透明，而且能将知识变得更加具体和易于理解。教学日志，作为一种个人写作，不同于私人的日记，它具有分享的潜力，可以与同事和专家共享。这种日志可以被广泛的受众阅读，尤其是在近年兴起的教师博客中，领导、专家、同事、

家长和学生都有可能访问。这使教师可以使用教学日志来与其他人进行沟通和交流。

教师博客是一个开放的交流平台。教师可以通过频繁的信息交流，尤其是与拥有相似专业背景的教师交流，从中获取启发，产生全新的理念和思维火花。此外，教师还可以一起讨论教学活动中遇到的问题和疑虑，共享他们的教学经验，以避免知识局限性。这种公开的反思方式充分展示了博客分享、交流、合作和发展的优势，不仅有助于教师个体的成长，而且有助于提高整体专业水平。

正如朱敬和桑新民在《智慧与力量：对教师博客的思考》一文中所指出的，教师博客是一种去除权威意识的、碎片化的、随机的、个性化的理论与实践反思方式。其中包含了丰富的隐性知识，体现了话语权的分散与释放。教师博客的特殊发布机制有助于构建教师间的交流平台，创造反思的氛围。在一个开放的、互相理解的、合作学习的宽松环境中，教师可以相互交流，最终从这些交流中获得启发，产生新的理念和思维火花。

三、教学日志可提高教学研究水平

教育工作者的教学日志具有巨大潜力，不容忽视。这些教师处于教育的前沿，积累了宝贵的实际经验，为科研提供了珍贵的素材和灵感。他们实际上是教育研究的实践者，应当把自己的反思、观点和教学策略进行理论化、系统化的总结，通过积累逐渐形成有实质性的科研成果。

撰写教学日志是培养教师反思和研究能力的重要手段，也是促进英语教育从业者专业成长的核心要素。这不仅是一种方法，更是一项深入研究，它关注的不仅是教学实践，还涉及了教育工作者的思维方式、教育理念和理论水平的演进。

尽管教师博客内容丰富多彩，但相对较少关注深入的理论研究，更多的是对问题进行表面性的分析。随着定性研究方法的不断发展，我们有望看到这一现状发生积极改变。

尽管中国的教学日志研究起步相对晚起，但已经有许多教育工作者积极探索了教学日志的概念、内涵以及如何书写的问题，这些努力积累了丰富的经验。在教育实践中,也涌现出了很多坚持写教学日志的杰出典范,他们为其他一线教师提供了宝贵的学习和借鉴的资源。

　　这些杰出的教育工作者不仅积极传承前人的经验和教训,主动学习有关教学日志的理论文献和实践经验,而且结合自己的教学实践,编写适合自身特点的教学日志,反思和改进自己的教学方法。不断审视自己的教学过程本身就是一种学习过程,教师通过持续学习,逐渐成为终身学习者和教育研究者。

第十章　高校英语教师教学的课堂观察

第一节　课堂观察的发展

一、课堂观察的发展进程

（一）课堂观察的释义

课堂观察是一项有计划的教育活动，通过仔细观察和记录课堂的运行情况，特别是教学的细节，对这些观察结果进行分析和研究。这有助于改进教师的课堂教学方法，提高学生在课堂中的学习效果，同时也有助于提升教师的专业发展水平。与一般的观察活动不同，课堂观察需要观察者明确定义观察的目标，使用一些工具如观察表和录像设备，以直接或间接方式收集来自课堂的信息和数据，并以此为基础进行相关的分析和研究。这一过程有助于不断改进教育实践，提高课堂质量。

（二）课堂观察的历史发展

课堂观察的历史可以追溯到古希腊时期，亚里士多德就提出了科学研究的基本方法，即通过观察具体事实，运用归纳法总结出一般原理，然后通过演绎法将这些原理应用到具体观察中。这一方法论在教育领域之外的学科中早有广泛应用。

在20世纪五六十年代，西方世界的教育研究开始受到科学主义思潮的影响，课堂观察研究开始崭露头角。研究者们受到其他学科，如社会科学的影响，开始开发系统化的观察记录工具。其中，美国社会心理学家贝尔斯（Bales）于1950年提出了"互动过程分析"理论，该理论系统化地记录了人际互动的不同类型，并将其应用于研究课堂中的小组讨论。这标志着现代课堂观察的起步。随后，美国的课堂研究专家弗兰德斯（Flanders）于1960年提出了"互动分类体系"，这一体系使用编码系统记录师生之间的语言互动，进一步深化了课堂观察方法。从20世纪70年代中期到现在，教育研究者不断扩展和深化了对教育环境中教学过程的观察，使课堂观察的应用范围更加广泛。

除了定量观察，近年来，基于解释主义和自然主义的定性观察方法重新引起了教育研究者的兴趣。这种方法主要依赖文字记录，以更开放的方式捕捉课堂中的现象，为课堂观察提供了更多的发展空间。这一进展丰富了课堂观察方法的工具和途径，使其在教育研究中扮演了更加重要的角色。

美国学者鲍里奇（Borich）博士以培养教师的观察能力为出发点，提出了一种有效提高教学质量的途径。他强调了进行课堂教学观察的重要性，从八个维度出发，详细介绍了每个维度下进行课堂教学观察的具体操作方法。这八个维度包括感知课堂氛围、专注于课堂管理、清晰理解教学过程、验证教学指导方式的多样性、明确定义教学目标、检验学生参与情况、评估学习成果以及培养高水平思维能力。鲍里奇将观察视为一个系统，涵盖了课堂管理、明晰教学内容、教学类型、任务设计以及学习过程等多个方面，结合了观察技能的基本原理和深入的教学实践经验。他的研究不仅具有理论价值，而且具有实际指导意义，为教师提供了观察自身教学的方法和途径。通过观察、反思和设定目标的不断循环，可以显著提高教师的专业素养。

古德和布罗菲（Good & Brophy）合著的《透视课堂》一书，既有对课堂现象的细节描述，有提供了具体的建议。他们以研究者的身份对课堂进行观察，探究了观察、描述、反思和理解课堂行为的方法，并强调教师需要认识到课堂中发生的事情，并准确监控自己以及学生的意图和行为，这样才能充分发挥决策者的作用。在进行课堂观察时，应尽量减少个人偏见，对丰富多彩的观察资料进行整理、分析和反思，以提升教师作为"积极决策者"的决策水平。在我国，课堂观察作为一种科学的研究方法，近年来引起了越来越多学者和教师的关注。

二、课堂观察的特点

观察课堂作为一项科学教育研究方法,与一般的观察活动相比,有其独特之处。

(一) 有明确目标

在进行课堂观察时,研究者必须明确自己的研究目的,关注特定的教育现象或问题,并确保观察活动与这些目标保持一致。

(二) 课堂观察具有系统性

这意味着观察过程需要有明确的计划和策略,以确保观察是有组织和有计划的。研究者需要精心策划观察活动,选择合适的方法和工具,以便能够全面地观察课堂中的教育情境。

(三) 课堂观察是理论驱动

它不仅需要建立在科学方法论的基础上,而且需要受到教育理论的指导。这意味着研究者必须运用相关的理论框架解释和理解所观察到的现象,以便能够深入分析课堂中发生的教育过程。

(四) 课堂观察具有选择性

这意味着在课堂观察中,观察者需要有针对性地选择观察对象和问题。这种选择性是有意识的,因为研究者必须根据他们的研究目的和兴趣决定观察哪些方面。虽然课堂观察相对于一般的日常观察更加详细和系统,但由于选择性的存在,观察所得的信息难以做到全面和完全真实。

(五) 课堂观察涉及情境性

课堂观察是一种现场研究方法,观察者记录教育活动中的行为和事件。这使他们能够获得第一手资料,同时也捕捉到只有在实际情境中才会出现的情感和理解。观察和观察对象的情境是紧密相连的,无论是在时间上还是在空间上。从空间维度来看,观察者需要将观察对象放置在更大的背景之中,以便全面考虑背景对观察的影响。例如,将商务英语谈判小组的活动置于教室内,再将教室置于整个学校情境中考虑。从时间维度来看,研究者也需要考虑情境中的历史和演变，例如学校的传统、学生的特点、班级的状况以及教学模式，因为这些因素可能对教学事件的发生产生重要影响。这种情境性观察有助于更深入地理解和分析课堂中的教育现象。

三、课堂观察的类别

根据英国霍普金斯《教师课堂研究指南》，课堂观察可分为开放式观察、聚焦式观察、结构化观察、系统观察四种。

（一）开放式观察

在开放式观察中，观察者使用纸和笔记录一堂课的情况。观察者可以选择记录关键时刻，也可以以自己容易理解的方式对课堂各个方面进行详细记录。这种观察方法的目的是尽量客观地记录观察结果，避免在观察过程中进行主观判断，将解释和分析留待课后的讨论进行。

（二）聚焦式观察

聚焦式观察要求明确定义一个具体的观察焦点，即需要关注一个具体的问题，例如教师的提问方式、学生的表扬反应，或者学生在课堂上是否专心学习。在这种观察中，观察者集中精力研究特定的行为或情况，以深入了解这一问题，而不是全面观察整个课堂。这种方法的目的是深入挖掘特定现象，为详细分析提供有针对性的数据。在聚焦式观察中，观察者需明确选择一个具体的观察焦点，也就是需要关注一个特定的问题，例如教师的提问方式、学生的表扬反应，或者学生在课堂上是否专心学习。观察者集中精力研究特定的行为或情况，以深入了解这一问题，而不是全面观察整个课堂。这种方法的目的在于深入挖掘特定现象，为详细分析提供有针对性的数据。

（三）结构观察

在霍普金斯的观点中，结构观察是通过使用符号或图形的形式进行简单信息记录的方法。例如，观察者可以在要关注的事件发生时做记号或打钩，或者用图示表示教师和学生的位置，甚至是教师向哪些学生提问。这种方式所记录下来的是客观的事实，而不是主观的判断。当这种结构观察方法与前面提到的其他观察方法结合使用时,最终记录的事实会更加详尽和全面。这种方法的优势在于提供了一种清晰、客观的记录方式,可以为进一步的分析提供更多的翔实数据。

(四) 系统观察

系统观察是在结构观察的基础上进行的,它使用已有的编码量表或分类系统进行观察研究。相对于结构观察而言,系统观察更为复杂和详尽,也更具有明确定义的特点。在霍普金斯的课堂观察方法分类中,弗兰德斯的互动分析分类体系就属于系统观察的范畴。

系统观察使用的分类体系通常经过广泛应用和不断修订,但观察者在使用这些分类体系时,难免会带有一定主观倾向,因此重要的是将自己的观察需求与量表的意图和重点相结合。根据霍普金斯所述,代表性的观察表大约有200多种,可供研究者选择使用,以更精确地记录和分析课堂中的各种互动和现象。这种方法的优势在于提供了一种系统性和标准化的观察方式,以便更深入地了解和分析课堂中的各种教学互动。

四、课堂观察的方法

课堂观察是一种具有针对性的研究活动,观察者必须明确了解观察的目的,才能收集到准确、有效的数据,从而保证观察的有效性。在进行课堂观察之前,首先需要明确本次观察的目标和任务,然后选择适当的观察对象。随后,确定适当的观察角度和工具,并进行充分的观察前准备。课堂观察常用的方法包括以下六种。

(一) 定量课堂观察

定量课堂观察,也被称为结构观察或系统观察,是一种有组织的观察方法,通过使用预先设计好的量化记录方式观察课堂活动。在这种方法中,研究者通常采用时间抽样和事件行为抽样的技术,将课堂活动分解为特定的时段或事件,以便更系统地记录观察数据。时间抽样相对更为结构化,因为它将时间划分为离散的时段。然后,研究者会根据分解的类别和因素设计观察工具,通常是一套量表,用于收集客观的、数量化的数据。

这些数据经过统计分析，以期望得出科学、客观的结论，特别是关于课堂中各种因素之间的相关关系。通过这种方式，研究者能够量化地描述和比较不同课堂中的现象，从而深入了解教学和学习过程，以支持更有针对性的教育研究和改进。这种方法的优势在于提供了客观、结构化的数据，可以用于量化和比较不同课堂情境下的各种变量和互动。

（二）定性课堂观察

定性课堂观察是研究者根据粗略的观察纲要，在课堂中对观察对象进行详细而多方面的记录。观察完成后，研究者会依据记忆对记录进行必要的追溯性补充和完善。观察结果不以数字化形式呈现，而是采用非数字化的方式，分析手段主要是质化的。

在这种方法中，观察者会使用较为宽泛的观察纲要，以便更全面地捕捉课堂中的各种现象和细节。观察的结果以文字描述为主，而非通过数字进行量化。分析手段主要是质性的，强调对观察到的现象进行深入理解和解释。这种方法的优势在于能够捕捉到更为细致和丰富的信息，有助于对教学和学习过程进行更深入的分析。

（三）田野笔记

课堂观察田野笔记是一种定性观察方法，观察者以书面语言的形式记录在课堂中所观察到、听到和思考到的信息。它是定性课堂观察的一种基本方式。这种观察方法的重点在于记录课堂中的言语交流，可以直接引述或总结要点，以帮助观察者深入理解课堂的环境、参与者和活动。

此外，观察者还应记录评论、情感表达、初步解释和假设等信息，这有助于在观察结束后进行更深入的分析和研究。通常，课堂观察田野笔记适用于开放性观察，这意味着观察者拥有相对广泛的观察主题，以捕捉课堂中的各种细节和情境。这些笔记提供了一个有力的工具，用于记录和分析课堂互动、学习过程和教育环境中的各种重要信息。

（四）记号体系分析方法

记号体系分析方法是指预先列出一些需要观察并且有可能发生的行为，

通常将计划观察的行为列入一张预先编制好的记号体系观察表中，观察者在每一种计划观察的事件或行为发生时，会做个记号。一旦观察结束，观察者会汇总这些记号的数量，以及不同事件发生的频率。

这种方法的目的是通过数量化记录深入分析观察到的事件或行为，以便更好地了解它们在特定情境中发生的情况和关联性。通过这种方式，研究者可以得出关于事件发生频率和模式的客观数据，进而支持对教学和学习过程更深入的研究和评估。这种方法有助于提供定量信息，以支持教育研究和改进的决策。

（五）编码体系分析方法

编码体系分析方法通常是根据认知理论、教学理论和特定领域的知识，对教学录像中的师生对话进行详细编码，以将隐性知识明确化，产生新的知识，可用于分析教学过程。在这一方法中，我们着重关注公开对话，即在课堂上每个人都可以听到的对话部分。

编码体系分析涉及两个主要任务。首先，研究者需要对教学的结构进行编码，其包括对教学的组织、内容和流程进行详细记录和分类。其次，他们还需要对教学过程中实时发生的事件进行编码，其包括学生和教师在对话中的互动、反应以及其他与教学相关的事件。通过这些编码，研究者可以更深入地了解教学的构建和互动，以便进行进一步的分析和研究，从而改进教育实践。这种方法有助于将隐性知识外显化，以促进教学质量的提高。

（六）S-T分析方法

S-T分析方法用于分析教学过程和相关活动，结合定量和定性评价。这种方法主要聚焦在两个关键维度上，即教师行为（T）和学生行为（S），以提高观察的客观性和可靠性，减少模糊性。S-T方法利用教师行为占有率（Rt）和师生行为转换率（Ch）的计算，将师生互动行为分成四种模式，即练习型、混合型、教授型和对话型，这有助于分析和诊断课堂教学中的师生互动。

在上述课堂观察方法中，定量观察是一种结构化的数据收集方式，将课堂现象以数字化形式呈现，以便进行科学分析。这种方法具有直观、简洁和有说服力的特点，易于操作。关键是要明确列出需要观察的行为，并通过观察计算它们的发生频率。与此不同，定性课堂观察是一种基于粗略观察纲要的方法，研究者在课堂实际场景中对观察对象进行详细记录，随后可能通过回忆进行必要的追溯性修正和完善。观察结果以非数字化形式呈现，主要采用归纳法进行数据分析，分析过程通常在观察期间进行。

  定性课堂观察的主要优点包括能够捕捉整个课堂的真实感受，反映评课人对课堂现象的理解、思考和深层次分析，能够灵活地捕捉有价值的细节，记录简单自由，并且能够主动引导课堂教学的方向。在制定定性量表时需要非常周密、详细、科学和严谨，以突出关键要素和重点观察内容。

  观察学生的教师，如观察"学习状态与学习效果"的应靠近学生就座，特别是选择"优生"与"学困生"相对集中的位置观察；需要合作的，如观察"教师的提问方式"和"学生的应答方式"的，可以坐在一起观察，便于观察时能相互协调。如果观察维度主要是教师的教学，为减少对课堂教学和学习的影响，应选择在教室中学生座位背后就座，开展观察。被观察者（教师和学生）一般会对观察者抱有戒备心理，这种心理可能会导致被观察的课堂不同于平日的课堂。也就是说当有人来观察课堂时，会使这课堂情形或多或少失真。为了减少这种戒备心理，被观察者要树立这样一种意识：他是来帮助我的，我非常感谢他能在百之忙中抽出时间来听我的课，有别人的帮助我这次肯定要提高。观察者要意识到：帮别人就是帮自己，观察别人的课堂能让自己发现问题引以为戒，发现优点发展自己，谢谢你为我提供了这样好的发展资源。

  每一个观察者首先应以学习者的身份来听课观察，观察要做到五心：诚心、虚心、专心、细心、公心。要尽量客观真实地呈现课堂的本来面貌，观察者必须了解与自己相关的影响观察的误差来源，尽可能地减少自己的主观偏见对观察的不良影响。如观察者自身的理论水平、受教育程度和经验，以及本人的兴趣、价值取向和教育观念，对学生各方面的固定印象等，这些方面都可能使观察陷入偏差。

五、课堂观察的步骤

在过去,高校外语教学往往强调传授知识而忽视学生的语言能力和实际运用能力,注重文学欣赏而轻视实际语言实践,更重视考试分数而较少注重实际语境下的应用。但是,随着教育改革的不断推进,高校英语教学开始秉承以学生为中心、以不同学校为基础的分层次、个性化、自主式、信息化的教学理念,研究并推广多种不同的高校英语教学模式。

为了更有效地将教育改革的新理念应用到实际课堂教学中,高校英语教师需要积极进行课堂观察。这种观察的主要目的是检查学生的思维是否在课堂上得到拓展,他们是否具备了独立思考和自主学习的能力,以及教师的教学是否具有实际应用性。

课堂观察通常包括三个基本阶段,即观察前、观察中和观察后。

(一)观察前

观察前的准备阶段首要任务是明确需要解决的问题,以确保观察是有针对性的。接下来,为了有效地实施观察,可以通过召开课前会议进行计划和准备。这个会议通常在课程实施前一天举行,或者根据需要提前更久。会议的时间通常不少于15分钟。

课前会议的目的在于促使观察者和被观察者之间的交流与沟通。在这个会议中,被观察者会分享他们的课程设计意图,重点阐述教学目标,而观察者则会提出相关问题和建议。通过这个过程,双方可以一起讨论并确定观察的重点和方向,了解班级的背景和特点。具体来说,课前会议的内容包括被观察者的课程分析、设计意图的说明,以及观察者针对具体教学目标设定的问题。会议通过讨论,帮助观察者明确观察的主题、内容、工具、方法和任务分配等细节。课前会议实际上扮演着课堂观察计划的起点作用,充分的准备工作可以帮助观察者在课堂中获取更多有用且详尽的信息。

第一,明确观察的目标和对象。在进行观察之前,我们需要明确自己的目的是什么。其可以包括是否要学习来自经验丰富的成功教师的教学方法,解决自己教学中的难题,或者总结研究杰出案例的经验。需要意识到,教室是教师展示其教学技巧和策略的关键场所，而观察可以帮助我们反思和改进自己的教学方法。

第二，明确观察的内容和重点。例如，如果我们的观察主题是"互动有效性"，那么我们需要明确要观察和分析互动的具体内容、形式以及发生的时机。这有助于确保我们的观察有针对性，避免漫无目的地观察。

第三，选择适当的观察工具。通常，我们可以使用量表和数据分析工具收集和统计互动数据，以便更好地理解互动的效果。此外，使用录音笔或录像机可以帮助我们记录整个教学过程，以供后续研究和回顾。

第四，明确观察方法。我们需要确定采用定量观察还是定性观察，或者是否需要将二者结合。这取决于我们的研究目的和观察主题。

第五，明确观察任务的分工。其可以包括按时间段分工，例如每人观察5分钟，也可以采用"盯人法"，即每个观察者负责观察特定的学生或教师。观察任务可以由单个观察者承担，也可以组成观察任务组协作完成。这种分工有助于确保观察全面而深入。

课前会议具有重要的定位和功能，它有助于明确教学的核心主题、设定明确的教学目标和计划，识别可能出现的问题和难点，选择适当的观察工具以及确定关注的重点，还规划了后续的讨论和分析。观察者需要在前往观察课堂前，明确自己的观察目标和意图，以确保能够实现所期望的观察成果。观察的类型可以根据不同的目的划分为指导性观察，展示性观察和研究性观察等，以更好地满足观察者的需求和研究目标。

1. 指导型的听课

指导型听课是一种改进教学的方法，通常是邀请领域专家或经验丰富的教育专业人士观察教师的课堂，旨在协助他们提高教学质量。这种听课方法的目标是发现潜在的教学问题，为教师提供有针对性的建议以改善他们的教学方法。在进行指导型听课之前，需要进行调查和研究，深入分析并诊断潜在问题，并规划可行的改进计划和具体方法。在听课后的研讨中，指导者会运用有效的提问技巧，以激发教师的思考，帮助他们找到问题的解决方案，并鼓励他们对自己的教学方法进行反思。

2. 展示型的听课

在实际的教学中，有些教师的授课方法饱含创新和个性，这种独特的经验非常值得分享与推广。同时，研究小组在解决具体的教学问题时，经过深入探讨和研究，也可能得出有价值的研究成果，这也需要进行展示和分享。因此，展示型听课也就应运而生。在这种听课活动结束后，参与者通常会结合实际背景和整个授课流程进行深入讨论，这样可以帮助他们更全面、系统地理解所分享的教学方法和理念。这类课程往往备受重视，因而受到众多教师的喜爱。它不仅为授课教师提供了展示自己的舞台，而且让听课者获益匪浅。

资深教师会在自己或新入行教师的课堂中给予示范，向新教师直观地展现如何解决实际教学中的问题，甚至展现自己在面对问题时的思考过程。这种直观的示范对新教师来说是极其宝贵的。这不仅能够让他们更深入地理解教育和教学的内涵，更快地掌握教学技巧，而且可以更明确地认识到何时何地应用特定的教学策略，对教育职业有更深入的了解，从而更快地融入教育行业。

3. 研究型的听课

研究型听课是一种专注于深入研究和理解教育教学问题的观察和反馈方法。它营造了一种支持性、非评判性的氛围，旨在帮助新教师不断改进他们的教学方法。这种听课可以是由教师主动邀请同行或专家观察他们的课堂，也可以是由课题研究小组根据特定问题而有针对性地进行观察和分析。

研究型听课的核心特点在于其针对性和目的性。它通常围绕一个具体的教育问题或主题展开，而参与听课的人既是观察者也是研究者。他们通过详细观察被听课者的教学活动和行为，并收集相关信息，然后进行定性分析和定量分析。这有助于他们深入了解问题的本质，提出更有效的改进策略，这些策略不仅可以用来指导被观察教师改进他们的教学和管理方法，而且可以为整个教育领域提供有益的教训和见解。

（二）观察中

在课堂中进行观察是一种系统性的数据收集方法，用于研究教育过程。

在这个过程中，观察者在课前计划会议的指导下，按照既定的方法和目标，进入教室并选取合适的位置以便观察被研究对象，无论是教师还是学生，都不能干扰课堂的正常进行。观察者需要迅速准备好，以确保在课程开始后能够及时开始观察工作。

一旦课堂开始，观察者按照之前设定的计划，采用多种技术手段，如摄像、录音或书面记录，收集需要的信息。这些信息包括行为发生的时间、频率，教师和学生的语言和非语言活动，以及它们的效果和形式。此外，观察者还可以用文字描述被观察对象的其他行为，以及他们在现场的感受和理解。

在进行观察时，我们不仅要进行主观性的定性描述，而且需要进行客观性的定量数据记录。此外，我们可以借助多种辅助观察形式，如问卷调查、访谈和文献调查等，丰富数据来源。课中观察在整个课堂观察系统中占据重要地位，因为在课上收集的信息直接构成了课后会议分析的基础。因此，课中观察的科学性和可靠性直接影响到研究的可信度和效度，同时也对课后分析报告的质量产生重要影响，因为它们共同为问题解决提供了深入的理解。

课中观察要考虑以下3个要点。

1. 教学内容

首先，需要确定教材的深度和广度是否与课程性质和学生水平相一致。其次，要审查教材内容的组织是否合理有序。观察教师是否强调学生对教材概念的理解，以及是否致力于培养学生的批判性思维。此外，需要关注教师是否纳入该学科的最新发展和思想，以确保教学的时效性和前瞻性。最后，要考察教材如何与其他课程相互关联，以确保学生能够在不同学科之间建立有机联系，促进跨学科学习的连贯性。这些观察要点有助于全面评估教育质量和课程的有效性。

2. 教学过程

首先，需要确定教学方法是否与教材相匹配，并且是否被有效地应用。其次，要评估整体课程安排是否具有逻辑性。此外，观察教师在课堂上是否采用多种方式激发学生的学习兴趣，以及教学是否具有互动性。最后，需要研究如何有效地组织交际和实践活动，以促进学生的综合发展。这些观察要点有助于综合评估教学的质量和教育的成效。

3. 教学风格

首先,需要考察教师是否表现出对教学的热情,以及他们是否对教学内容感兴趣。其次,要观察教师组织的交际和实践活动是否对教学有益。要评估教师如何有效地给予学生反馈。需要了解教师是否对学生以及其学习表现感兴趣。还要观察学生是否专注于课程,是否提前准备,是否积极参与,或者是否感到困惑。要考察教师的教学方法对学生行为的影响程度。最后,需要审查教学设施是否对教学实施产生影响。这些观察要点有助于全面评估教育的质量和教学的有效性。

(三) 观察后

课后观察通常包括举行会议,这些会议是在教学活动结束后不久召开的。在召开这些会议之前,观察者需要尽快整理和分析他们在课堂上观察到的信息。其分析的目的是揭示课堂中不同行为之间的关联,以更好地理解观察行为的含义。在会议中,观察者和受观察者会共同讨论、分析、总结上课的情况,并就下一步采取的措施达成一致意见。这意味着通过分析观察数据和呈现结果,会议的参与者将协商并制订未来的行动计划。会议的持续时间会根据具体情况而有所不同,但通常至少会持续10分钟。在这些会议中,重点完成以下3项任务。

1. 被观察者进行课后说课及反思

教师会对所教授的课程进行解释和反思。这包括评估本节课是否成功达到了学习目标,教学方法是否有效,以及课程预期是否如愿实现。此外,还包括教师在教学过程中是否偏离了原计划,是否对既定的教学流程进行了修改,是否变更了教学策略和内容,以及解释任何变化的原因。

2. 观察者与被观察者展开对话,做简要报告观察结果

观察者需要在观察课堂后,尽早对所记录的信息进行整理和统计,将观察结果按照不同问题分类,以确保数据准确而有条理,为与教师在课后会议上的交流做好充分准备。在会议上,观察者首先应该与被观察者沟通解释任

何观察时不明确的问题,然后简要汇报观察结果。根据整理的信息和数据,观察者将具体的事实和数字整合到相关问题或观点中,对课堂中出现的问题或教学特点进行深入分析和反思,解释数字背后的具体含义和原因,提供相关的教学建议。这有助于在会议中更有效地分享观察结果和促进有意义的教育讨论。

3. 观察小组共同形成结论和改进的具体建议

评价的内容主要包括三个方面:首先,要肯定本节课中的成功之处和出色的教学实践;其次,要根据被观察者的独特特点和教学风格,挖掘其个人特色;最后,需要提出明确的改进建议,针对存在的问题,基于被观察者的特点和可用的教育资源,进一步改进教学。如果可能的话,还可以进行后续的观察以跟踪进展。

在会议结束后,被观察者应以一个主题为中心,选择性地描述自己的思考和行为变化,编写一份自我反思报告。同时,观察团队也应该对观察数据进行分析和整理,以编写观察报告。这有助于全面评估教学质量并提供有针对性的建议。

总的来说,课堂观察是一项涉及团队合作的工作,需要教师之间相互协作。在整个课堂观察的过程中,不同阶段都涉及教师之间的多方互动。通过参与课堂观察共同体,教师可以一起研究和解决关于课程、教学、学习和管理的具体问题,进行自我反思和专业对话。这不仅有助于改进教学质量,而且促进了每个成员的专业发展。

因此,实施同伴观察学习时,需要明确目标和步骤,建立标准和评估尺度,同时进行适当的分组和角色分配。在实施过程中,需要强调观察者的积极作用,让他们能够学习示范者的高水平教学技巧。这需要观察者具备学习能力,并且示范者需要具备引导和教导的技能。只有通过示范者和观察者的有效配合,注重方法和互相合作,才能实现高水平教学的传递,推动教育工作的不断进步。

第二节　英语教师课堂观察的作用

一、课堂观察可加强教师对课堂的驾驭力

教师需要进行系统性的课堂观察，以全面了解和掌握教室内发生的各种事件，包括教学管理和学生参与情况。这有助于确保教学进程的顺利进行，并提供口头或书面的评价材料等反馈信息。

从教师的角度来看，课堂观察是一种直接且重要的方式，用以解释和理解课堂事件背后的深层含义。这对于教师来说具有高度的专业价值和必要性，因为它帮助教师更加清晰地认识自己在教学中的行为和表现。通过观察自己的课堂录像和课堂记录，教师能够获取更详细的关于自己和学生在课堂上表现的反馈信息。同时，观察也有助于识别自己和其他教师在教学中可能出现的具体问题，例如教学行为、教学监控、课堂规划和师生互动等方面的问题。

通过进行课堂观察后，教师可以与其他教师展开相互讨论，自觉地反思自己的教学方法，研究改进教学策略，并将这些改进付诸实践，以主动解决教学中的问题。课堂观察有助于教师更清晰地认识支配其课堂教学行为的教育教学理念，鼓励他们进行内在的自我评价，从而激发对自身专业发展的浓厚兴趣。

二、课堂观察有助于形成独特的教学风格

独特的教学方法是衡量教师专业成长的一个重要标志，这种方法的形成取决于他们在成长过程中逐渐形成的实践性智慧和教育哲学观。而实践性智慧和教育哲学观的形成，离不开对课堂观察这一基本方法的依赖。

长期以来，教学一直是一门强调独立性和个人技能的专业，这种特性容易导致教师在多年工作后出现封闭和缺乏反思的心态，进而引发职业疲倦。为了维持教师专业成长的长期动力，教师需要积极邀请同事和督导观察他们的课堂，主动展示自己的教学，供督导和同事进行观察。作为自己课堂的观察者，教师通过仔细观察和深刻反思促进了教学智慧的形成。另一种观察方

式是教师充当被观察者,在这种情况下,教师愿意向观察者(同事或督导)敞开心扉,观察者因此能够观察到更真实的情况,从而作出更有意义的分析。如果被观察者能够主动邀请他人观察并且不介意问题的曝光,而观察者能积极响应,那么观察活动就具有研究性质。在观察者和被观察者之间的互动中,新的教学理念经受了实践的检验,深藏在教师内心的"默默知识"浮出水面;在双方深入的交流中,教师能够客观、理性地认知、评价和调整自己的教育观念,能够有选择地借鉴他人的观点,最终形成独特的教育观念,推动教师教育哲学观的发展,创造出独具特色的教育教学风格。

众多研究表明,教师接受课堂观察的反馈后,的确积极改变了对学生的态度和行为,并更加意识到个人教学的优点和不足。因此,课堂观察有助于教师发挥优势,克服劣势,形成独特的教学方法。

三、课堂观察可提高教师的观察能力

在展开课堂观察时,毫无疑问,教师应该全面关注整个班级,全面把握课堂的各种情况,以确保学生整体的学习效果最优化;同时,教师还需要根据特定情境,有针对性地观察课堂活动中的某些特定点或者学生的行为,以便全面了解课堂的运作情况。教师需要根据自身的实际经验,观察并着重解决一些关键问题,例如课堂管理的有效性,或者如何提高提问技巧等。这样,课堂观察就能够有一个明确的方向,让教师在课堂设计、研究和创新中有一个清晰的依据,帮助教师更深入地理解课堂,使其能够深入剖析自己所关注的问题,并探索解决问题的方法和途径,从而有效提高课堂教学效果。

透过对课堂教学的仔细观察、深入分析、深思熟虑以及明智的评估,教师的观察能力会逐渐增强。以观察其他教师在课堂上提问为例,这种观察可以涵盖多个方面,包括提问方式、提问对象、问题的设计,以及对学生回答的处理方式。通过这种观察,教师可以反思问题的有效性和激发性,并将这些反思的成果应用到新的教学情境中。

经过对课堂观察后的反思,再进行实际教学实践,然后再观察、反思、再实践,不断循环,这将有助于提高广大教师的教育教学研究能力。这种循环性的反思和实践过程促使教师不断改进自己的教学方法和策略,逐渐提高

自己的专业素养。

教师对自己课堂的观察更侧重于细节的观察，关注教学中的微小变化和学生的反应。而观察其他教师的课堂则有助于将观察提升到更系统的层面，促进教师的专业化成长。在主动观察其他教师的课堂时，教师会进行充分的准备，明确研究目标，选择合适的观察策略，规划整个观察过程，并将观察细节融入一个更广阔的认知框架中。

此外，观察他人的课堂也有助于教师将观察的焦点置于学生整体发展的目标下，侧重于学生需要具备的技能，从而更好地达到整体教学目标。通过对其他教师的课堂进行系统观察，教师可以显著提高观察的客观性、科学性和综合性。

四、课堂观察有助于教师专业发展

在教育领域，教师的专业发展可以通过多种方式实现，包括接受职前专业知识培训、岗前培训以及在职学习、培训和进修，还有与同事互相合作等途径。但是，在推动教师的专业成长时，最核心的动力源于教师自身，也就是说，教师内在的自主实践活动，包括自我认知、自我分析和自我提升，其是教师专业成长的主要动力。在这种内在动机的推动下，教师会制订自己的专业发展计划，设立专业发展目标，并选择实现这些目标的途径、方法和策略。

因此，提高教师的专业自主发展意识和动力成为促进他们专业成长的根本问题。这种自我意识的培养必须以教学实践为基础。从教师专业特质来看，这种自我意识主要体现在基于课堂观察的自我反思上。这种反思是指教师审视和分析自己在教学中所采取的行为以及这些行为所带来的效果。在反思过程中，教师将自己视为一个理性的个体，具备独立的理念、见解以及决策能力。这使教师能够对教学计划、教学行为以及教学对学生的影响进行自我评估和分析。

培养反思的能力是确保教师不断学习的基本条件，通过反思，教师可以扩展自己的专业视野，不断激发自己追求卓越的动力。这种反思观察不仅有助于改进教学行为和实践，提高教学质量，同时也有助于教师自身的成长。

课堂观察是促使教师深刻理解学生学习环境的手段，同时激发了教师的主动发现、独立设计和深度反思的能力。通过对自身和同事课堂的观察，教师不仅加深了对自己行为的认知，更培养了对职责的高度责任感。这种过程推动教师以系统且批判的方式审视自己的教育和教学行为，形成独立的专业判断力。教师之间的相互观察和反思进一步促进了协同合作，共同解决教学实践中的具体问题。

通过课堂观察研究，教师能够调整并改进自己的教学方法，提升教学质量，为学生和学校的进步作出贡献。在这个过程中，教师的个人素质逐渐提高，专业成长和发展也随之推进。因此，课堂观察不仅是进行有效反思的必要手段，观察能力和技巧也是教师必备的专业素养。通过精细入微的课堂观察，教师能够展开深度反思，这是促使他们专业成长的关键途径。

参考文献

[1] 蔡基刚.中国高校英语教学路在何方[M].上海:上海交通大学出版社,2012.

[2] 陈霞.教师专业发展的实效性研究[M].北京:北京大学出版社,2012.

[3] 费斯勒,克里斯坦森.教师职业生涯周期:教师专业发展指导[M].北京:中国轻工业出版社,2012.

[4] 李箭.建国以来高校英语教学研究[M].南京:东南大学出版社,2011.

[5] 普林.教育研究的哲学[M].李伟,译.北京:北京师范大学出版社,2008.

[6] 芮燕萍.高校英语教师专业发展状况实证研究[M].北京:国防工业出版社,2011.

[7] 连榕.教师专业发展[M].北京:高等教育出版社,2007.

[8] 刘润清,戴曼纯.中国高校外语教学改革现状与发展策略研究[M].北京:外语教学与研究出版社,2003.

[9] 罗蓉,李瑜.教师专业发展:理论与实践[M].北京:北京大学出版社,2012.